나는 "영성"과 관련한 책들을 좀 꺼리는 편이다. 그 이유는 "자기계발서"로 분류되는 책들을 좋아하지 않는 이유와 겹친다. 영성은 흔히 개인의 신앙 계발이라는 방향에 맞추어 논의되는 편이고 그렇게 이해된 영성은 공적 기독교의 모색보다는 사사화된 신앙의 강화에 일조한다고 여기기 때문이다. 또한 그런 책들이 흔히 시도하는 성경적 설명에 실망하거나 동의하기 힘든 경우가 적지 않았기 때문이다. 그럼에도 때때로 내 관점과 태도가 빈곤했고 확증 편향적이었음을 돌아보게 하는 좋은 영성 서적을 만난 것을 고백하지 않을 수 없다. 이도영의 신작 『성자와 혁명가』는 나의 편견을 드러내주었고 좋은 영성 서적에 대한 빈곤한 경험치를 풍성하게 해주었다. 전작 『페어 처치』에서 전개했던 "교회의 공공성" 주제를 강화하면서도, "혁명가적 영성"만의 강조로 "사랑 없는 혁명"이 되는 것을 우려하는 한 목사의 고민과 희망을 잘 나누어주었다. 많은 분들이 이 책과 만날 수 있으면 좋겠다.

강보영 | 주안대학원대학교 신약학 교수

이 책은 기독교 영성에 대해 협소하게 이해했거나, 개인적 영성에만 갇혀 이웃의 아픔에 무감각하며 사회적 불의와 차별에 눈 감았던 사람들에게 개인의 영성인 성자적 영성과 공공의 영성인 혁명자적 영성을 통합시킴으로써 성육신적 영성과 인격적 영성, 더 나아가 미(美)의 영성에까지 나아가는 창조적이며 통전적인 기독교 영성이 무엇인지 안내해준다. 이 책의 장점은 목회자로서 경험한 하나님 체험과 인문학적 사유 그리고 말씀 묵상을 통한 죄와 용서, 자유와 기쁨, 기도와 감사 그리고 인간 이해와 그리스도 복음에 관한 주옥같은 깨달음과 통찰을 선사해준다는 데 있다. 아울러 저자는 세월호, 미투운동, 페미니즘, 장애, 난민, 공정 무역 등을 다루면서, 사회적 공의와 정의, 환대와 평등을 위해 실천해온 혁명가적 영성을 보여주고 있다. 따라서 목회자와 그리스도인에게 기독교 영성의 깊이와 아름다움에 대한 진한 감동과 하나님 나라를 위한 혁명적 도전을 일깨우리라 생각해 적극 추천한다.

강호숙 | 웨스트민스터신학대학원대학교 여성학 교수

이도영 목사는 강한 사람이다. 아니 강한 사람처럼 보인다. 그러나 실제로는 부드러운 마음과 따뜻한 열정을 갖고 있는 목회자다. 그는 전작인 『페어 처치』에서 과감하

고 새로운 혁명적인 교회를 선포했다면 이 책에서는 조금 유연하게 그러나 강력한 메시지로 목회자가 지향해야 할 방향을 알려준다. 이 책은 목회자인 나에게 설교 스타일과 선교적 교회의 담론 그리고 시대를 재해석하는 통찰력 등 여러 가지 면에서 매우 유익했다. 오늘날의 시대를 융합의 시대, 통섭의 시대라고 말한다. 이도영 목사가 지나온 수많은 경험과 상황이 이 책을 쓰게 된 원동력이 되었을 것이라고 짐작된다. 보수적인 교단, 그러나 동역자로서 의식 있는 아내와 하나님 나라를 향한 강력한 선교적 교회론이 성자와 혁명가라는 조합을 만들었을 것이다. 이 책을 읽으면서 스스로 묻는다. "나는 교회 안에서 포장된 성자로 머무를 것인가? 아니면 혁명가적 영성을 가진 예언자이자 목회자로 은퇴할 것인가?"

고형진 | 강남동산교회 담임목사, 한국선교적교회 네트워크 운영위원장

저자는 한국 복음주의 교회의 소중한 자산이다. 그의 목회는 아우구스티누스가 말한 관조적 영성과 활동적 영성이 종합된 삶(*vita mixta*)의 표지들로 수놓여 있다. 그의 독서 편력은 신학뿐 아니라 인문학의 넓이와 깊이를 담아내기에도 충분하다. 이 책에서 저자가 풀어내는 이야기와 주장 속에 성자적 영성과 혁명가적 영성은 쉴 새 없이 긴밀하게 교차한다. 저자의 확고한 십자가 복음은 어느덧 독자들로 하여금 사회적 영성으로 삶의 전 영역에서 헌신하도록 도전을 던질 것이다.

김선일 | 웨스트민스터신학대학원대학교 실천신학 교수

성경에서 자주 등장하는 표현 중 하나가 "좌로나 우로나 치우치지 말고"일 것이다. 그것은 이쪽이나 저쪽으로 쏠리지 말고 중도를 지키라는 식으로 인용되곤 한다. 하지만 이 말은 "중도"가 아니라 "정도"를 말하는 것, 즉 똑바로 가라는 것을 의미한다. 성자적 영성과 혁명가적 영성 중에서 한쪽으로 치우치지 않은 중도가 아니라 이 두 영성을 온전히 추구하는 정도를 걷는 목회자가 많아지기를 바란다. 이 책이 좋은 참고서가 될 것이다.

김종희 | 목회멘토링사역원 대표

저자는 이미 『페어 처치』를 통해 한국교회의 많은 목회자와 학자들에게 놀라운 영감을 준 바 있는 "우리 시대"의 목회자다. 한 목회자의 열정과 신학이 한 공동체에서 오롯이 실현되기란 현실적으로 어렵다. 그러나 저자는 현실적 한계에 좌절하지 않고 늘 새로운 도전을 멈추지 않았다. 이번에 출간하는 책 역시 그러한 열정의 결과다. 한국교회의 보수와 진보의 갈등과 긴장은 여전하다. 저자는 "성자의 영성"과 "혁명가의 영성"이 서로 교차하는 통전적 실천이 이 갈등으로 소비되는 불필요한 낭비를 줄일 수 있을 것이라 주장한다. 종교개혁의 정신을 다시 복원한다는 것, 다시 성경의 본령으로 돌아간다는 것, 그것은 곧 성자적 경건과 은혜를 구하는 마음 그리고 혁명자적 개척 정신과 변혁을 지향하는 영성을 오늘의 시대가 요청하는 선교적 삶으로 통합해야 한다고 저자는 힘주어 주장한다. 나는 이 책이 새로운 한국교회의 미래에 명확히 기여할 것이라고 확신하고, 이 책이 우리 모두의 귀중한 자산이 될 것이라고 믿는다.

성석환 | 장로회신학대학교 기독교와문화 교수, 도시공동체연구소 소장

여기 시대를 관통하며 힘껏 달려야 할 "신앙의 기차"가 있다. 탈선하지 않고 안전하게 달릴 수 있는 양쪽 철로는 성자적 영성과 혁명가적 영성이다. 이 두 철로는 오랜 시간 연합될 수 없는 평행선이 되어 오해와 편견에 의해 절연된 채 위험하게 달렸다. 이 책에서는 성자적 영성과 혁명가적 영성이 페리코레시스(perichoresis)처럼 친밀과 교제로 상호 영향력을 주고받는 통전적 영성의 철로를 제안한다. 저자는 신앙의 기차를 타고 성자적 영성과 혁명가적 영성의 철로를 달릴 때 혹시 모를 흔들림과 충격을 방지하고, 철로의 궤간을 긴장감 있게 유지하기 위해 침목을 놓으며 자갈과 콘크리트를 깔아주는 섬세한 도상 작업을 한다. 이 작업의 위대성은 저자의 기도와 체험, 목회와 삶, 엄청난 다독(多讀)과 다상량(多常量)에 의해 숙고된 진리가 역동적으로 표출됨에 있다. 이 책은 무엇이든 선을 긋고 분리하는 대립과 이분법에 익숙한 현대인들에게 통전적 영성으로의 신앙 기차 여행을 떠나자고 정중히 손을 내민다. 자! 마음을 열어 그 손을 붙잡고, 하나님 나라를 선명하게 볼 수 있는 신앙의 기차에 탑승해 성자적 영성과 혁명가적 영성의 길을 옹골차게 달려보자!

유성준 | 협성대학교 은퇴교수, 서번트리더십센터 대표

나는 평소 강단에서 목회자 혹은 목회자 후보생들을 대상으로 강의를 진행하면서 선교적 영성을 갖춘 목회자가 되기 위해서는 두 가지 요소를 갖추어야 한다고 강조해왔다. 하나는 복음에 대한 부단한 이해이고, 둘째는 그 복음이 복음으로 구현되어야 할 상황에 대한 통찰이다. 인정하기조차 아픈 사실이지만, 소속 교단의 신학적 성향과 상관없이 후자가 결여된 채 전자에 대한 이해만 강조하는 경향이 목회자들 가운데 만연함을 목도하고 있다. 복음이 복음으로 드러나야 할 상황을 벗어나야 할 혹은 썩어 없어질 어떤 대상으로 치부하는 영생 복락의 복음은 성경이 말씀하는 하나님 나라의 복음과 일말의 상관도 없다. 하나님 나라의 복음은 하나부터 열까지 철저하게 우리의 입장이 아닌 성삼위 하나님의 선교적 목적에 비추어 이해되어야 하기 때문이다. 추천의 글을 부탁받고 찬찬히 글을 읽어 내려가면서 성자와 혁명가라는 극단의 두 길이 한편으로는 투박하게 또 다른 한편으로는 정교하게 한 덩이의 통합적 영성으로 얽혀가는 모습을 발견할 수 있었다. 길다면 길고 짧다면 짧은 시간 동안 호감과 존경의 마음을 갖고 지켜보았던 이도영 목사의 선교적 목회 영성이 무엇인지 일견할 수 있는 경험이었으며, 나 자신에게도 깊은 배움과 성찰의 시간이었다. 흔히 상반된다고 생각하는 두 가지 영성의 흐름이 하나님 나라의 복음에 비춰 하나로 통합되는 것이 어떤 모습으로 구현되는지 알고자 하는 모든 이들에게 일독을 권한다.

이대헌 | 미래문화연구원 원장

저자는 이 책에서 "성자적 영성"(신비적 종교)과 "혁명가적 영성"(예언자적 종교)의 변증법적인 종합을 통해서 하나님 나라를 지향하는 공적인 삶으로 우리를 초대한다. 저자는 이 세상의 가난함과 풍요로움, 위와 아래, 건강함과 병듦, 강함과 약함 한가운데서 하나님 나라의 도래를 간절히 희망하면서 장차 하나님의 은총으로 주어질 그 나라를 지금 여기서 선취하기 위해 우리의 삶을 투신할 것을 촉구한다. 그렇게 함으로써 저자는 기독교 영성의 개인적 차원과 공적인 차원이 양자택일의 문제가 아닐 뿐만 아니라 이 양자가 함께 지향될 때라야 비로소 세계를 변혁하고 새롭게 형성하는 참다운 기독교적 영성이 구현될 수 있다는 사실을 매우 생생하고 설득력 있는 필치로 논증해내고 있다. 하늘을 향해 하나님을 바라보는 눈을 가진 사람이 어떻게 가난과 소외와 고난 가운데 있는 이웃들에게, 차갑게 등을 돌릴 수 있단 말인가? 그것은 상상조차 할 수 없는 노릇이다. 이에 본 추천자는 인간의 내적 경건과 하나님 나라를 지향하는 공적인 실천이 함께 어우러져 있는 이 아름답고 매혹적인 영성의 책을 독자들에게 기쁜 마음으로 추천해 일독을 권하는 바다.

이동영 | 서울성경신학대학원대학교 조직신학 교수

요즘 교회의 총체적 위기는 통전적인 영성을 절실히 요구하고 있다. 한국교회는 개인 구원과 사회·환경 구원의 강조점에 따라 보수와 진보로 양분되어 있다. 양자는 각각 교회 성장과 사회 선교의 열매를 맺었다. 동시에 보수 진영은 사회·환경에 대한 책무를, 진보 진영은 자아 성찰을 요구받고 있다. 때마침 이도영 목사가 『성자와 혁명가』를 출간한다. 통합적인 영성가로서 진지한 질문과 답변으로 살아온 이야기책이다. 그는 일상에서 펼쳐지는 모든 것에 대해 영적 감수성을 발휘하고 있다. 다양한 책의 적절한 인용은 깊이와 안정감을 더해준다. 게다가 문맥에 맞는 언어 선택은 명징하기까지 하다. "화성"이라는 경계 도시 현장에서 길어낸 이야기들이기에 확장성을 갖고 있다. 간혹 거칠고 공격적인 대목은 상처의 흔적과 한국교회 문제에 연유하기 때문에 독자가 감수해야 한다. 그것조차도 그의 매력에 비하면 그리 커 보이지 않는다. 그가 하나님의 손을 계속 두려워한다면 앞으로가 더욱 기대된다. 균형 잡힌 기독교 영성의 길을 추구하는 이들에게 오아시스 같은 기쁨을 줄 것으로 확신하며 일독을 권한다.

이박행 | 복내전인치유선교센터 원장

이 책을 읽다 보니, 문득 윤동주의 시 〈새로운 길〉이 떠올랐다. "내를 건너서 숲으로 고개를 넘어서 마을로 어제도 가고 오늘도 갈 나의 길 새로운 길." 하나님의 인도하심을 따라 사는 것을 영성이라 한다면, 이 책은 하나님의 인도하심을 따라 이도영이라는 사람이 살아오면서 걸어왔던 길, 걷고 있는 길, 걸어갈 길을 잘 보여주고 있다. 성자적 영성과 혁명가적 영성을 통합하는 통전적 영성은 수학 공식과 같은 셈법이나 추상적 이론으로 가능한 것이 아니라 이 땅에서 성령의 능력으로 하나님을 따라 예수 그리스도의 제자 된 삶의 길을 살아갈 때만이 가능한 일이라는 것이 이 책을 통해 내가 배우는 점이다. 따라서 이 책은 영성을 단순한 지식이나 이론이나 경험이나 은혜로 제한하거나 구별해내는 대신, 저자 자신의 여정을 통해 몸으로 체득한 영성으로 이 모든

것이 자연스럽게 어우러져 있다. 개인적으로 나는 이 세상에서 하나님의 선교에 동참하고자 하는 선교적 교회 공동체의 영성은 길의 영성이라고 생각한다. "성자적 영성과 혁명가적 영성"에 관한 저자의 나눔은 하나님 나라를 향한 길을 가는 데 좋은 길잡이가 될 것이라 기대한다. 마지막으로 부디 이 책을 읽는 사람마다 이 책 어디에선가 하나님의 은혜와 인도하심을 깨닫고 "내 마음에는 폭죽처럼 터지는 기쁨이 솟아났습니다"라고 고백하길 기도한다.

이병옥 | 장로회신학대학교 선교학 교수

대부분의 목회자는 목회자의 역할을 한국교회의 전통적인 목회 환경 안에 한정하고 교회를 유지하는 데 자신을 바친다. 절대 나쁘다고 말할 수 없다. 다만, 그런 이들이 많아질수록 한국교회는 매력을 잃어버리고 세상을 선도하지 못하며, 교회가 세상에 끌려다니게 된다. 그러기에 전통적 목회 방식을 따라 교회를 돌보는 목회자도 필요하지만, 하나님 나라의 복음을 순수하면서도 창의적으로 전하는 일에 헌신한 목회자도 많아야 한다. 이미 발간된 저자의 책『페어 처치』가 "혁명가적 영성"을 다룬 책이라면, 『성자와 혁명가』는 성자적 푸근함을 밀도 있게 다루며 "성자적 영성"과 "혁명가적 영성"의 조화를 이루려고 수고한 책이다. 신앙의 기본기에 충실한 목회자는 현실 감각이 없고, 현실 감각이 뛰어난 목회자는 신앙의 기본기에 충실하지 못한 경우가 많다. 저자는 신앙의 기본기에 충실하면서도 난민, 공정 무역, 세월호 등과 같은 현실 문제에 지속적으로 관심을 두고 깊숙이 참여하는 일관성을 보인다. 책을 읽는 동안 이렇게 창의적인 교회를 목격하는 즐거움이 있고, 저자의 폭넓은 언어 구사력 또한 흥미를 주기에 추천한다.

정성규 | 예인교회 담임목사, 교회2.0목회자운동 실행위원

도시의 무너진 공동체를 새롭게 회복하기 위해 코하우징을 추진하려다가 땅값이 너무 비싸 땅값이 싼 다른 지역으로 가서 교회를 새로 개척하려 한다는 이야기를 듣고 주민들이 "떠나지 마세요. 더불어숲동산교회는 봉담에 꼭 필요해요. 우리가 싸게 코하우징을 할 수 있는 장소를 알아봐 드릴게요"라고 말하며 그 지역을 떠나지 못하게 붙

들었던 아름다운 교회가 있다. 바로 더불어숲동산교회다. 이 교회를 담임하고 있는 이도영 목사의 저서 『성자와 혁명가』는 존 웨슬리가 말했던 신학 원천의 네 가지 요소, 즉 성경, 다양한 신학 전통, 경험(하나님 체험), 이성(학문성)이라는 네 요소를 모두 잘 반영하고 있을 뿐만 아니라 다니엘 밀리오리가 말했던 바, 신학적 성찰을 위한 네 가지 요소, 즉 복음에 대한 충실성, 기독교 진리의 통전성, 시대적합성, 변혁적 실천성을 모두 잘 반영하고 있다는 점에서 매우 훌륭한 신학 저술이라고 생각한다. 특히 에반젤리컬 신학 진영과 에큐메니컬 신학 진영으로 양분되어 서로 갈등하고 대립하는 한국교회 상황 속에서 저자는 매우 뛰어난 균형 감각을 갖고 기독교 영성의 통전성을 훌륭하게 잘 정리하고 있다. 이 점에서 이 책은 올바른 기독교 영성 이해와 건강한 목회를 위한 훌륭한 목회 안내서가 될 수 있다고 확신하며 독자들에게 일독을 강력히 추천한다.

정원범 | 대전신학대학교 기독교윤리 교수

사람은 누구나 특징적인 성격을 갖고 있다. 열정이 있는 사람이 있는가 하면 차분하게 냉정을 잃지 않는 사람이 있으며, 정이 많은 사람이 있는가 하면 이성적인 판단이 돋보이는 사람도 있다. 영적인 측면도 마찬가지일 것이다. 목가적인 영성이 있는가 하면 도시적인 영성이 있을 수 있고 깊은 내면의 성찰적 영성이 있는가 하면 사회적 또는 공동체적 영성이 있을 수 있다. 흔히 종교에 대해서는 사제적 종교와 예언자적 종교를 말하기도 한다. 저자는 이 책을 통해 성자적 영성과 혁명가적 영성에 대해 말한다. 신앙인이라면 둘 다 놓칠 수 없는 중요한 차원이다. 이것을 단순히 원리적으로만 설명하면 딱딱한 이론서로 그칠 수도 있으나 본인의 인간적인 삶과 목회자로서의 사역을 녹여서 훨씬 이해하기 쉽고 내 삶의 일부로 만들기 쉽게 도와준다. 그리고 이 이야기는 단순히 사변적인 이야기가 아니라 그의 피 끓는 헌신의 수고가 담겨 있는 치열한 고민과 싸움의 과정에 대한 이야기다. 이 책을 읽고 있노라면 자연스럽게 자신의 삶을 돌아보고 신앙인으로서 갖춰야 할 기본기와 삶의 태도에 대해 깊이 성찰힐 기회를 갖게 될 것이다.

정재영 | 실천신학대학원대학교 종교사회학 교수

삼일 운동이 가능했던 것은 그것보다 십여 년 전에 평양대부흥운동이 있었기 때문이다. 이 둘은 전혀 다른 성격일 것 같지만 만약 교회가 그러한 부흥 운동으로 영적 에너지를 축적하지 못했다면 삼일 운동은 불가능했을 것이다. 어떻게 사람들이 애국이라는 명분에 비폭력으로 그렇게 혁명을 이루어갈 수 있었겠는가? 그것은 하나님의 뜻이라면 기꺼이 목숨을 드리겠다는 영적 에너지가 있었기에 가능했고, 애국이 바로 하나님의 뜻이라는 응답이 있었기에 가능했던 일이다. 이 책을 보면서 계속 그 생각이 머리를 떠나지 않았다. 사회적 목회를 아주 훌륭히 이루어내고 있는 저자의 내면에는 아주 강렬한 영적 에너지가 자리하고 있었다. 그는 고난의 풀무도 지나왔고, 목숨을 걸고 기도에 매진하기도 했다. 수많은 기도의 응답을 경험했고 신유의 기적도 경험했다. 책의 전반부를 보면 어느 부흥사의 교회 개척 이야기 같다. 그의 이야기대로 그는 개척의 영광을 알고 있다. 그 어려움을 하나하나 겪어냈고, 그것을 기도와 기적으로 이겨냈다. 그런데 책 후반부에 이르면 그 영적 에너지를 어디로 흘려보내야 하는지를 잘 드러내고 있다. 그는 그것을 혁명가적 영성이라고 하는데 구체적으로 무엇을 하는지를 제시해주고 있다. 특히 그가 마을에서 이루어간 일들은 우리에게 많은 상상력을 제공하고 있다. 교회를 새롭게 하길 원한다면 한번 일독해야 할 것 같다. 어느 한쪽으로 치우치지 아니하며 모든 것이 협력하여 선을 이루는 법을 배울 수 있을 것 같다.

조성돈 | 실천신학대학원대학교 목회사회학 교수, 라이프호프 대표

『페어 처치』에 이어 저자는 통합적인 영성을 구현한 현실 교회 이야기로 우리를 인도하고 있다. 성자의 영성과 혁명가의 영성, 즉 교회와 목회, 제자도의 내적인 기반과 외적인 표현이 어떻게 통합되어야 하는지를 실제적인 목회 이야기와 최신 업데이트된 독서로 조화롭게 풀어낸 책이다.

지성근 | 일상생활사역연구소 소장, 미션얼닷케이알 대표

『페어 처치』가 공공성과 공동체성에 기반을 둔 선교적 교회에 관한 이야기를 담고 있다면 이 책은 그 선교적 교회가 지녀야 할 영성에 관해 이야기한다. 하나님의 말씀에 기초한 급진적 제자 공동체를 꿈꾸는 저자는 이 책에서 성자적 영성과 혁명가적

영성이라는 독특한 프레임을 사용해 이 시대를 살아가는 그리스도인과 교회가 지녀야 할 영성을 차분하게 풀어낸다. 이 책의 깊이와 넓이는 기독교 영성에 관한 기존 책들의 수준을 뛰어넘는다. 글에서 느낄 수 있는 감동과 도전은 저자의 풍부한 독서와 깊은 사색에서 온다. 독자들은 책을 읽으면서 저자가 얼마나 깊이 있게 말씀을 이해하고 성찰하는지 발견하게 될 것이다. 저자는 이 책에서 어렵고 힘든 삶의 여정에서 하나님을 만난 이야기들을 담담하게 들려준다. "제로 포인트에 서서 좁은 문 좁은 길을 십자가 지며" 가는 사람은 가장 연약해 보이지만 실제로는 가장 강한 사람이다. 그는 하나님 나라의 가치를 온몸으로 짊어지고 가는 사람이다. 이도영 목사가 바로 그런 사람이다. 독자들은 이 책에서 오늘의 시대에 진정한 신자로 살아간다는 것이 무엇을 뜻하는지, 어떻게 사는 것이 그리스도인으로서 바르게 살아가는 것인지를 발견하게 될 것이다. 어지러운 한국교회의 상황에서 우리가 나아가야 할 뚜렷한 방향, 우리가 붙들어야 할 분명한 가치가 이 책에 담겨 있다. 강력히 추천한다.

최동규 | 서울신학대학교 실천신학 교수, 한국선교신학회 회장

이 책은 다일공동체가 추구하는 영성에 닿아 있다. 다일의 영성은 안으로의 영성과 밖으로의 영성의 균형이다. 안으로의 영성인 성자적 영성이 아름다운 세상 찾기라면 밖으로의 영성인 혁명가적 영성은 지극히 작은 자를 사랑하며 영성의 길을 걷는 작은 예수 살아가기다. 깨우치고 나면 세상이 다 아름답게 보이고 하나님의 마음을 알게 되면 세상의 아픔을 직면하게 된다. 이 책은 선교적 교회를 세워가면서 이 두 영성, 즉 수직적 영성과 수평적 영성을 어떻게 하나로 엮어갔는지에 대해 몸으로 쓴 영성 일기다. 내가 주례를 서기도 했던 사랑하는 아우 이도영 목사가 쓴 이 책이 무너져가는 한국교회를 치유하고 회복하며 다시 한번 일어서게 하는 중추적 역할을 하길 간절히 소원하며 적극 추천한다.

최일도 | 시인, 다일공동체 대표

성
자
와

혁
명
가

성
자
와   혁
명
가

영성의 두 갈래 길

이
도
영
지음

새물결플러스

차례

서론 _ 성자적 영성과 혁명가적 영성: 기독교 영성의 두 갈래 길 / 16

제1부 | 성자적 영성의 기초 / 31

1장 시원, 자기 입증이 필요 없는 삶 / 33

2장 말씀, 소유냐 존재냐 / 45

3장 까닭 없는 믿음, "왜"라는 물음 없이 / 56

4장 에케 호모, 이 사람을 보라 / 68

5장 제로 포인트, 우상 타파의 길 / 77

6장 약함의 영성, 약할 때 강함 되신 주 / 85

7장 비폭력, 우리가 증오하는 자처럼 되지 않기 / 92

8장 하나님의 형상, Man · Mission · Master / 100

제2부 | 성자적 영성의 적용 / 115

1장 자유, 정죄함 없는 자유 / 117

2장 기쁨, 시간·공간 초월 / 131

3장 기도와 간구, 그리고 감사의 기도 / 142

4장 늘봄, 성령 안에서 깨어 기도하기 / 158

5장 범사에 감사, 구나·겠지·감사 / 173

6장 순례의 길, 기억과 기대의 여정 / 186

7장 밀봉과 승압, 봄·여름·가을·겨울 / 200

8장 능력과 활력, 습관이 영성이다 / 213

제3부 │ **혁명가적 영성의 기초와 적용** / 227

1장 저항하라, 혁명가적 영성으로 읽는 종교개혁 / 229

2장 사랑과 정의, 우리는 하나 / 242

3장 세월호, 이 시대의 십자가 / 257

4장 미투, 예수는 페미니스트였다 / 269

5장 장애, 모두를 위한 마을을 꿈꾸다 / 283

6장 난민, 예수도 난민이었다 / 294

7장 공정 무역, 오른손이 한 일을 왼손이 모르게 하라 / 306

8장 헤테로토피아, 환대와 평등의 도시 / 315

결론을 대신하며 / 330

서론_____

성자적 영성과 혁명가적 영성: 기독교 영성의 두 갈래 길

"세상에는 두 부류의 사람이 있다. 하나는 나는 항상 옳다고 말하는 사람이며 다른 하나는 나는 항상 잘못이라고 말하는 사람이다. 앞은 투사이고 뒤의 사람은 종교인과 예술인이다. 나는 항상 옳다고 말하는 사람의 자부심없이는 싸울 수 없고 나는 항상 잘못한다고 사유하는 사람의 원죄성 없이는 느낄 수 없다."

『행복한 책읽기』(문학과지성사, 1995)에서 문학평론가 김현이 한 말이다. 이는 기독교 영성의 두 갈래 길을 가장 잘 표현한 문장 중 하나다. 기독교 영성은 크게 두 갈래 길을 보여준다. 하나는 성자적 영성이며 다른 하나는 혁명가적 영성이다. 성자야말로 종교인이며 예술인이고 혁명가야말로 투사이며 예언자다. 성자야말로 자신의 죄성을 깊이 사유하는 자며 혁명가야말로 세상의 불의를 깊이 사유하는 자다. 기독교 영성은 성자와 혁명가로 상징되는 두 갈래 길을 보여준다.

성자적 영성. 성자적 영성은 자신의 약함을 인정하는 영성이다. 자신의

죄성을 깊이 인식하는 성자적 영성은 자신의 한계를 인정하는 영성이다. 모든 것을 완벽하게 해내는 사람이 아니라 자신의 약함을 철저하게 인정하는 사람을 성자라고 한다. 모든 약점을 고치는 사람이 아니라 자신의 약점을 인정하는 사람이 성자다. 성자란 자신이 죄인임을 깊이 인식하는 사람이다. 『사막 교부들의 금언』(은성, 1995)에 이런 이야기가 나온다. 사제가 범죄한 형제에게 교회를 떠나라고 명령했다. 그러자 옆에 있던 베사리온이 일어나 그와 함께 나가며 "저 역시도 죄인입니다"라고 말했다. 이와 같이 자신의 죄성과 한계에 대한 깊은 인식 없이는 성자적 영성은 불가능하다. 우리에게는 "돌파해야 할 한계"만 있는 것이 아니라 "인정해야 할 한계"도 있다. 우리 스스로 만들어놓은 한계, 그래서 하나님께서 우리 가운데서 놀라운 일을 행할 가능성을 차단해버리는 잘못된 한계만 있는 것이 아니라 하나님이 우리에게 주신 본질적 한계도 존재한다. 내가 만들어놓은 한계는 돌파해야 하지만 하나님이 만들어놓으신 한계는 인정하고 받아들여야 한다. 하나님이 선악과를 만들어놓으셨을 때 인간은 그것을 "돌파해야 할 한계선"으로 보았다. 그것이 죄다. 선악을 알게 하는 나무의 열매를 따먹지 말라는 금지 명령은 돌파해야 할 한계선이 아니라 인정하고 받아들여야 할 한계선이었다. 그 한계선은 우리가 그것을 받아들일 때 진정한 인간이 되고 자기 자신이 될 수 있는 "은혜로서의 한계선"이다. 우리 대부분은 그러한 한계선을 문득문득 경험하고 있을 터이다. 그 한계선을 돌파하려는 시도가 무모하게 여겨지고 그러한 시도 자체가 전혀 행복하지 않은 경험, 그 한계선을 부정하는 것이 곧 자기 자신을 부정하는 것 같은 경험을 해본 적이 있지 않은가? 그 한계선이야말로 나를 나 되게 하는 은혜로서의 한계선이기 때문이다. 하나님이 주신 한계선은 나의 나 됨을 만들어내는 은혜로서의 한계선이다.

나를 나답게 하는 한계선을 갖고 있기 때문에 우리 모두는 다 "모자란 사람"이라고 할 수 있다. 이 모자람이 은혜다. 이 모자람이 나의 나 됨을 만든다. 모자람은 "돌파해야 할 한계선"이 아니라 받아들여야 할 "은혜로서의 한계선"이다. 그런데 많은 사람이 이것을 인정하고 싶지 않은 모양이다. 이 한계선이 마냥 불공평하게 느껴지나 보다. 인간은 평등해야 한다고 생각하는데 누군가는 나보다 너무 잘나 보이니 불공평하게 느껴진다. 불공평하게 느껴지니 자신의 한계를 받아들이지 않고 불평만 한다. 우리 모두가 똑같아야 한다는 기준으로 보면 하나님이 불공평하게 보이는 것이 사실이다. 하지만 하나님이 불공평해 보이는 바로 그 이유 때문에 우리가 은혜를 누릴 수 있다는 것을 알아야 한다. 만약 하나님이 공평하시다면 우리는 우리가 노력한 만큼만 보상을 받을 수 있다. 하지만 하나님이 불공평하기 때문에 우리가 노력해도 얻을 수 없는 것까지 주신다. "일하는 자에게는 그 삯이 은혜로 여겨지지 아니하고 보수로 여겨지거니와 일을 아니할지라도 경건하지 아니한 자를 의롭다 하시는 이를 믿는 자에게는 그의 믿음을 의로 여기시나니, 일한 것이 없이 하나님께 의로 여기심을 받는 사람의 복에 대하여 다윗이 말한바 불법이 사함을 받고 죄가 가리어짐을 받는 사람들은 복이 있고 주께서 그 죄를 인정하지 아니하실 사람은 복이 있도다함과 같으니라"(롬 4:4-8). 하나님이 공평하시다면 우리는 모두 죄의 대가를 지불해야 한다. 그러나 그분은 불공평하시다. 그렇기에 우리가 은혜를 누릴 수 있다. 마태복음 20장에 나오는 포도원 주인의 비유를 보라. 일꾼을 부릴 때 포도원 주인은 아침 9시에 온 사람이나 12시, 오후 3시, 심지어는 오후 5시에 온 사람 모두에게 품삯을 동일하게 준다. 불공평하게 보인다. 그런데 그것이 은혜다. 우리는 하나님이 불공평하다고 원망하며 살지 말고 하나님의 불공평이 우리에게 주어지는 은혜라는 사실을 깨달아야 한다. 우리에게 주어진 "은혜로서의 한계선"을 받아들이자. 모자람이 은혜임을 아는 사람만이 서로의 모자람을 인정하고 서로의 짐을 져줄 수 있다. 자기가 모자란 사람이라는 것을 깨달은 사람만이 타인의 흠을 수용할 수 있다. 이처럼 흠이 있는 사람들이 서로 짐을 져주는 곳, 그런 곳을 공동체라고 부른다. 남을 돕기만 하려는 사람은 사실상 자기 의를 세우려는 사람이다. 도움을 받을 줄 아는 사람만이 남을 도울 수 있다. 서로 연약한 사람임을 아는 사람들의 공동체가 교회다. 교회는 연약한 자들의 공동체이고 서로의 모습을 수용하는 온유의 공동체다. 자신의 죄성을 깊이 있게 인식하지 못하는 사람은 결코 공동체를 이룰 수 없다.

더군다나 한계를 인정한다는 것은 창조성의 원천이기도 하다. 우리는 한계를 뛰어넘을 때만 창조성이 나타나는 것으로 생각하기 쉽다. 하지만 창조성이란 자고로 한계를 인식하기 시작할 때 발휘된다. 예술을 창조하는 획기적인 방법으로 큰 인기를 끌고 있는 필 핸슨(Phil Hansen)이라는 예술가가 있다. "떨리는 손을 받아들이세요"(Embrace the Shake)라는 그의 TED 강연은 매우 유명하다. 그는 몇 년 동안 점묘법의 전문가가 되기 위해 노력했다. 점묘법이란 작고 뚜렷한 점들을 사용해 어떤 이미지를 나타내는 기법이다. 그런 그에게 손떨림이 시작되었다. 결국 그는 영구적인 신경 손상에 이르고 손떨림을 멈출 수 없게 되었다. 갑자기 필의 특징적인 재능이 그의 특징적인 장애가 되었다. 그의 강점이 그의 약점이 되었다. 그는 한동안 미술을 그만두었지만 그를 담당한 신경과 의사가 그에게 툭 던진 말에 강한 자극을 받았다. "그냥 떨리는 손을 받아들이는 것이 어떠세요?" 결국 필은 손떨림을 받아들이면서 다시 예술적 실험을 시작했고 손떨림을 받아들인 기법으로써 의도적으로 손을 떨어서는 도저히 만들어낼 수 없는 강렬한 작품들을 만들어냈다. 그의 약점이 다시 그의 강점이 되었다. 필은 "자신의 한계"라고 생각했던 것이 더 큰 독창성을 발휘하는 데 기폭제가 된다는 것을 깨달았다. 한계를 마주할 때 창조성을 계발하게 된다는 것을 깨달은 것이다. 그는 이 깨달음을 적극적으로 활용하기 시작했다. 그는 의도적으로 자신에게 한계를 부여하면 어떤 예술 작품을 생산할 수 있는지 궁금했다. 가령 재료비를 1달러만 사용할 수 있다면 어떻게 될까? 채색해야 하는데 붓을 사용할 수 없다면? 작품을 전시하기 위해서가 아니라 작품을 파괴하기 위해 만든다면? 다른 사람들에게 의존해서 작품 구성을 생각해내야 한다면? 그는 이렇게 스스로에게 부여한 한계를 통해 가장 창의적인 작품을 만들어냈다. 동영상을 통해 그의 작품들을 보면 정말 경이롭다. 그의 말을 기억하자. "우리가 하는 일에 한계가 없어지려면 먼저 한계가 있는 상황을 겪어봐야 해요. 사람들에게 그저 삶을 생산적으로 살아가라고 하기보다는 우리의 한계를 이용해서 더 나은 삶으로 도약할 수 있다고 말하는 것이 나아요."

이렇게 자신의 한계를 인정하는 사람은 상황의 한계마저 받아들인다. 그는 상황과 다투느라 에너지를 빼앗기지 않는다. 그는 다가오는 상황을 오직 "지금은 이래야 할 순간"으로 받아들이며 상황 이면에 있는 하나님의 뜻을 보려한다. 어떠한 상황도 신의 뜻에서 벗어나지 않는다고 믿으며 모든 일을 하나님의 신비로 본다. 그는 모든 일이 합력해 선을 이루기 때문에 모든 일에 감사할 수 있다. 신비를 인정하는 자만이 모든 일에 감사할 수 있다. 그 신비는 "사랑"이다. 하나님의 존재가 사랑임을 경험한 자만이 하나님을 절대적으로 신뢰할 수 있고 하나님의 신비 속에서 일상을 살아갈 수 있다. 자신의 한계를 인정하는 성자적 영성이란 결국 하나님의 신비를 인정하는 영성인 것이다. 뒤에서 살펴보겠지만 하나님의 신비를 인정하면 "다 이룸의 세계", "이미 도착함의 세계" 그리고 "다 좋음의 세계"를 누리게 된다. 학자들에 의하면, 모든 종교에는 세 가지 요소가 포함되어 있다. 그 세 가지는 제도적·지성적·신비적 요소다. 이것을 교회와 연결해서 말하면 역사적·제도적 요소는 "베드로적 요소"라고 할 수 있고, 분석적·이성적 요소는 "바울적 요소"라고 할 수 있으며, 마지막으로 직관적·신비적 요소는 "요한적 요소"라고 할 수 있다. 도로테 쵤레는(Dorothee Sölle) 『신비와 저항』(이화여자대학교출판부, 2007)에서 로마 가톨릭은 베드로적 요소가 강하고, 개신교는 바울적 요소가 강한 반면 현대 교회는 요한의 신비적 요소를 많이 잃어버렸다고 지적하며 신비적 요소를 회복할 필요성에 대해 역설한다. 그는 신비주의가 정적인 것이 아니라 실천적인 것이라고 말하면서 신비주의의 실천에는 세 가지 저항의 형태가 있다고 말한다. "나-없음", "소유-없음" 그리고 "폭력-없음". 이 모든 것을 하나의 단어로 묶는다면 그건 "사랑"이다.

혁명가적 영성. 혁명가는 누구에게 의지하지 않고 자신의 길을 스스로 개척한다. 그에게는 "문제"로 주어진 "장애물"을 돌파하는 경향이 있다. 혁명가는 "장애물"을 "디딤돌"로 사용하여 "문제"를 돌파하고 "한계"를 넘어서는 경향이 있다. 우리에게도 이러한 저돌성이 필요하다. 많은 경우 우리에게 주어진 문제들은 본질적인 한계가 아니라 우리 스스로 만들어놓은 한계들이다. 사람들은 과거의 패배와 실수 그리고 상처가 만들어놓은 울타리를 자신의 한계라고 믿고 그 안에 갇혀 사는 경우가 너무 많다. 그들은 자신의 한계를 좁게 만들어놓고 그 안에서 초라하게 살아간다. "나는 이정도밖에 안 되는 존재야!" 이렇게 믿고 산다. 이렇게 "자성적 예언"을 믿으면 그 한계 이상을 꿈꾸지 않고 스스로 그 안에 자신을 가두는 결정들을 하게 된다. 하지만 우리는 스스로 만들어놓은 한계선을 돌파하는 믿음으로 살아야 한다.

귀신들린 아이의 아버지가 예수께 "무엇을 하실 수 있거든 우리를 불쌍히 여기사 도와주옵소서"(막 9:22)라고 말하자 예수께서 이렇게 말씀하신다. "할 수 있거든이 무슨 말이냐? 믿는 자에게는 능히 하지 못할 일이 없느니라"(막 9:23). "할 수 있거든"이라는 말은 "가능성"을 의미한다. 하지만 믿음은 가능성이 아니다. 그것은 가정법을 용납하지 않는다. 믿음은 만약의 경우 있을 수도 있는 것을 선택하는 문제가 아니다. 가능성은 믿음의 세계가 아니라 "확률의 세계"다. 우리는 나름대로 확률이 높은 것이 무엇인지를 계산하고 예상 손익을 계산하며 결과를 예측하면서 어떤 행동과 방향을 결정한다. 이것은 "확률의 세계"이고, "계산의 세계"이며, "가능성의 세계"다. 반면에 믿음은 가능성의 세계가 아니라 "불가능성의 세계"다. 계산의 세계가 아니라 "신뢰의 세계"다. 확률의 세계가 아니라 "확신의 세계"다. 기대나 소망의 세계가 아니라 "실상의 세계"다. 히브리서에 의하면 믿음은 바라는 것들의 실상이고 보지 못하는 것들의 증거다. 믿음은 실상이고 증거다. 한마디로 말하면 "현실"이다. 그것은 없는 것이 있었으면 하는 소망이 아니라 실제로 있는 것을 보는 것이다. 남들이 보지 못하고 있을 뿐이지 실재하는 것들을 보는 것이다. 남들이 보지 못하는 것을 보는 것이 믿음이다. 믿음은 실재를 실제적으로 보는 것이다. 실체적으로 있는 것을 보면 그것이 현실로 나타난다. "보이지 않는 현실"이 "보이는 현실"로 나타나는 것이다. 보이지 않는 현실과 보이는 현실을 연결해주는 것이 믿음이다. 우리는 믿음의 조상이라 불리는 아브라함의 믿음을 통해서도 믿음의 진면목을 엿볼 수 있다. 아브라함은 불가능성의 가능성을 믿었다. "아브람이 여호와를 믿으니 여호와께서 이를 그의 의로 여기시고"(창 15:6). 야웨를 믿었다는 것은 야웨를 전적으로 신뢰했다는 말이다. 그것은 하나님의 구원, 축복, 은혜, 기적, 약속이 전적으로 하나님의 손에 달려 있다는 진실을 신뢰했다는 말이다. 인간에게는 불가능하지만 하나님에게는 가능하다는 것을 믿고 그분의 약속을 신뢰하는 것이 믿음이다. 아브라함은 이런 불가능성의 약속을 믿었고 하나님은 이를 그의 의로 여기셔서 불가능성의 가능성을 실현해주셨다. 경수가 끊긴 사라의 몸에서 아들 이삭이 나왔다.

기독교 영성을 혁명가적 영성이라고 부르는 이유는 불가능한 것처럼 보이는 그 어떠한 한계도 인정하지 않고 문제를 돌파해나가는 투사적인 면이 있기 때문이다. 누가 뭐라고 해도 자신이 믿고 있는 바를 위해 목숨을 던질 수 있는 사람이 혁명가다. 자신이 믿고 있는 바를 위해 한 치의 양보도 하지 않는 사람이 혁명가다. 혁명가는 자신이 옳다는 신념을 버리지 않는다. 그는 자신의 약점이나 오류에 집중하지 않는다. 혁명가는 자신의 신념에 집중하며 그 신념을 위해 모든 한계를 돌파해나간다. 하지만 혁명가의 신념은 단지 자기 한 개인이나 가정을 위한 것이 아니다. 이것이 속류 영성이라고 할 수 있는 적극적 사고방식이나 긍정의 힘과 같은 유형의 영성과 근본적으로 다른 점이다. 혁명가는 어떤 한계도 인정하지 않는 자세를 가졌지만 한계를 돌파하는 책임을 개인에게 돌리지 않는 자세도 가졌다. 그는 개인의 문제를 넘어 구조악을 볼 줄 알고 체제나 구조 심지어는 문명의 전환을 위해 자신을 던질 줄 안다. 그는 이전과는 전혀 다른 세상을 꿈꾸는 "예언자적 상상력"을 통해 새로운 세계를 만들어간다. "나"의 문제만이 아니라 "나라"의 문제를 볼 줄 아는 자가 혁명가다. 혁명가는 나라를 위해서 목숨을 건다. 모두가 변화의 가능성을 포기하고 현실에 안주하며 오직 생존에 목을 맬 때 그는 세상의 변혁을 위해 자신의 생명을 던진다. 기독교의 영성은 하나님 나라를 위한 실천적 삶이다. 우리의 영성을 혁명가적 영성이라고 부르는 이유는 우리가 하나님 나라를 위해서 우리의 전부를 바쳐야 하는 사람이고 하나님 나라의 가치를 철저히 따르는 사람이여야 하기 때문이다.

목회를 하면서 발견한 특이한 점 중 하나가 있다. 그것은 신앙의 색깔에 따라 불가능한 것과 가능한 것의 종류가 다르다는 사실이다. 보수적이고 기도 많이 하는 분들의 신앙은 참으로 놀랍다. 중병에 걸린 분들을 보면서 하나님께서 다 치유해주실 것이니 믿으라고 자신 있게 말한다. "하나님은 죽은 자도 살리실 수 있다"라고 말하면 "아멘"을 가장 크게 외친다. 그런데 내가 "급진적 제자 공동체"에 대해 설교하면 그분들은 이전과 다르게 반응한다. 초기 교회는 자기 것을 자기 것이라고 주장하지 않고 사도들의 발 앞에 자기 전 재산을 바쳤고 각자의 필요에 따라 그것을 사용한 "유무상통의 공동체"였다고 말씀을 전한 적이 있다. 나는 구약에서 말하는 "많이 거둔 자도 남음이 없고 적게 거둔 자도 모자람이 없는 공동체"가 비로소 신약의 공동체에서 성취되었고 "너희 중에 가난한 자가 없으리라"는 신명기 15:4의 말씀이 초기 교회를 통해 성취되었다는 말씀을 전했다. 지금 우리 가운데 계시는 성령님은 2000년 전 오순절에 임하신 성령님과 동일한 분이기에 초기 교회와 같은 역사가 지금도 동일하게 일어날 수 있다고 선포했다. 반응이 어땠을까? 나중에 듣기로는 죽은 자도 살아날 수 있다고 믿고 그토록 기도 많이 하는 권사님들이 모여 이렇게 말했다고 한다. "그게 말이 돼? 그게 가능하냐고?" 다른 성향도 마찬가지다. 급진적인 제자 공동체를 말하는 사람들을 만나면 치유나 부활을 부정하는 경우조차 보게 된다. 자기 신앙의 색깔에 따라 불가능한 것과 가능한 것의 종류가 달랐던 것이다. 하지만 그리스도인의 믿음은 자신의 신앙의 색깔에 따라 가능한 것의 종류가 달라지는 것이 아니라 성경의 모든 차원을 믿는 것이다. 어떤 차원에서든 모두가 불가능하다고 해도 하나님의 말씀이 약속하는 것이면 가능하다고 믿는 사람이 그리스도인이다.

요즘 사상계에서는 "종교적인 것의 귀환"이 최고 이슈 중 하나다. 근대의 위기에 대한 해법으로 포스트모더니즘이 부상했으나 그것은 한때의 유행으로 끝나버리고 새로운 세상에 대한 대안을 제시하지 못했다. 이런 현대의 위기 앞에 새로운 보편성을 고민하는 현대 철학자들이 기독교, 특히 사도 바울에게 새롭게 관심을 갖기 시작했다. 바디우, 아감벤, 지젝, 데리다 등 최고의 현대철학자들이 바울에 관심을 가지면서 종교의 의미를 새롭게 규정하고 있다. 특히 데리다가 종교에 대해 규정한 것이 재미있다. 데리다에게 종교는 "불가능성에의 열정"이다. 그는 무조건적인 사랑, 용서, 환대, 우정이나 절대적인 정의는 구체적인 현실 세계에서는 실현 가능하지 않지만 종교는 불가능성을 희망하며 불가능성의 가능성을 붙들고 분투하는 모습을 보여줌으로써 세상에서 존재의 의미를 갖게 된다고 말한다. 신앙을 갖지 않은 사람도 이렇게 이야기하는데 어찌 믿는 우리가 "불가능성의 가능성"을 포기할 수 있단 말인가?

통전적인 영성. 토니 캠폴로(Tony Campolo)와 메리 앨버트 달링(Mary Albert Darling)이 함께 쓴 『친밀하신 하나님 행동하시는 하나님』(복있는사람,

2009)에서 그들은 기독교 영성의 두 갈래 길 모두 "기독교 신비주의"에서 나왔다고 말하며 이 두 갈래 길이 각자의 길을 갈 때 발생하는 두 가지 위험성을 언급한다. 하나는 "자아도취적 영성"이고 다른 하나는 "핵심이 빠진 영성"이다. 나의 용어로 설명하자면, 성자적 영성이 혁명가적 영성 없이 홀로 갈 때 자아도취적 영성에 빠지게 된다. 자아도취적 영성은 영적 체험의 즐거움 자체를 추구하며 본래 목적인 하나님을 사랑하고 그분의 뜻을 이루는 삶을 잃는다. 그것은 즐거움을 사랑하는 것이지 사랑을 즐거워하는 것이 아니다. 예수님 대신에 엉뚱하게 영적 도취의 감정에 사로잡힌다. 예수님을 따르기보다 그분을 예배할 때의 감정에 도취된다. 반면 혁명가적 영성이 성자적 영성 없이 홀로 갈 때 핵심이 빠진 영성이 되어버린다. 이렇게 되면 기도의 힘을 부정하거나 자기 내면의 영적 소생의 필요성조차 인식하지 못하고 만다. 핵심이 빠진 영성은 내적 해방을 외면하게 되어 사랑 없는 정의감으로 인한 "자기 정당화"와 "자기 의"에 빠져 하나님 나라의 진정한 표징인 기쁨을 잃고 만다. 이와 같은 두 가지 유혹과 달리 진정한 기독교 신비주의는 친밀함과 행동이 통합된 영성이다. 성자적 영성과 혁명가적 영성의 통합이 이루어져야 진정한 기독교 영성이라 할 수 있다.

스레츠코 호르바트(Srećko Horvat)는 『사랑의 급진성』(오월의 봄, 2017)에서 사랑 없는 혁명과 혁명 없는 사랑 모두 잘못되었음을 지적한다. 사랑과 혁명은 함께 간다. 진정한 사랑의 급진성은 혁명의 급진성에서 발견되고, 혁명의 급진성은 진정한 사랑에서 발견된다. 진정으로 급진적인 혁명을 이루기 위해서는 사랑이 필요하고, 진정한 사랑은 혁명처럼 새로운 세계를 창조한다. 혁명만 있고 사랑이 없는 역사적 사건은 "이란 혁명"과 "소비에트 혁명"이다. 우리는 그 결과를 잘 알고 있다. 얼마나 삭막하고 폭력적인 세상이 되었는지 말이다. 대의에 의해 개인의 욕망이 부정당하고 결국은 수직적 권위가 난무하는 관료 사회가 되어버렸다. 반면 사랑만 있고 혁명이 없는 상태가 바로 현대 소비자본주의 사회에서 이루어지는 사랑의 관계다. 그것은 진정한 사랑도 없고 가벼운 만남과 차가운 친밀성과 성적 흥분만이 존재하는 관계다. 또한 68혁명의 부정적인 측면도 이에 해당하는데, 히피들처럼 성혁명을 앞세운 결과는 결국 포스트모던적인 성적 방종일 뿐이었다. 나는 현대 기독교 영성에서 혁명은 없고 사랑만 있는 관계를 본다. 사랑의 대상 자체에 몰입해 하나님의 혁명을 꿈꾸지 않는 관계 말이다. 하나님이 이루신 진정한 영적 혁명을 통해 새로운 하나님 나라를 이루고자 하는 열정이 없는 사랑의 관계 말이다. 예수님의 제자들은 사랑 없는 혁명을 꿈꿨다. 로마의 압제에서 해방할 강력한 힘을 가진 메시아를 따랐다. 그런 제자들에게 주님은 말씀하신다. "사랑 없는 혁명은 다시 실패로 돌아가는 것에 불과하다. 사랑 없는 혁명은 의미가 없다. 사랑 없이는 혁명을 이룰 수도 없다. 사랑이 혁명이다. 십자가가 혁명이다. 자기 부정이 혁명이다. 그런 혁명만이 새로운 세상을 가져올 수 있다." 주님은 십자가의 사랑을 통해 새로운 혁명을 일으키셨고 새로운 나라를 세우셨다. 반면 작금의 그리스도인들은 혁명 없는 사랑만을 꿈꾼다. 그들은 오직 자신을 위로해주고 자신의 욕망을 채워줄 메시아를 기대한다. 그들은 새로운 세상을 꿈꾸지도 않고 대의를 위해 자신을 던지지도 않는다. 현실 기독교의 문제는 몇몇 일탈하는 목회자나 평신도만의 문제가 아니다. 일반적인 그리스도인의 영성이 기독교의 본질을 잃은 것이 진짜 문제다. 혁명 없는 사랑이 문제다.

진정한 기독교 영성을 되찾는 길은 성자적 영성과 혁명가적 영성을 통합하는 것이다. 이 두 가지 영성이 만날 수 없는 평행선처럼 나누어지지 않고 이제는 기독교의 근본적인 영성을 구성하는 두 개의 바퀴가 되어야 한다. 서로 상반되어 보이고 도저히 통합될 것 같지 않은 깊은 간극이 있어 보인다 해도 우리는 이제 이 둘을 통합해야 한다. 두 개의 바퀴 모두가 상대의 논박을 견딜 수 있는 논리적 정합성을 갖추어야 하고, 논리를 넘어 서로의 차이를 품을 수 있는 넓은 품을 가진 대동(大同)의 포월성을 갖추어야 하며, 서로가 서로를 창조적으로 변용하고 재형성할 수 있는 능력을 갖추어야 한다. 그렇게 성자적 영성과 혁명가적 영성이 타원의 두 초점이 될 때 참된 그리스도인으로서 의의 태양이신 주님의 주위를 타원형으로 공전하는 의의 자녀가 될 수 있다.

나는 먼저 『페어 처치』(새물결플러스, 2017)를 통해 공동체성과 공공성을 회복하는 선교적 교회 이야기를 했다. 나는 더불어숲동산교회가 어떤 신학적 체계를 갖고 있고 어떤 사역들을 했는지 그 책에서 자세히 소개했다. 고민하는 그리스도인들을 위해 이론과 실천 양자에 걸쳐 깊이 있는 이야기를 다루다 보니 일반 성도들이 읽기에는 다소 어려운 책이 되었다. 이번에는 한국 기독교의 전체 성도를 향해 통합적인 영성을 얘기하고 싶다. 신학보다는 영성으로 접근했기에 『페어 처치』처럼 어렵고 이론적인 이야기보다는 쉽게 쓰고 체험적인 이야기를 많이 하려고 애썼으며 일부러 자세하게 각주를 달지 않고 간단하게 책 이름만 소개했다. 한두 장을 제외하고는 읽기에 크게 어렵지 않을 것이다. 『페어 처치』에서 혁명가적 영성에 대한 내용을 충분히 다루었기에 이 책에서는 성자적 영성에 대한 이야기를 좀 더 많이 다루었다. 제1부는 예수님의 세례 사건과 광야에서의 시험 사건을 통해 성자적 영성의 기초를 보여주었고, 제2부는 성자적 영성의 구체적인 적용들을 요약했다. 더 많은 적용이 있을 수 있으나 핵심적인 내용만 간추려보았다. 제3부는 혁명가적 영성의 기초와 적용을 함께 다룬다. 올해 5월 중에 목회를 하면서 썼기에 많이 부족한 글이지만 아무쪼록 한국 교회가 기독교 영성의 두 갈래 길을 통합해 하나님의 뜻을 이 땅 가운데 이루는 데 이 책이 작은 도움이라도 되었으면 좋겠다.

서론을 마무리하면서 감사의 말을 전해야겠다. 가장 먼저 힘든 비전을 감내하고 함께 달려왔으며 묵묵히 자리를 지켜준 더불어숲동산교회 성도님들, 특히 지역장들, 셀장들, 운영위원들, 페어라이프 팀원들 그리고 교사들에게 진심으로 감사드린다. 함께 십자가의 길을 가고 있는 아내 임영신과 늘봄, 시원, 슬빛 세 아이에게 진심으로 고마운 마음을 전한다. 작년에 먼저 하늘나라로 가신 아버님과 홀로 계신 어머님께 이 책을 바친다. 추천사를 써주신 분들과 같은 방향을 바라보며 선교적 교회의 길을 가는 모든 동역자에게 진심으로 감사드린다. 또한 김요한 목사님이 대표로 있고 한국 교회의 지식 생태계를 질적으로 성숙하게 만들고 있는 새물결플러스에서 부족한 글을 출간하는 것은 내게 더할 수 없는 영광임을 밝힌다.

제1부 성자적 영성의 기초

1장

시원,
자기 입증이 필요 없는 삶

기독교에는 주현절이라는 절기가 있다. 인터넷 사전에 의하면, 로마 가톨릭 교회에서는 주님 공현 대축일, 개신교에서는 주현절이라고 부르며, 동방 정교회에서는 신현 대축일, 주님 세례 대축일 또는 성삼위일체 대축일이라고 부른다. "공현", "주현" 또는 "신현"이라는 말은 최초로 예수의 신성(神性)이 공식적으로 나타난 것을 뜻한다. 이를 서방 기독교에서는 동방 박사가 예수를 찾은 때로 보고, 동방 기독교에서는 세례자 요한이 예수에게 세례를 준 때로 본다. 날짜는 전통적으로는 1월 6일이나 나라에 따라서는 1월 2일부터 8일 사이의 주일로 정하기도 한다. 동방 기독교가 주현절이라는 절기로 예수님이 요단강에서 세례를 받은 사건을 기억할 만큼 이 사건은 중요한 의미가 있다. 주현절은 최초로 예수님의 신성이 공식적으로 나타난 사건을 의미하지만 더 크게는 복음이 무엇인지를 보여주는 사건을 의미한다. 예수님이 세례를 받을 때 하늘이 열리고 하나님의 소리가 온 세상에 울려 퍼졌다. "이는 내 사랑하는 아들이요 내 기뻐하는 자라"(마 3:17). 이것이 복음이다. 내가 인도하는 내적치유수양회에 설치되는 두 개의 플래카드에 적힌 문구 중 하나다.

복음은 "좋은 소식"(good news)이자 "복된 소리"(gospel)다. 가스펠 (gospel)은 "신의 소리"(god's spell)다. 복음은 하나님이 말씀하시는 소리다. 우리는 복음 중 "복된"(good)에 관심이 많다. 하지만 그만큼 우리가 관심을 기울여야 할 것은 바로 "소리"(spell)다. 복된 소식은 하나님의 소리로 우리에게 들려지기 때문이다. 실상 이 소리는 태초부터 들려오는 복된 소리다. 천지창조 후 하늘에서 들려오는 소리가 있었다. "보기에 심히 좋다." "It's very good!" 여기서 "good"에 해당하는 "토브"(*Tob*)라는 히브리어 단어는 믿는다는 뜻과 칭찬한다는 뜻도 있지만 "사랑한다"는 뜻도 있다고 한다. "네가 너무 아름답구나. 나는 네가 참 좋다. 내가 너를 매우 사랑한다", "심히 좋다"에는 이런 속 깊은 뜻이 담겨 있다. 이렇게 하나님이 보시기에 참 좋은 세상이 죄로 말미암아 망가졌다. 하지만 타락한 세상을 다시 새롭게 하기 위해 주님이 오셨고 다시 복음이 온 천하에 울려 퍼졌다. 주님이 성육신하심으로써 재창조가 이미 시작되었다. 다시 하늘이 열리며 복된 소리가 울려 퍼진다. "이는 내 사랑하는 아들이요 내 기뻐하는 자라." 여기서 왕의 자녀(시 2:7)라는 정체성과 고난받는 종(사 42:1)이라는 사명이 함께 언급되고 있다. 보시기에 심히 좋았다는 경이로운 외침 이후 땅을 다스리라는 왕적 소명을 내리셨듯이 바로 그 태초의 소리가 다시 한번 울려 퍼지고 있다. 이것이 "복음"이다. 하늘에서 들려오는 사랑의 소리, 이 소리가 우리의 영혼에 울려 퍼지고 우리에게 사랑의 열정을 불러일으키며 존재론적 변화를 만들어내는 것이 복음의 능력이다.

예수님이 세례를 받는 장면의 순서가 너무 중요하다. 예수님은 시험을 이기고 나서 이 소리를 들으신 것이 아니라 이 소리를 듣고 나서 시험을 이기셨다. 그분이 시험을 이겨 자격을 얻은 후 그 보상으로 이 소리가 들린 것이 아니라 이 사랑의 소리를 듣고 무상의 자격을 얻었기에 시험을 이길수 있으셨던 것이다. 이것이 복음의 능력이다. 이 소리는 예수님의 공생애 중 또 한 번 울려 퍼진다. 한 번은 강에서 들려왔지만 다른 한 번은 산에서 울려 퍼진다. 제자들에게 십자가 죽음을 첫 번째로 예고하고 나서 예수님은 제자들과 함께 변화산에 오르신다. 이곳에서 다시 한번 하늘의 소리가 울린다. "이는 내 사랑하는 아들이요 내 기뻐하는 자라"(마 17:5). 십자가에서 죽으신 후 선포된 것이 아니라 이 소리가 울려 퍼진 후 예수님은 십자가에 달리신다. 예수님이 십자가에서 죽으실 수 있는 힘이 여기서 나온다. 신성을 스스로 제한하시고 인간이 되신 예수님은 이 복된 소리를 들으셨기 때문에 사탄의 유혹을 이길 수 있었다. 이 소리를 듣지 못한 사람은 사탄의 유혹을 이길 수 없다. 사탄은 끊임없이 우리에게 자신을 입증하라고 유혹한다. 입증에 성공해도 유혹에 넘어간 것이고 입증에 실패해도 유혹에 넘어간 것이다. 자기 입증의 세계로 들어가는 것 자체가 패배이기 때문이다. 예수님에게도 사탄은 세 번 중 두 번씩이나 "네가 만일 하나님의 아들이어든"이라며 유혹한다. 자기 입증의 삶을 살라고 유혹한 것이다. 자기 입증의 삶이 자기다움의 삶처럼 보일지라도 그것은 가짜 삶이다. 자기 입증은 진정한 자기를 발견하지 못한 사람이 가짜 자기를 앞세워 공허한 내면을 은폐하려는 몸부림일 뿐이다. 진정한 사랑의 소리인 하나님의 소리를 듣지못했기에 자신의 업적과 자격을 통해 사랑의 소리를 들어보려고 안간힘을 쓴다. 하나님의 뜻을 이루는 것보다 자기 입증이 더 중요한 사람은 하나님의 영광을 가로채게 되고 자기를 우상화하게 된다.

로리 애슈너(Laurie Ashner)와 미치 메이어슨(Mitch Meyerson)이 함께 쓴 『사람은 왜 만족을 모르는가?』(에코의서재, 2006)에서 사람이 만족을 모르는 이유를 묻는다. 답은 너무나 단순했다. 만족을 모르는 이유는 자신을 증명하기 위해 살기 때문이다. 자신을 입증하기 위해서 사는 사람에게는 다양한 양상이 나타난다. 1) 어떤 사람은 자신을 증명할 힘이 없다는 것을 깨닫고 모든 것을 쉽사리 포기한다. 이런 사람은 미리 포기함으로써 실패할 때 자신의 본모습이 드러나는 고통을 피하고 아예 행복하기를 추구하지 않는다. 2) 어떤 사람은 자신을 증명하기 위해 완벽해지려고 노력한다. 이런 사람의 특징은 상대의 결점을 기가 막히게 포착한다는 데 있다. 왜 그런지 아는가? 완벽해지기 위해서 발견한 자신 안의 결점을 상대방에게서 찾기 때문이다. 이런 사람에게 상대는 항상 부족한 사람이다. 3) 어떤 사람은 희생양 콤플렉스를 갖고 있다. 자신이 얼마나 착한 사람인지를 증명하기 위해 자신을 계속해서 희생한다. 거기에는 교묘한 정죄가 스며들어 있다. 자신이 희생양인 한 상대는 가해자가 되기 때문이다. 이런 사람은 자신을 희생하면서 상대를 통제하는 유형이라고 할 수 있다. 4) 어떤 사람은 자신을 증명해야 한다는 강박에 빠져 누구도 믿지 못하고 혼자서 일을 처리하려 한다. 과도한 책임 의식과 지나친 경계심으로 항상 불안에 빠져 있는 사람이라고 할 수 있다. 5) 어떤 사람은 항상 기분이 저하되어 있다. 그는 자신을 증명하려는 것 자체가 자신이 부족하다는 의식을 갖고 있음을 반증하는 것으로 생각하고, 그렇기에 자신은 행복할 자격이 없다고 생각한다. 그는 행복한 순간조차 곧 불행이 찾아올 것이라고 생각한다. 6) 어떤 사람은 모든 일에 금방 흥미를 잃는다. 그는 자신이 특별한 대접을 받아야 하는데 그럴 수 없는 상황에 처하면 무력감을 느낀다. 그러나 그것은 자신을 증명할 실력이 없다는 것을 감추기 위한 심리적 방어일 뿐이다. 7) 어떤 사람은 끊임없이 자신을 타인과 비교하고 그와 경쟁한다. 자신을 증명하는 일에는 타인보다 앞서야 함이 전제되어 있기 때문이다. 이런 사람은 타인과 비교하면서 나만 비극적인 사람이라고 생각하며 타인과 어울리려 하지 않는다. 이처럼 자기 입증을 위해 살아가는 사람은 만족을 누리지 못한다. 그렇다면 자기 입증이 필요 없는 사람은 누구인가? 하늘의 소리, 즉 복음을 들은 사람이다. 하나님의 입증을 받은 사람이다. 하나님은 하늘에서 만천하에 공포하셨다. "이는 내 사랑하는 자녀요 내가 기뻐하는 사명자라." 우리는 자기 입증을 위해 살아갈 필요가 없는 사람들이다. 우리는 이미 하늘의 입증을 받았기 때문이다. 우리는 자기 입증이 아니라 예수의 입증을 위해 살아가는 사람이고 하나님 나라의 입증을 위해서 살아가는 사람이다.

하나님은 무제약적인 사랑을 가진 분이시다. 우리는 여기서 말하는 사랑을 보통 의지적인 선택으로 이해한다. 감정적으로 미운 마음이 있어도 의지적으로 상대를 용납할 수 있다. 이것은 다음과 같은 마틴 루터 킹 목사의 이야기와 같다. "백인을 에로스적으로는 사랑할 수 없어도 아가페적으로는 사랑할 수 있습니다. 백인을 좋아하지 못해도 의지적으로 사랑할 수는 있습니다. 그러니 백인을 사랑합시다. 원수까지 사랑할 때 모든 불의를 이길 수 있습니다." 마틴 루터 킹은 이런 신조를 갖고 비폭력 흑인 인권 운동을 이끌었다. 우리 역시 하나님이 이런 식으로 나를 사랑할 거라고 생각한다. 우리는 하나님이 의지적으로 나를 사랑하시지만 감정적으로 좋아하시지는 않을 거라고 생각한다. 우리는 그분이 나를 의지적으로 사랑하실 수는 있지만 이 못난 모습과 연약한 모습, 심지어 악하기까지 한 모습을 보고도 나를 좋아할 리는 없다고 확신한다. 하지만 우리의 생각과 달리 하나님은 나를 사랑하실 뿐 아니라 나를 좋아하신다. 그분은 어떠한 상황 속에서도 있는 모습 그대로의 나를 기뻐하신다.

"생수의 강"이라는 수련회에 참여했을 때의 일이다. 그때 나는 매우 탈진한 상태였다. 반면 내 안에 견고한 진을 치고 나를 쓰러뜨리곤 하는 죄에 대한 비탄과 그것을 이기고 싶은 갈망이 있었다. 그런 기대와 갈망을 갖고 생수의 강에 참석했는데 첫째 날은 기대 이하였다. 그러나 실망만 하고 있을 수는 없었다. 의지적으로 간절한 마음을 품고 적극적으로 참여했는데 둘째 날 "약할 때 강함 되시네"라는 찬양을 부르고 있을 때 큰 은혜가 임했다. 이 찬양을 부르는데 2절 후반부 가사가 송곳처럼 내 심령에 파고들었다. "쓰러진 나를 세우고 나의 빈 잔을 채우네, 주 나의 모든 것"이라는 가사 중 "빈 잔"이라는 단어가 내 심령 깊숙한 곳을 건드렸다. "아 그렇구나. 내가 이렇게 힘들고 지치며 아파해야 했던 것은 하나님이 나를 빈 잔 되게 하시려는 것이었구나. 잔이 비워져야 채워질 수 있구나. 그리고 하나님이 채워주시겠구나." 이런 확신이 들었고 예수님이 다음날 만나주실 거라는 말씀까지 주셨다. 드디어 셋째 날이 되어 약속대로 예수님께서 나를 만나주셨다. 더군다나 셋째 날의 은혜만으로도 주체할 수 없는 나에게 주님은 넷째 날에 더 강력한 은혜를 부어주셨다. 사실 나는 생수의 강 셋째 날 너무나 강렬하게 주님을 만났기 때문에 더 이상의 은혜가 필요치 않을 것 같았다. 그래서인지 마지막 넷째 날이 되었을 때는 관찰자의 자세가 되었다. 새벽 순서에 참여했을 때 나는 어떻게 프로그램을 진행하는지 노하우를 얻기 위해 두리번거리기까지 했다. 그런 내게 주님께서는 세미한 음성을 들려주셨다. "다양한 모습으로 찾아올 하나님을 기대하라." 정신이 번쩍 들었다. 이렇게 기도할 수밖에 없었다. "그렇습니다, 주님. 다양한 모습으로 찾아오실 하나님을 기대합니다." 그 순간, 누군가가 작은 목소리로 찬양하는 소리가 들렸다. 내 머릿속에 남아 있는 가사는 이러했다. "당신이 태어날 때 꽃들이 활짝 피어나고, 당신이 태어날 때 천사들이 즐거워하네." 이 가사가 내 가슴을 파고들면서 밑에서부터 하나의 문장이 떠올랐다. 이 문장을 설명하기 위해서는 과거의 한 사건을 이야기할 필요가 있다.

그 당시 시간으로 5년 전 쯤의 일이다. 우리 부부의 육아 철학은 일반적이지 않아서 출산부터 다른 부부들과 달랐다. 아내는 첫째 아이를 집에서 자연 분만으로 출산했고 둘째 아이와 셋째 아이는 집에서 수중 분만으로 출산했다. 아마도 가정집에서 수중 분만을 한 것은 우리가 한국 최초일 것이다. 이런 철학으로 인해 군목 시절, 첫째 늘봄이가 젖을 뗄 때 아내가 아이의 고통에 동참하기 위해 10일 금식을 했다. 아내가 신학교 시절 섬겼던 "평화의 마을"이라는 대전의 애육원 사람들과 함께 금식을 했는데 전화를 해보니 늘봄이가 많이 힘들어한다고 했다. 아이를 특별하게 사랑했던 나는 가기 힘든 상황이었지만 황병산에서 내려와 대전을 향해 차를 몰았다. 함박눈이 오고 있었지만 아이를 빨리 보아야 한다는 생각에 위험한 줄도 모르고 시속 130-140km를 밟아가며 눈발을 헤치고 대전까지 직행했다. 가는 도중 중간에 아내에게 가고 있다고 전화를 했지만 가기 힘든 상황이라고 미리 말을 했던 상황이기에 아내는 내 말을 믿지 못하는 눈치였다. 그런 아내를 놀라게 하고 싶어 사실은 농담이었노라고 말하고서 계속 달려갔다. 애육원은 입구에 느티나무가 양편에 서 있는 넓은 마당이 있는데 마당 위에 하얀 비단이 깔린 것처럼 한 번도 밟지 않은 눈 위를 노란 나트륨 등이 비추고 있었다. 입구에서 문 밖에 와 있다고 아내에게 전화를 했더니 아내가 깜짝 놀랐고 조금 후에 환호하며 뛰어나와 마당에 기다리고 있던 내게 안겼다. 나중에 아내가 이때 받은 감동을 잡지에 기고했는데 그중 한 문장이 감동적이었다. 내 기억 속의 문장은 이러했다. "당신이 문밖에 와 있다는 전화를 받고도 믿을 수가 없었습니다. 그런데 당신은 거짓말처럼 거기에 서 계셨습니다. 내 마음 안에는 폭죽처럼 터지는 기쁨이 솟아났습니다."

생수의 강에서 떠오른 하나의 문장이 바로 이 "폭죽처럼 터지는 기쁨"이었다. 완전히 잊고 있었는데 그 문장이 떠오르더니 하나님께서 거짓말처럼 하늘에서 폭죽처럼 터지는 기쁨으로 나를 바라보며 내 존재를 기뻐하고 계셨다. 생각이나 환상이 아니라 실체적으로 거기 계셨다. 실체적으로 계신 하나님께서 폭죽처럼 터지는 기쁨으로 나를 기뻐하고 계셨다. 그 기쁨이 얼마나 큰지 기쁨의 압력을 이기지 못하고 기쁨이 폭죽처럼 밖으로 터져 나왔다. 펑~펑~펑~ 너무나 황홀했다. 영원히 잊을 수도 지울 수도 없는 사랑의 추억이다. 나를 이토록 무조건적으로 사랑하실 뿐 아니라 있는 그대로의 모습을 기뻐하시다니! "보기에 심히 좋다." 태초의 소리가 내 안에 울려 퍼지는 것 같았다. 요단강에서 울려 퍼진 "이는 내 사랑하는 아들이요 내 기뻐하는 자라"라는 음성을 완벽하게 이해할 수 있었다. 그것은 완전한 기쁨의 표출이다. 폭죽처럼 터지는 기쁨으로 찾아오신 하나님을 만날 때 떠올랐던 구절이 스바냐 3:17이다. "너의 하나님 여호와가 너의 가운데 계시니 그는 구원을 베푸실 전능자시라. 그가 너로 인하여 기쁨을 이기지 못하여 하시며 너를 잠잠히 사랑하시며 너로 인하여 즐거이 부르며 기뻐하시리라." 정말 말씀 그대로였다. 하나님은 나로 인해 기쁨의 압력을 이기지 못해 폭죽처럼 터져 나오는 기쁨으로 즐거이 부르며 기뻐하셨다. 무엇이 아들까지 아낌없이 십자가에 내어주시도록 했는지 그 근원에 닿는 것 같았다. 나는 십자가의 고통, 해산의 고통으로 나를 낳으시는 하나님 아버지의 마음을 알 수 있었다.

생수의 강에 가기 직전에 읽었던 글 중에 이런 내용이 있었다. 출애굽기 19:5에는 "너희가 내 말을 잘 듣고 내 언약을 지키면 너희는 모든 민족 중에서 내 소유가 되겠고"라는 말이 나온다. 여기서 내 소유라는 말의 원어가 "세굴라"(Segula)인데 이 말의 뜻은 단순히 소유를 지칭하는 말이 아니라 "나의 보배로운 존재"라는 뜻이다. 참 좋은 뜻이구나 하며 읽었었는데 성령께서 다음과 같은 말도 떠올리셨다. "맞아. 내가 보배로운 존재이며 존귀한 존재인데 내 자신을 미워하고 싫어하며 죽으려고 그랬었구나." 이런 깨달음이 오니 너무나 마음이 아팠다. 아픔의 눈물, 감사의 눈물, 기쁨의 눈물이 섞여서 한없는 통곡으로 이어졌다. 눈물이 샘물처럼 솟아나고 영혼 깊은 곳에서는 아픔의 절규가 터져 나왔다. 성령께서 내가 지금까지 겪었던 아픔과 상처와 죄 의식과 패배 의식과 열등 의식을 만지셨다. 방황하고 죽으려고 했던 암울한 시간들과 모든 아픈 사건이 주마등처럼 지나가면서 하나하나 모두 다 치유되는 것 같았다. 통곡이 얼마나 깊은 곳에서 터져 나오던지 내가 우는 것이 아니라 울음이 나를 통해 쏟아져 나오는 것 같았다. 세포 하나하나에 저장되어 있던 슬픔이 모두 다 빠져 나가는 것 같았다. 그런 영적 수술의 과정을 거치면서 하나님의 사랑과 기쁨이 나의 것이 되었다. 내 모습 있는 그대로 기뻐하시는 하나님의 사랑과 기쁨이 내 것이 되었다. 내가 나를 보는데 보기에 심히 좋았다. "이 모습 그대로 내가 참 좋다."

얼마나 울었던지 순서가 끝나고 남들은 밥을 먹으러 식당으로 올라갔는데 내 눈에서는 여전히 눈물이 나왔다. 계속해서 눈물을 멈추지 않고 있으니까 도우미 두 명이 나를 붙잡고 기도해주었다. 그래도 눈물이 멈추지 않자 찬양을 인도하는 청년부 전도사가 내게 와서 귀에 대고 속삭였다. "목사님, 이제 밥 먹어야 합니다." 모든 프로그램을 함께 진행하기 때문에 나 혼자 이러고 있을 수가 없었다. 알았다고 말한 후 몸을 일으켜 세웠으나 울음이 멈추지 않아 앞을 볼 수 없었다. 의자에 걸려 넘어지고 계단에 걸려 넘어져 찬양을 인도하던 전도사의 도움을 받아 3층까지 올라갔다. 올라가는 동안 겨우 울음을 정리하고 식당으로 가보니 공교롭게도 내 자리가 정중앙에 있었다. 민폐의 상황이다. 겨우 사이를 비집고 들어가 앉았다. 앉자마자 폭죽처럼 터지는 기쁨으로 나를 기뻐하시는 하나님의 사랑이 또다시 밀물처럼 몰려왔다. "어떻게 아무 자격 없는 나를 이토록 사랑하시고 기뻐하시는가!" 눈물을 참을 수 없었다. 아무리 참으려고 노력해도 멈출 수가 없었다. 다른 사람에게 방해가 되지 않게 하려고 주위에 있는 냅킨으로 내 입을 틀어막고 울고 또 울었다. 얼마나 황홀한 순간이었는지 모른다.

오후 마무리하는 시간에 "이제 내가 살아도"라는 찬양을 불렀다. 이 찬양을 부르는데 또다시 폭죽처럼 터지는 기쁨으로 하나님이 찾아오셨다. 다시 주체할 수 없는 눈물이 쏟아졌다. "이제 내가 살아도 주 위해 살고 이제 내가 죽어도 주 위해 죽네. 하늘 영광 보여주며 날 오라 하네. 할렐루야 찬송하며 주께 간다. 그러므로 나는 사나 죽으나 주님의 것이요, 사나 죽으나 사나 죽으나 날 위해 피 흘리신 내 주님의 것이요." 가사 중 "하늘 영광 보여주며 날 오라 하네"라는 가사가 사무치도록 다가왔다. 나는 찬양을 부르면서 고백했다. "주님, 그렇습니다. 제가 지금 죽어도 좋습니다. 제가 순교를 해도 좋습니다. 제가 어떤 죽음을 죽어도 죽는 그 순간 주님께서는 폭죽처럼 터지는 기쁨으로 저를 맞이하실 것이기 때문입니다." 이런 고백을 하면서, 육신으로 살아가는 것이 교인들에게 더 유익해 남아 있지만 차라리 세상을 떠나 그리스도와 함께 있는 것이 훨씬 더 좋은 일이며 그렇게 하고 싶다는 사도 바울의 고백이 이해되었다. 이 일 후 1-2년 동안은 "이제 내가 살아도"라는 노래를 부를 때마다 운전 중에도 눈물이 나와 곤란을 겪을 정도였다. 나는 사나 죽으나 주님의 것이다.

나는 이 체험을 한 뒤에 예수님의 말씀을 온전히 이해할 수 있었다. "나를 믿는 자는 성경에 이름과 같이 그 배에서 생수의 강이 흘러나오리라"(요 7:38). "예수께서 대답하여 이르시되 '이 물을 마시는 자마다 다시 목마르려니와 내가 주는 물을 마시는 자는 영원히 목마르지 아니하리니 내가 주는 물은 그 속에서 영생하도록 솟아나는 샘물이 되리라'"(요 4:13-14). 그렇다. 내 배에서, 내 존재의 중심에서 다시는 목마르지 아니하는 생수의 강이 흘렀다. 폭죽처럼 터지는 기쁨으로 찾아오신 하나님은 "태초부터" 우리를 사랑하고 기뻐하는 "시원(始原)의 축복"이고 복음 그 자체시다. 참고로 "시원"은 둘째 딸 이름이다. 물론 나 역시 정말 힘들 때는 마음이 가라앉기도 하고 슬프거나 화가 나기도 한다. 심지어는 영적인 침체도 경험한다. 하지만 그 모든 것은 바다의 표면에 이는 파도일 뿐이다. 내 영혼은 깊은 바다 속의 고요처럼 요동하지 않는다. 사막 한가운데서도 깊은 곳에서 흐르는 지하수가 존재하듯 내 심령 깊은 곳에는 다시는 목마르지 않는 생수의 강이 흐르고 있다. 그 이후 나는 자기 입증이 필요 없는 삶을 살게 되었다. 이미 하나님이 입증을 하셨기 때문이다. 그때부터 나는 그냥 나로 살았다. 그 무엇도 아니며 그 누구도 아닌 그냥 나로 살았다. 자기 입증이 필요 없는 사람은 그 무엇이 될 필요가 없고 그 누가 될 필요도 없다. 그 무엇이 아닐 필요도 없고 그 누가 아닐 필요도 없다. 그 무엇과도 그 누구와도 동일시할 필요가 없는 그냥 나로 살았다. 무슨 소속이나 계급이나 국적이나 학력이나 딱지나 소유나 이름이나 성별이나 직분이나 업적이나 신넘이나 생각도 아닌, 한마디로 "신상명세서"가 아닌 그냥 나로 살았다. 바울이 빌립보서에서 표현한 것처럼 육이 아닌 영으로 살았다. 나의 나 됨은 오직 하나님의 은혜다.

2장

말씀,
소유냐 존재냐

요단강에서 세례를 받고 천상의 소리를 들으신 예수님은 성령에게 이끌리어 광야로 가서 사탄에게 시험을 받으신다. 사탄의 유혹은 단순하면서도 은밀하고 효과적이다. 최초의 유혹 이후 항상 동일한 유혹을 반복하고 있다는 점에서 단순하고, 우리의 절실한 욕망과 필요를 통해 역사하기 때문에 유혹처럼 보이지 않는다는 점에서 은밀하며, 이 유혹 앞에 인간은 항상 패배했기 때문에 효과적이다. 예수님은 "성령에게 이끌리어" 광야로 나아가셨다. 하나님의 뜻 안에 있는 시험이라는 말이다. 광야, 40일, 이것은 이스라엘이 광야에서 40년간 유리하는 기간 동안 받았던 시험과 연관성이 있음을 보여준다. 이스라엘은 40년간의 광야 생활에서 하나님을 따르는 데 실패했다. 반면 예수님은 "참 이스라엘"로 오셔서 시험을 이기신다. 이스라엘을 대신해 그들에게 요구되었던 하나님의 말씀에 대한 순종과 헌신을 온전히 성취하셔서 새로운 구원을 이 땅에 가져오셨고 새로운 나라를 출범시키셨다.

사탄의 세 가지 시험은 인간의 본질적인 세 가지 영역에 대한 시험이다. 첫 번째 시험은 경제와 생존의 문제, 두 번째 시험은 문화와 종교의 문제 그리고 세 번째 시험은 정치와 권력의 문제를 다루고 있다. 사회학에서는 제1영역이 국가와 정치이고, 제2영역은 시장과 경제이며, 제3영역은 사회와 문화다. 따라서 투박하게 첫 번째 시험을 제2영역에서 벌어지는 유혹으로, 두 번째 시험은 제3영역에서, 그리고 세 번째 시험은 제1영역에서 벌어지는 유혹으로 이해할 수도 있을 것 같다. 다르게 말하자면 첫 번째 시험은 "광야"에서 "빵의 문제"로, 두 번째 시험은 "성전"에서 "인정과 기적의 문제"로, 그리고 세 번째 시험은 "높은 산"에서 "권력과 영광의 문제"로 이해할 수 있다. 이는 요한1서 2:16에서 말하는 것과도 연관이 있다. "육신의 정욕"은 첫 번째 시험, "이생의 자랑"은 두 번째 시험, "안목의 정욕"은 세 번째 시험과 관련이 있다. 앞서 쵤레가 말한 신비주의의 실천 세 가지 형태, 즉 "나-없음", "소유-없음" 그리고 "폭력-없음"을 세 가지 유혹과 관련 지을 수도 있을 것 같다. "소유-없음"은 첫 번째 시험에 대한 항거이고, "나-없음"은 두 번째 시험에 대한 항거이며 마지막으로 "폭력-없음"은 세 번째 시험에 대한 항거로 볼 수 있겠다.

예수님은 이 시험을 모두 신명기의 말씀으로 이기셨다. 그분은 첫 번째 시험에서 신명기 8:3로 대응하셨다. "너를 낮추시며 너를 주리게 하시며 또 너도 알지 못하며 네 조상들도 알지 못하던 만나를 네게 먹이신 것은 사람이 떡으로만 사는 것이 아니요, 여호와의 입에서 나오는 모든 말씀으로 사는 줄을 네가 알게 하려 하심이니라." 두 번째 시험에서는 신명기 6:16로 대응하셨다. "너희가 맛사에서 시험한 것 같이 너희의 하나님 여호와를 시험하지 말고." 세 번째 시험에서는 신명기 6:13로 대응하셨다. "네 하나님 여호와를 경외하며 그를 섬기며 그의 이름으로 맹세할 것이니라." 신명기의 각 말씀과 연관된 사건은 출애굽기에 등장한다. 이 사건들은 세

가지 시험과 동일한 순서로 언급되어 있다. 첫 번째 시험은 출애굽기 16장의 신 광야 만나 사건, 두 번째 시험은 17장의 르비딤 반석 사건 그리고 세 번째 시험은 19장의 시내산 언약 사건과 관련이 있다.

먼저 첫 번째 시험부터 살펴보자. 앞서 말한 것처럼 첫 번째 시험은 경제적 영역의 유혹이다. 이것이 첫 번째 시험으로 제시된 것은 아마도 가장 원초적인 영역이기 때문일 것이다. 목회자는 생존과 직결되는 경제의 문제 앞에 고상한 말을 할 수 없다. 성도들이 먹고 사는 문제로 힘들어할 때, 목회자는 어떤 고차원적인 얘기를 하기 어렵다. 세상에서 가장 강력한 단어는 이것이다. "바보야, 문제는 경제야!" 사탄도 이 문제를 가장 먼저 들고 나온다. "네가 만일 하나님의 아들이어든 이 돌들에게 명하여 떡이 되게 하라"(눅 4:3). 믿음 안에 거하지 않으면, 현실적인 "당연"들이 중요해진다. 배가 고프면 돌이라도 빵으로 만들어 먹어야 한다. 생존의 문제가 생기면 생존의 문제를 먼저 해결해야 한다. 이건 너무 당연한 것이다. 우리가 당연한 것으로 생각하는 것이 아니라면, 그것은 우리에게 유혹을 일으킬 수 없다. 너무나 당연한 것처럼 보이기에 유혹을 일으킨다. 너무나 현실적이고 당연한 것들을 좇다가 본질과 목적을 잃어버린다면 그것이 유혹이다. 유혹은 "순서의 문제"다. "먼저"를 잃어버리도록 하는 전략이다. 그리스도인이라면 그 누구라도 하나님을 섬겨야 한다는 사실을 안다. 그것을 부정하는 그리스도인이 있을까? 하지만 대개의 경우 "먼저" 생존의 문제를 해결하고 "다음에" 제대로 믿겠다고 말한다. 그들은 믿어야 한다는 걸 부정하지는 않는다. 다만 순서를 바꿀 뿐이다. 예수님은 이에 대해 신명기 8:3을 인용하셔서 다음과 같이 단호하게 말씀하신다. "사람이 떡으로만 살 것이 아니요, 하나님의 입으로부터 나오는 모든 말씀으로 살 것이라"(마 4:4).

말씀으로 살아간다는 것은 소유가 아니라 존재로 살아가는 것을 의미한다. 성경은 빵과 말씀을 대비해 설명한다. 빵은 생존과 소유를 대표하는 상징이다. 반면 말씀은 가치와 존재를 대표하는 상징이다. 이 세상은 소유에 의해 인간의 가치를 결정한다. 소비할 수 있는 능력이 그 사람의 가치를 결정한다. 교환 가치에 의해 인간의 존재 가치가 결정되는 것이다. 이것이 빵으로만 살아가는 삶의 특징이다. 빵으로만 살도록 강제하는 힘은 우리를 동물적 존재로 만든다. 그것은 생존에 목숨을 걸게 만들고 탐욕을 채우는 삶만을 살아가게 만든다. 인간은 끊임없이 소유를 추구한다. 사람들이 누리는 대부분의 행복은 소유에서 나온다. 그것은 소유에서 나오기 때문에 불완전하고 안정적이지 않으며 상대적이다. 소유는 언제나 교환 가치에 의해 평가된다. 교환 가치란 비교에서 나온다. 비교란 상대적인 것이어서 비교의 대상에 따라 가치가 변한다. 가령 우리가 1만 원짜리를 7천 원에 사면 행복하다가도 그걸 누군가 5천 원에 샀다는 사실을 알 경우에는 불행해진다. 비교의 대상에 따라 플러스 3천이 마이너스 2천으로 전락한다. 이것이 3등보다 2등이 더 불행한 이유다. 동메달을 딴 사람은 등수 안에 들지 못한 사람과 자신을 비교하는 데 반해 2등은 1등과 비교하기 때문에 3등보다 불행하다. 존재 자체로 절대적인 가치를 누리는 것이 아니라 비교를 통해 상대적 가치를 소유하는 일은 이처럼 비교의 대상에 따라 행과 불행이 나누어진다. 따지고 보면, 비교를 통해 가치를 결정하는 것은 자신의 행복이라는 것이 타인의 불행을 전제할 때만 가능하다는 사실을 보여준다. 평소에 별 것도 아닌 걸 가지고 불평하던 사람도 중환자실을 방문하고 나면 일상의 행복을 회복한다. 타인의 불행이 자신의 행복을 회복시킨 것이다. 선생님이 모든 아이에게 비싼 만년필을 선물해주어서 모두가 만년

필을 갖는 것보다 선생님이 나에게만 볼펜을 선물해주어 나 홀로 볼펜을 갖는 것이 훨씬 더 행복하다. 모두가 가진 것을 소유하는 것보다 모든 이가 소유하지 않은 것을 내가 소유할 때 행복한 법이다. 타인의 결핍과 불행이 나의 행복을 가능케 한다. 하지만 역설적이게도 타인의 불행을 전제로 한 행복은 타인의 행복 때문에 항상 불행할 수밖에 없음을 뜻하기도 한다. 나보다 더 많이 가진 사람, 나보다 더 잘난 사람 그리고 나보다 더 잘나가는 사람이 항상 존재하기 때문이다. 인간은 이렇게 불완전하고 안정적이지 않으며 상대적인 소유를 추구하는 삶을 통해 불안하고 불행한 삶을 산다.

빵으로만 살아가는 존재는 동물적 존재다. 참인간은 빵만으로 살아갈 수 없다. 그는 하나님의 입에서 나온 모든 말씀으로 살아간다. 말씀으로 살아간다는 것은 소유가 아니라 존재로 살아간다는 말이다. 그것은 탐욕을 채우는 삶이 아니라 하나님 나라의 가치를 추구하면서 살아가는 삶을 말한다. 그것은 더 많이 가지려는 삶이 아니라 더 많이 존재하려는 삶을 말한다. 말씀이 우리로 하여금 "입증이 필요 없는 삶"을 살도록 하며 진정한 생명을 선물하기 때문에 우리는 말씀을 통해 소유가 아니라 존재로 살아간다. 존재로 살아가는 사람은 소유로부터 해방되었기 때문에 염려와 두려움이 없다. 소유한 것이 없어 잃을 것이 존재하지 않기 때문이다. 누구든지 자신이 소유하지 않은 것으로부터 분리될 수 없다. 소유하지 않은 것을 잃을 수는 없다. 오직 소유한 것만을 잃을 수 있다. 오직 소유한 사람만 상실로 인해 비탄에 빠진다. 타오르는 집 앞에서 주저앉아 울고 있는 노인에게 아들이 묻는다. "왜 울고 계세요?" "왜라니? 우리 집이 불타고 있잖니?" "아버지, 저 집 어제 팔았잖아요." "아, 그렇지?" 전날 집이 팔렸다는 사실을 상기하자 노인은 울음을 그치고 웃으며 자리를 털고 일어났다. 이처럼 소유하지 않은 것을 잃을 수는 없는 법이다. 가진 자들은 가진 것을 잃을까 봐 염려한다. 그들은 잃은 것 때문에 슬픔에 빠진다. 슬픔에 빠진다는 것은 곧 나의 행복을 자신의 소유에 의지했다는 말이다. 가진 자들에겐 행복의 근원이 내면에 있지 않고 밖에 있다. 그들은 밖에 있는 소유에 의지했기 때문에 자신들에게 행복을 가져다주었던 것이 사라질지도 모른다는 두려움에 빠진다. 땅에 쌓은 보물은 좀과 동록이 해하며 도둑이 구멍을 뚫고 도둑질한다. 그런 면에서 사랑은 소유가 아니라 존재다. 소유는 두려움을 낳지만 사랑은 두려움을 내어쫓는다. 사랑은 어떤 요구도 없고 의존도 없다. 하지만 소유는 소유에 의존하게 만든다. 그것에 의존했다는 말은 역설적으로 내가 그것을 소유하는 것처럼 보여도 실상은 그것이 나를 소유하고 있었음을 보여준다. 소유하는 자는 실상 소유의 노예다. 하지만 소유하지 않는 자는 잃을 것이 없기 때문에 염려할 필요가 없다. 소유로부터 해방되어 진정한 자유자로 살아간다. 소유가 아닌 존재로 살아간다.

에리히 프롬(Erich Fromm)의 『소유냐 존재냐』(범우사, 1988)에 따르면, 예수께서는 히브리어 방언인 아람어로 말씀하셨는데 아람어는 물론 히브리어에도 "가지다"(to have)라는 단어가 없다. 예수님은 이 단어를 한 번도 사용하지 않으셨다. 여우도 굴이 있고 공중의 새도 집이 있으되 인자는 머리 둘 곳조차 없으셨다. 그분은 옷을 가졌다고 말씀하지 않으셨고 옷이 벗겨지고 채찍에 맞으시기까지 하셨다. 예수님은 몸을 가졌다고 말씀하지 않으셨고 온몸으로 십자가의 고통을 감내하셨다. 그분은 모든 것을 내어주셨지만 자신의 것이 아니기에 결코 잃어버린 것이 아니셨다. 소유가 아닌 존재로 사셨던 예수의 정신을 공동체적으로 구현한 초기 교회 공동체 역시 자신의 재물을 "자기 것"이라고 주장하는 이가 하나도 없었다. 왜 그럴까?

그들은 예수님의 삶을 따라 소유가 아니라 존재로 사는 사람들이었기 때문이다. 그들은 그리스도 안에서 죽은 사람들이다. 죽은 사람에게는 소유권이 존재하지 않는다. 『깨달음: 사막 은자들의 깊은 깨달음 수행록』(규장, 2006)에 이런 이야기가 나온다. 한번은 어떤 관리가 아르세니우스에게 친척이 쓴 유언장을 가져왔는데 막대한 유산을 그에게 남겼다는 내용이었다. 아르세니우스가 받은 유언장을 찢으려 하자 관리가 엎드려 간청했다. "찢지 마십시오. 그리하면 제가 책임을 추궁받을 것입니다." 유언장을 돌려주며 아르세니우스가 말했다. "나는 그 친척이 죽기 전에 이미 죽었소. 그런데 내가 어찌 친척의 상속자가 될 수 있단 말이요?" 그렇다. 그리스도 안에서 죽은 자에게 소유란 존재하지 않는다. 그냥 존재로 살아간다.

내가 오대산 국립공원 안에 있는 황병산 사이트에서 공군 군목을 하고 있었을 때의 일이다. 아내는 당시 시민운동을 하고 있었기 때문에 우리는 주말부부로 살았다. 나는 황병산에 있고 아내는 서울 구파발에서 살고 있었는데 하루는 목양실에 앉아서 사무를 보고 있는 나에게 전화가 걸려왔다. "여보, 우리 산삼을 캤어요." 뜬금없는 아내의 이야기에 당황하며 반문했다. "무슨 황당한 소리에요? 농담 말아요." "진짜라니까요? 늘봄(첫째 아들)이랑 같이 여느 때처럼 아침 산책을 나갔어요. 그런데 오늘은 벚꽃이 너무 예뻐 평소 가지 않던 반대편 길로 간 거예요. 그 길로 가다가 어머니가 산나물을 좀 캐신다고 산자락으로 들어서셨는데 조금 있다 저를 부르시는 거예요. 산삼을 발견했다고. 저도 첨엔 안 믿었는데 내려오다가 집 옆에 있는 생태보전 시민 모임의 국장님에게 보여드렸더니 진짜 산삼이라며 언론사에 연락하라는 거예요. 그린벨트에서 산삼을 캤으니 꼭 알려야 한다고요. 그린벨트를 보존하는 데 도움이 될 것이라고요." 당시 살던 집은 구파발 북한산 자락에 위치해 있었는데 오랫동안 그린벨트에 묶여 있는 지역이었다. 과거로 치자면 깊은 산중이라고도 할 수 있는 곳이니 그런 일이 가능도 하겠다는 생각이 들었다. "그 말 진짜예요?" "진짜라니까 그래요." "참 기가 막힌 일도 다 있네. 우리 가족이 산삼을 캐다니. 그럼 여보, 한 번 더 가봐요. 산삼은 무리지어 자란다고 하잖아요." "…알았어요." 한참 후에 전화가 다시 걸려왔다. "여보, 여보, 한 뿌리 더 캤어요." 그 아침, 상상해본 적도 없는 산삼 사건에 우리는 모두 한동안 머리가 멍해졌다. 어른들 말로 삼대가 덕을 쌓아야 캔다는 것이 산삼 아니던가. 그 귀한 산삼을 황병산 깊은 산중도 아니고 서울에 있는 집 근처에서 산책을 하다가 캐다니. 그 행운의 크기도 크기려니와 너무 엉뚱하고 갑작스럽게 우리에게 찾아온지라 한참을 어리둥절했다. 그러나 두 시간 남짓이 지나자 우리는 그 산삼 사건이 얼마나 엄청난 일인지 깨닫기 시작했다.

아내는 당시 녹색 연합이란 환경 운동 단체에서 일을 하고 있었던 터라 그린벨트에서 산삼을 캔 소식은 금방 언론사에 알려졌다. 얼마 안 있어 기자들이 집으로 들이닥쳤다. 산삼을 수차례 취재해보았다는 기자는 먼저 우리에게 전문가의 감정을 권했다. 자기 식견으로도 산삼인 것이 분명한 것 같지만 가짜 산삼일 수도 있고 방송으로 나가려면 권위 있는 전문가의 감정, 즉 "몇 년생, 시가 얼마"라는 가치 평가가 필요하다는 것이다. 아니, 가짜 산삼도 있단 말인가? 기자는 산삼에 대해 아는 바가 별로 없던 우리에게 설명을 시작했다. 깊은 산에 산삼 씨를 뿌려 인위적으로 경작하는 "장뇌"라는 것이 있는데 이것이 장뇌삼인지 산삼인지가 판명이 나야 방송에 나갈 수 있다는 것이다. 아내는 무척 당황했다. 장뇌라는 말 자체를 처음 들어보았기 때문이다. 아내는 잠시 망설이다가 우리 가족의 일이 아니라 도시의 녹지 보존과 관련해 의미 있는 일이 될 것 같아 한번 해 보자며 단체를 통해 모 국립 수목원에서 산삼과 장뇌를 30년간 연구하신다는 박사에게 감정을 의뢰하기 위해 연락했다. 아내의 문의를 들은 박사의 대답은 이러했다. "내가 학자적 양심을 갖고 말하는데 장뇌와 산삼을 구분할 정확한 과학적인 방법은 한 가지밖에 없습니다. 한쪽은 매해 꽃이 피고, 다른 한쪽은 한해 걸러 한 번씩 꽃이 피지요. 즉 그것이 장뇌인지 산삼인지 알려면 발육 과정을 관찰해야지 캐놓은 것을 보고는 감정이 어렵다는 것이지요. 다만 장뇌삼이 더 발육이 빠르기 때문에 산삼이냐 장뇌삼이냐의 판별에 따라 가격은 10배 이상 차이가 납니다. 지금 캐신 것이 산삼이라면 100년 이상 삼이고 장뇌라면 30년 이하의 삼으로 감별됩니다. 결국 전문가가 판정하는 방법이 어떤 것이냐에 대한 평가 장치가 없어요. 때문에 누군가 장뇌라고 하면 장뇌요 산삼이라 하면 산삼이 되는 일이 부지기수입니다. 다만 제 식견으로는 산삼 쪽에 걸겠지만 그것은 엄연히 추측일 뿐 절대적인 것은 아닙니다."

그럼 어떻게 하란 말인가? 그 이야기를 함께 들은 기자는 그래도 "가격 평가"가 필요하다며 경동시장 한약재 시장에서 산삼을 감정해주는 곳을 추천해주었다. 아내는 망설이다가 집에서 아침나절을 기다린 기자들에게 미안한 마음이 들어 경동시장을 향했다. 산삼을 유심히 살펴본 감별사가 건넨 첫마디는 이것이었다. "감별비는 얼마나 주실 건가요?" 감별비를 많이 주면 그것이 산삼이 되고 감별비를 적게 주면 그것은 장뇌가 될 판이었다. 아내는 "아, 이곳에도 자본의 논리가 스며들어 있구나"라는 생각이 들었다고 한다. 눈 딱 감고 감별비를 많이 주면 산삼이라고 확실하게 판명이 나는 상황이었지만 이것이 옳지 않다고 생각한 아내는 감별을 포기했다. 그렇지만 교수의 의견만으로도 방송에 나오는 것이 거짓을 보도하는 것은 아니었기에 결국 저녁 9시 뉴스에 "그린벨트에서 산삼 발견"이라는 기사로 보도되었다. 방송에 출현하고 나니까 이상한 전화들이 걸려왔다. 내가 심어놓은 산삼이니 내어놓으라는 둥, 비싸게 줄 테니 꼭 자기한테 팔라는 둥, 산삼을 보관하기 위해 흙을 더 담아오려 산에 올라갔더니 그 근방 몇십 미터가 산삼을 찾기 위해 파헤쳐져 있기도 하는 둥 여자와 아이만 있는 집이라 불안하기도 했고 귀찮기도 했다. 그런 과정을 겪으면서 아내가 전화로 이런 말을 했다. "여보, 우리 아이의 웃음은 언제나 청량감을 주고 새 힘을 주는데 세상적인 가치는 잠시 기쁨을 주는 것 같지만 곧 욕망을 일으키고 마음을 갈라지게 하는 것 같아요. 기쁨은 기쁨으로 남고 함께 나눌 수 있지만 흥분은 곧 욕망으로 발전되며 개인적 소유로 귀착되는 것 같구요. 횡재는 거저 얻은 흥분일 뿐이지만 하나님의 선물은 감사의 기쁨이라는 걸, 진짜 선물은 산삼이 아니라 늘봄이란 걸 산삼 덕분에 깨달은 것 같아요. 그리고 어쩌면 하나님이 우리에게 그걸 가르쳐주시려고 산삼을 주신 건 아닐까요?"

나는 아내와 통화하기 전에 『장자 외편』을 읽고 있었다. 신기하게도 전화를 받는 중 펼쳐져 있는 부분에서 이런 글귀를 봤다. "금을 산에 그대로 놔두고, 구슬을 못에 그대로 놔두며, 재화를 이익으로 여기지 않고, 부귀를 반기지 않으며, 장수를 즐기지 않고, 요절을 슬퍼하지 않는다." 금을 산에서 캐내고, 구슬을 못에서 건져내며, 뛰어난 사람에게 상을 주고, 성공한 사람을 치켜세우며, 재화를 이익으로 여기고, 부를 반기는 일이 세상을 혼란하게 만든다는 장자의 사상을 보여주는 글귀다. 당시의 상황과 너무나 잘 어울리는 말이었다. 성경 말씀은 아니었지만 내게는 신의 계시와도 같았다.

우리는 다시 산삼을 산에다 심기로 결심했다. 그러다 가만히 생각해보니 다시 산에 심으려는 행동 자체가 산삼을 대단한 것으로 여기는 것 아닌가 하는 생각이 들었다. 나물을 캐면 그것을 다시 산에 심는가? 그렇지 않다. 그럼 왜 산삼을 다시 심으려고 하는가? 나물과 산삼을 다르게 보기 때문이 아닌가? 그렇게 다르게 보게 만드는 것이 바로 자본의 논리 아닌가? 약효의 차이라면 모를까 그것을 교환 가치의 차이로 보게 하는 것은 분명 문제가 있었다. 도대체 나물과 산삼의 차이가 무엇인가? 결국 우리는 산에서 나물을 캐오면 나물을 그냥 먹듯이 산삼을 그냥 먹기로 했다. 아들이 하나 먹고 당시 체력이 많이 떨어진 내가 나머지 하나를 먹었다. 이래 봬도 내가 산삼을 먹은 사람이다.

나는 이 사건을 통해 소유는 우리에게 진정한 행복을 줄 수 없음을, 소유야말로 더 큰 욕망을 불러오고 우리를 탐욕스럽게 만든다는 사실을 뼈저리게 느꼈다. 소유는 우리 마음을 부요하게 하는 것이 아니라 단지 들뜨게 하고 욕망을 부추기며 마음을 갈라지게 한다. 우리는 소유가 아니라 존재가 행복을 준다는 사실을 잊으면 안 된다. 하늘과 바람과 별과 시, 아이의 웃음, 신체의 건강, 친밀한 관계, 꿈을 향해 나아가는 작은 걸음, 살아 있다는 사실 자체가 우리가 느끼는 진정한 행복이다. 우리가 존재로 살 때, 우리가 얼마나 많이 가졌는지, 적게 가졌는지, 내가 얼마나 좋은 환경에 있는지, 없는지와 상관없이 존재함 그 자체가 축복이고 신비며 충만이라는 것을 알고 누리게 된다.

3장

까닭 없는 믿음,
"왜"라는 물음 없이

두 번째 시험의 현장은 성전 꼭대기다. 성전 꼭대기는 희생제사를 드리기 전 대제사장이 새벽마다 나팔을 불던 장소다. "광야"에서의 첫 번째 시험이 "빵의 문제"였다면 "성전"에서 두 번째 시험은 "인정의 문제"와 "기적의 문제"다. 앞서 첫 번째 시험이 경제의 문제, 세 번째 시험이 정치의 문제, 그리고 두 번째 시험이 사회와 문화의 문제를 다룬다고 말했는데 문화의 핵심에는 종교가 있다. 폴 틸리히는 종교가 문화의 내용이고 문화는 종교의 형식이라고 말했다. 첫 번째 시험이 생존이라는 인간의 원초적인 영역에 대한 시험이라면 두 번째 시험은 종교라는 인간의 핵심적인 영역에 대한 시험이라고 할 수 있다. 시험의 내용은 이렇다. "네가 만일 하나님의 아들이어든 뛰어내리라. 기록되었으되, '그가 너를 위하여 그의 사자들을 명하시리니 그들이 손으로 너를 받들어 발이 돌에 부딪치지 않게 하리로다'"(마 4:6). 네가 하나님의 아들이라면 하나님이 반드시 구해주시지 않겠냐는 말이다.

이것은 사탄이 욥의 신앙에 대해 의문을 품은 것과 동일한 문제 제기다. "어찌 까닭 없이 하나님을 경외하리이까?"(욥 1:9) 사탄은 신앙의 본질에 대해 문제 제기하고 있다. 신앙이란 결국 보상을 바라는 것 아니겠냐는 것이다. 권력과 소유의 충족이나 빵과 안전함의 제공과 같은 유익이 주어졌기 때문에 하나님을 섬기는 것 아니겠냐는 말이다. 이것은 외적인 조건이 신앙의 이유와 목적이 되는 신앙을 말한다. 오종향 목사가 팀 켈러의 "복음적 설교"에 대해 강의하면서 종교에 관한 공식으로 설명하는 표현을 사용하자면 이렇게 된다. "A 때문에 B한다." A는 조건절이다. A라는 "조건"이 충족되어야 B라는 "신앙"이 형성된다. 욥기 식으로 표현하면 "까닭이 있기 때문에 신앙한다." 이것이 바로 율법과 종교의 핵심 정신이다. A에 해당하는 것은 많다. 건강, 돈, 명예, 성공, 권력 등등. 이런 것들이 주어지지 않으면, 신앙인의 신앙생활이 파괴되도록 하는 것이 사탄의 전략이다. 사탄의 가장 강력한 유혹은 신앙을 저버리게 만드는 것이 아니라 우리로 하여금 "까닭 있는 신앙"을 갖게 하는 것이다. 이런 신앙이야말로 우상숭배다. A에 해당하는 것들이 다 우리에게 우상이 되기 때문이다. 그것은 "A 때문에 B한다" 또는 "까닭이 있기 때문에 신앙한다"는 "신앙"에 해당하는 B보다 "까닭"에 해당하는 A를 더 중요하게 여기는 것을 의미한다. 하나님보다 우상들이 더 중요하다. 이러한 덫에 걸려들면 안 된다. 그것은 율법과 종교에 불과하며 우리를 옭아매는 덫이다. "A 때문에 B한다" 또는 "까닭이 있기 때문에 신앙한다"라는 공식에 갇힌 신은 결코 우리를 구원할 수 없다. 그러한 신은 이 세상의 조건과 가치 체계와 상징 자본과 도덕 법칙과 인과율에 갇혀 있기 때문이다. 복음은 이와 다르다. 복음은 절대적 자유이신 하나님이 우리를 사랑하시고 그 사랑으로 우리를 다스리신다는 복된 소식이다. 그분이 무조건적인 사랑으로 우리를 사랑하셔서 우리의 모든 죄를 용서하시고 우리에게 진정으로 필요한 것들을 십자가와 부활을 통해 다 이루어놓으셨다는 것이 복음이다. 복음 앞에서는 "A 때문에 B한다" 혹은 "까닭이 있기 때문에 신앙한다"라는 공식이 힘을 잃는다. 복음은 하나님이 우리를 까닭 없이 사랑하셨고, 까닭 없이 구원하셨으며, 까닭 없이 우리를 부르셨고, 까닭 없이 믿어주셨다고 말한다. 이 하나님의 까닭 없음을 경험한 사람은 까닭 없이 하나님을 신앙한다.

많은 사람이 하나님은 우리가 기대하고 기도한 대로 이루어주셔야만 한다고 생각한다. 그런 하나님이 진짜 하나님일 수 있을까? "신이라면 이렇게 해주셔야만 해"라고 생각하는 대로 이루어주시는 신은 성경의 하나님이 아니라 우리의 생각과 욕망으로 만들어낸 우상일 뿐이다. 진짜 하나님은 우리의 기대와 기도에 지배당하는 분이 아니시다. 그분은 온 우주를 창조하시고 역사 가운데 통치하는 분이시다. 이스라엘 백성들은 이러한 신앙을 갖지 못했다. 그들은 르비딤에서 마실 물이 없자 모세와 다투고 야웨를 시험한다. 이스라엘 백성들은 마실 물을 주면 진정한 신이고 그렇지 않다면 가짜 신이라고 생각했다. 모세가 반석을 쳐서 물을 낸 곳을 르비딤에서 "맛사"로 그 이름을 바꾼 이유는 그들이 모세와 다투었고 야웨가 우리 중에 계신가 아니 계신가 하며 하나님을 시험했기 때문이다. 반면 욥의 고백은 하나님의 절대 주권을 인정하는 신앙을 드러낸다. "내가 모태에서 알몸으로 나왔사온즉 또한 알몸이 그리로 돌아가올지라. 주신 이도 여호와시요 거두신 이도 여호와시오니 여호와의 이름이 찬송을 받으실지니이다"(욥 1:21). "'우리가 하나님께 복을 받았은즉 화도 받지 아니하겠느냐' 하고 이 모든 일에 욥이 입술로 범죄하지 아니하니라"(욥 2:10). 진짜 신앙은 여기서부터 출발한다. 이처럼 주신 이도 거두시는 이도 야웨, 복을 주시는 이도 화를 주시는 이도 야웨라고 그분의 절대 주권을 인정하는 것이 신앙의 출발이다.

하나님의 절대 주권을 인정하지 않으면 "까닭 있는 신앙"으로 전락한다. 오직 절대 주권만이 "까닭 없는 신앙"을 가능케 한다. 욥의 신앙과 같은 종류의 신앙이어야만 고난의 신비에 답을 할 수 있다. 까닭 없이는 하나님을 믿지 못하고 경외할 수 없는 신앙을 통해서는 고난의 신비로 들어갈 수 없다. 우리는 은연중에 "까닭 있는 신앙"을 추구하기 때문에 고난의 신비로 들어가지 못한다.

안석모 교수는 『욥을 위한 변명』(두란노, 2014)에서 자신이 폐암 선고를 받고 일 년 동안 투병하며 욥기를 묵상한 이야기를 소개한다. 암 투병을 하며 고통의 문제를 묵상했고 그것을 그의 마지막 수업에 반영했다. 수업 시간에 어느 학생이 안 교수에게 질문했다. 안 교수가 과제로 내준 랍비 쿠시너의 책 『왜 착한 사람에게 나쁜 일이 일어날까?』의 책 제목이 이상하다는 것이다. 이 책의 원제는 "When Bad Things Happen to Good People" 이다. "착한 사람에게 나쁜 일이 일어날 때"다. 그런데 왜 번역을 "왜 착한 사람에게 나쁜 일이 일어날까?"라고 했을까? 번역된 제목을 원제로 한다면, "Why Do Bad Things Happen to Good People?"여야 한다. 안 교수는 그 학생이 질문한 일을 통해 자신도 사탄의 유혹에 빠져 있음을 깨닫게 되었다고 말한다. 곧 자신도 폐암에 걸린 자신의 형편에 대해 "왜?"라고 묻고 있었던 것이다. "까닭 있는 신앙의 세계"에 빠져 있었기에 자기도 모르게 의문과 원망에서 벗어날 수 없었음을 깨닫게 된다.

"까닭 있는 신앙"인 율법과 종교와 우상숭배를 통해서는 고난의 신비를 이해할 수 없다. "까닭 없는 신앙"인 복음 앞에 설 때만 "왜?"가 사라지고 "까닭 있는 신앙"의 세계에서 벗어나게 된다. 복음 안에 있을 때만 "왜?"는 힘을 잃는다. 까닭 없이 사랑하시는 하나님의 사랑 안에 있기 때문이다.

복음 안에서만 우리는 절대적인 사랑의 무상성을 경험한다. 하나님의 위대한 창조와 십자가의 구속을 통해 완전한 사랑의 무상성이 드러났다. 창조 안에 나타난 하나님의 사랑은 그 자체가 원인이다. 하나님의 사랑은 결과가 아니라 원인 그 자체다. 까닭이 없다. 조건이 없다. 경계가 없다. 한계가 없다. 까닭 없는 사랑만이 진짜 사랑이다. 진짜 사랑은 "그냥 사랑"이다. 이 사랑의 절정이 십자가에 계시되었다. 십자가에 나타난 완전한 무상의 사랑이야말로 까닭 없는 세계가 있음을 보여준다. 사탄은 욥이 까닭 없이 하나님을 경외하겠냐고 말한다. 까닭 없는 세계는 존재하지 않는다는 것이다. 하지만 하나님은 까닭 없는 세계가 존재함을 보여주신다. 하나님의 존재 자체가 까닭이 없다. 하나님의 사랑도 까닭이 없다. 하나님의 사랑은 비상응성을 갖는다. 하나님은 우리의 자격이나 가치와 상응하지 않는 은혜를 주신다. 바로 이 무상의 사랑이 까닭 없는 신앙을 가능하게 한다. 사람이 까닭 없이 하나님을 경외하는 것은 하나님이 까닭 없이 피조물을 사랑하는 것에서 발생한다. "왜"가 사라지고 모든 것에 "예"가 되는 신앙만이 진정한 신앙이다. "하나님의 아들 예수 그리스도는 예 하고 아니라 함이 되지 아니하셨으니 그에게는 예만 되었느니라. 하나님의 약속은 얼마든지 그리스도 안에서 예가 되니 그런즉 그로 말미암아 우리가 아멘 하여 하나님께 영광을 돌리게 되느니라"(고후 1:19-20).

욥기는 고난의 문제에 해답을 주는 성경이 아니다. 욥기 어디를 읽어봐도 고난의 문제에 대한 총체적인 답변이 제시되지 않는다. 심지어는 하나님이 욥에게 나타나서 직접 말씀하실 때조차도 고난에 대한 직접적인 해답에 대해서는 한마디도 하지 않으신다. 욥기는 고난에 대한 해답을 제시해주는 책이 아니라 믿음의 본질이 무엇인가에 대해서 말하는 책이다. 믿음의 본질은 하나님이 살아 계시지 않은 것 같을 때, 하나님이 침묵하시는 것 같을 때, 하나님이 불공평하게 느껴질 때, 가장 불합리한 상황에 놓인 것 같을 때, 그로 인해 모든 것에 회의가 들 때 나타난다. 폴 투르니에는 이렇게 말한다. "의심의 여지가 더 이상 없는 곳에서는 더 이상 믿어야 할 것도 없다." 그렇다. 앞으로 가도 거기 없고 뒤로 가도 거기에 없는 것 같을 때가 아니라면 믿음의 본질은 드러나지 않는다. 이런 믿음의 성격 때문에 필립 얀시(Philip Yancey)가 『하나님, 당신께 실망했습니다』(좋은씨앗, 2000)에서 얘기하는 것처럼 하나님은 우리를 "이해할 수 없는 길"로 이끄신다. 왜 그런가? 그때만이 진정한 믿음이 요구되기 때문이다. 하나님은 우리를 진정한 믿음으로 이끌어 하나님 나라와 의를 구하는 삶을 살도록 하시기 위해서 "이해할 수 없는 길"로 이끄신다. 참된 믿음은 분명한 길을 보고 보장된 삶을 살아가는 것이 아니라 전적으로 하나님만을 신뢰하며 이해할 수 없는 길을 걸어가는 삶이다. 내가 만들어낸 신을 통해 내 욕망을 성취하는 것이 아니라 고난을 통해 하나님을 하나님으로 인정하게 될 때 참된 믿음은 드러난다. 참된 믿음은 하나님을 조정해서 우리의 뜻을 이루어 달라는 것이 아니라 우리가 이해하기 어렵고 우리가 받아들이기 어려운 삶 한가운데서 그분만을 신뢰하며 그분의 뜻을 이루는 삶을 살아가는 것이다. 그렇게 살아갈 때 우리는 우리가 기대하고 기도하는 대로 이루어지는 기적이 아니라, 하나님 자신이 하나님 나라와 의를 친히 이루시기 위해 주시는 일상의 기적을 경험하게 된다. "먼저 그의 나라와 그의 의를 구하라. 그리하면 이 모든 것을 더하여 주시리라"(마 6:33). 이것이 진정한 기적이다.

나는 피터 엔즈(Peter Enns)의 『확신의 죄』(비아토르, 2018)를 읽고, 제목을 기가 막히게 잘 지었다고 생각했다. 우리 모두 불신의 죄는 들어봤어도 확신의 죄에 대해 들어본 적이 없지 않은가? 그에 의하면 신앙인들은 "생각, 교리, 신념"과 믿음을 연관해 이해한다. 그들은 올바른 생각과 체계적인 교리 그리고 확고한 신념을 갖는 것을 믿음으로 이해한다. 하지만 믿음은 단지 올바른 생각에 대한 인지적 동의가 아니다. 그것은 자칫 하나님의 형상을 만드는 것과 같은 죄가 될 수 있다. 특정한 형상과 생각과 신념을 하나님 자신과 동일시하는 오류를 범하기 때문이다. 이런 사고방식은 우리가 이해할 수 있는 대상으로 창조주 하나님을 한정해서 그분을 과소평가하게 만든다. 그렇게 하나님에 대한 생각에 고집스럽게 집착할 때, 우리는 자기도 모르게 하나님보다 자신의 생각을 신뢰하게 된다. 이것이 바로 "확신의 죄"다. 성경에서 말하는 믿음은 무엇일까? "믿는다"라는 동사의 목적어는 "인격"이다. 우리는 "무엇"이 아니라 "누구"를 믿는다. "믿음의 내용" 보다 "믿음의 대상"이 더 중요하다. 믿음은 하나님에 "대한" 확실한 생각이 아니라 하나님을 "향한" 확고부동한 신뢰다. 앞으로 가도 그가 아니 계시고 뒤로 가도 보이지 아니하며 그가 왼쪽에서 일하시나 만날 수 없고 그가 오른쪽으로 돌이키시나 뵈올 수가 없는 상황에서도 그분을 끝까지 신뢰할 수 있는 것, 그것이 바로 믿음이다. 이런 믿음의 성격 때문에 앞서 말한 것처럼 하나님은 우리를 진정한 믿음으로 이끌어 하나님 나라와 의를 구하는 삶을 살도록 하시기 위해 "이해할 수 없는 길"로 이끄신다. 그분이 이해할 수 있는 길로만 우리를 인도하신다고 생각해보라. 우리의 이해가 실패한다면 어떻게 되겠는가? 우리에게 희망이 사라진다. 하지만 하나님은 우리가 이해할 수 없는 방법으로 당신의 구원을 이루어가시기 때문에 우리가 실패해도 그분은 실패하지 않으신다. 이해하기 어렵고 받아들이기 어려운 삶의 정황 한가운데서 "내가 가는 길을 그가 아신다"라고 선포하며 오직 하나님 한 분만을 신뢰하며 살아가는 것이 믿음이다. 그런 의미에서 믿음은 내가 죽는 것이다. "나-없음"의 세계를 사는 것이다. 확실한 길을 포기하고 이해할 수 없는 길로 가기 위해서는 자기의 자아가 죽어야 하고 모든 것을 내려놓아야 하기 때문이다.

도로테 죌레는 『신비와 저항』에서 기독교 신비주의자인 마이스터 에크하르트의 영성을 소개한다. 에크하르트는 사탄이 문제 제기하는 신앙의 형태를 한마디로 "상거래 정신"이라고 말한다. 상거래 정신은 내가 얻기 위해 내 것을 준다는 뜻이며 보상을 받기 위해 무언가 약속한다는 것을 의미한다. 목적에 따른 대상화의 정신이라고 할 수 있다. 예수님은 유대인들이 성전을 "장사하는 집"으로 만들었다고 비판하셨다. 이는 하나님과의 관계를 거래 관계로 전락시켰다는 말이다. 유대인들은 무상으로 주시는 사랑의 관계를 거래 관계로 전락시켰다. 죌레는 상거래 정신과 다른 신앙의 본질이 "왜라는 질문 없이"의 신앙이라고 말한다. 그것은 이유와 목적 없이 사랑하는 것을 말한다. 이유와 목적이 있다는 것은 자기의 유익을 구하는 것이며 그것은 누군가를 사랑하는 것이 아니라 자기 자신을 사랑하는 것일 뿐이다. 진정한 사랑은 이유를 묻지 않는다. 목적 없이 사랑한다. 사랑은 장미와 같이 왜라고 질문하지 않는다. 장미는 그냥 꽃을 피운다. 그것은 악인과 선인을 가리지 않고 이유 없이 향기를 선물한다. 욥의 신앙은 "까닭 없이" 하나님을 사랑하는 신앙이었다. 이것을 다른 말로 하면 "하나님만으로 충분한 신앙"이라고 할 수 있다. 하나님이 수단이 아니라 목적이 되는 신앙이다. 하나님을 "그냥" 사랑한다. 어떤 신비주의자가 한 손에는 횃불을 들고 다른 손에는 물 양동이를 들고 가더란다. "저는 천국에 불을 지피려 하고 지옥에 물을 부으려 합니다. 지옥에 대한 두려움이나 낙원에 대한 희망이 아니라 오직 하나님 자체만을 사랑하고 열망하기 때문입니다." 그는 이렇게 기도했다고 한다. "제가 하나님 당신을 지옥에 대한 두려움 때문에 경배한다면 저를 지옥 가운데서 불태워주십시오. 제가 당신을 낙원에 대한 희망 때문에 경배한다면 저를 낙원에서 제외시켜주십시오. 그러나 제가 당신 그 자체 때문에 경배한다면 당신의 영원한 아름다움을 제게 감추지 말아주십시오. 저는 당신만으로도 만족합니다."

　기독교는 하늘에서 울려 퍼지는 복된 소리를 들을 때 자기 입증이 필요 없게 되고 하나님만으로 충분한 삶을 살게 된다고 말한다. 창조와 구속에서 드러난 하나님의 사랑의 무상성을 경험해야 하나님만으로 충분한 삶을 살게 된다고 말한다. 첫 번째 시험과 두 번째 시험 모두에서 나온 핵심적인 문장이 "네가 만일 하나님의 아들이어든"이다. 사탄이 이렇게 말한 것은 예수님에게 자신을 입증해보라고 한 말이다. 무엇을 통해? 기적을 통해. 사탄은 지금 예수님에게 기적을 통해 하나님의 아들로 인정받으라고 말한다. 자기 입증의 세계에 빠지면 "더 빨리, 더 높이, 더 많이, 더 멀리"를 추구하게 된다. 한마디로 "성공"을 추구하게 된다. 마틴 부버는 말한다. "성공은 하나님의 이름이 아니다." 성공은 십자가를 이해할 수 없다. 성공의 하나님은 고난과 고통 그리고 비탄과 슬픔을 이해할 수 없는 하나님이다. 그분은 세월호 참사를 이해할 수 없는 하나님이다. 우리는 모두 성공을 통해 자기를 입증하려 한다. 자기 입증을 위해서는 인기가 필요하다. "인기 영합", 이것이야말로 자기 입증의 다른 이름이다. 성전 꼭대기에서 떨어졌는데 하나님이 사자들을 보내어 그들로 손으로 받들게 한다면 얼마나 많은 사람이 열광하겠는가? 하지만 성전 꼭대기에서는 성경의 하나님을 만날 수 없다. 진짜 하나님을 만나려면 성전 꼭대기기가 아니라 십자가로 나아가야 한다. "십자가"는 "나-없음"의 장소다. 그곳에서는 자기 입증이 불가능하다. 성공이 불가능한 장소다. 그런데 십자가의 성 요한은 말한다. "나-없음"을 경험하려면 아무것도 아닌 곳으로 가라고. 아무것도 아닌 곳으로 가지 않으면 아무것도 아닌 자가 되기 어렵기 때문일 것이다. "그러나 내게는 우리 주 예수 그리스도의 십자가 외에 결코 자랑할 것이 없으니 그리스도로 말미암아 세상이 나를 대하여 십자가에 못 박히고 내가 또한 세상을 대하여 그러하니라"(갈 6:14). 내가 세상을 십자가에 못 박는 것은 어쩌면 쉬운 일이다. 그것은 내면적인 것이기 때문이다. 하지만 세상이 나를 십자가에 못 박도록 하는 것은 쉽지 않다. 내가 실제적으로 십자가에 못 박혀야 하기 때문이다. 세상이 나를 십자가에 못 박는 자리로 나아가야 내가 세상을 못 박는 것을 지킬 수 있다. 아무것도 아닌 곳으로 가야 아무것도 아닌 자로 살아갈 수 있다. 아무것도 아닌 곳에서 아무것도 아닌 자로 그대로 머무는 것, 그것이 진정한 영성이다. 로완 윌리엄스(Rowan Williams)는 『사막의 지혜』(비아, 2019)에서 사막 수도사들에게 가장 어려운 훈련은 다른 무엇보다 자신이 있게 된 곳에 머무르는 법을 익히는 것이라고 말한다. 한 유명한 조사에 따르면 가고 싶은 곳이 어디인지에 대한 질문에 사람들이 가장 많이 답변한 것은 다음과 같다. "지금 여기만 아니면 될 것 같아요." 윌리엄스는 암마 신클레티카의 금언을 소개한다. "앉아서 알을 품지 않는 새가 알을 부화시키지 못하듯, 수도사들이나 수녀들이 한 장소에서 다른 장소로 옮길 경우 그들의 마음이 냉담해져서 그들은 신앙을 잃게 될 것입니다." 아무것도 아닌 곳에서 아무것도 아닌 자로 머무는 것, 그것은 알을 품는 것과 같다. 영적 탄생은 알을 품는 것에서 나온다.

얼마 전에 화성을 떠나겠다고 결단한 때가 있었다. 이미 하나님의 허락을 받았기에 가능했던 결단이었다. 새로운 곳으로 가라는 "명령"이 아니라 단지 떠나도 좋다는 "허용"이어서 나 역시 하나님에게 추가로 드리는 헌신이라는 생각으로 목회를 하고 있던 때였기에 결단이 가능했다. 10년을 채우고 연말에 떠날 생각이었다. 조만간 떠날 생각을 하니 성도들의 얼굴이 한 명 한 명 눈에 밟혔다. 특히 그 사람을 내게 보내셨다고 생각되는 얼굴들이 눈에 생생하게 보여 종종 눈물을 흘리던 때였다. 그때 설교 중 맹의순 선생에 대한 얘기를 할 기회가 있었다. 맹의순 선생은 『내 잔이 넘치나이다』라는 소설의 주인공으로서 실제 인물이다. 이분이 한국전쟁 당시 피난길에서 북한군으로 오해받아 체포당해 거제도 포로수용소에 갇히게 되었다. 그도 사람이기에 왜 하나님이 이런 고난을 자신에게 허락하느냐고 그분께 따져 물었다. 하지만 그가 수용소에 들어가자마자 거기에도 섬길 수 있는 사람들이 있는 것을 보게 된다. 그는 그들을 모아 광야교회를 시작했다. 광야교회가 세워지던 그날 그는 너무나 기뻐서 이렇게 고백한다. "하나님, 저를 여기에 보내신 이유를 알겠습니다. 하나님이 사랑하시기 때문에 저를 여기에 보내셨습니다." 그 순간부터 맹의순 선생의 마음속에 하나님을 향한 "왜?"라는 질문이 깨끗이 사라졌다고 한다. 진짜 신앙이란 "왜?"가 사라지고 오직 "어떻게?" 혹은 "무엇?"만 남는 것임을 그는 보여주었다. 진짜 신앙인은 어떤 상황에서도 하나님이 무엇을 하기 원하는지만 묻는다. "왜?"가 "무엇?"으로 변하는 것이 신앙이다. 얼마 후 중공군 포로들이 몰려오기 시작했고 맹의순 선생은 흥분하며 복음을 증거하기 시작했다. 그러다가 맹의순 선생의 친구들이 그가 억울하게 잡혀 있다는 소식을 듣고 구명 운동을 시작했다. 석방 탄원서에 자기 이름만 서명하면 수용소를 나갈 수 있는 기회가 왔다. 하지만 맹의순 선생은 서명을 거절한다. 그는 그 안에서 사명을 발견했기 때문이다. 바로 이 부분을 설교하는 중에 갑자기 십자가의 성 요한이 한 말이 떠올랐다. "네가 아무 존재도 아닌 것에 이르려면 네가 아무 존재도 아닌 곳으로 가야만 한다." 그러면서 아무 존재도 아닌 곳에 머물기로 작정한 맹의순 선생의 결단이 사무치게 다가왔다. 맹의순 선생은 그 척박한 포로수용소에 머물기를 선택했는데 나는 그것보다 비교할 수 없이 좋은 환경에다가 이토록 좋은 교회에서 목회하면서도 어떻게 떠나기를 선택한단 말인가? 속으로 눈물이 쏟아졌다. 눈물을 겨우 참으며 설교를 끝냈다. 그리고 남기로 결단했다. 마음이 평안해졌다.

4장

에케 호모,
이 사람을 보라

첫 번째 시험과 두 번째 시험 모두에서 나온 핵심적인 구절이 "네가 만일 하나님의 아들이어든"이다. 이 유혹의 진정한 의미를 알려면 다시 이 구절이 어디에서 사용되고 있는지를 보면 된다. 예수님은 공생애를 시작할 때 들으셨던 이 말을 공생애를 마치고 십자가에 달릴 때 또다시 들으신다. "성전을 헐고 사흘에 짓는 자여, 네가 만일 하나님의 아들이어든 자기를 구원하고 십자가에서 내려오라"(마 27:40). 이것은 "네가 하나님의 아들이라면 기적을 행하고 자기를 구원해야 할 것 아니냐? 그렇게 하여 사람들로 하여금 너를 추앙하고 경배하게 만들어야 하는 것 아니냐?"라는 말이다. 이것은 하나님의 구원이 "십자가를 지지 않고도 가능하다"는 치명적인 유혹이다. 세상이 꿈꾸는 구원은 십자가가 아니라 기적을 통한 구원이다. 예수님이 모든 병자를 고치시고 귀신들을 내쫓으시자 사람들은 그분을 따르기 시작했다. 죽은 자를 살려내고 오병이어의 역사를 일으키자 사람들은 그분에게 열광하기 시작했다. 심지어는 그분을 왕으로 세우려고 했다. 하지만 예수님은 그 자리를 피하셨다. 그뿐만 아니라 그분은 자신이 메시아임이 밝혀질 기회가 생길 때마다 자신이 메시아임을 알리지 말라고 하셨다. 소위 "메시아 비밀 사상"을 드러내셨다. 메시아로 오신 분이 메시아임을 숨기신다? 왜 그러셨을까? 그것은 예수의 메시아 되심이 그의 고난과 분리해서는 이해될 수 없기 때문이다. 예수 그리스도는 십자가에 죽으시기 위해 이 땅에 오셨다. 십자가를 통하지 않는 구원은 불가능하다. 십자가를 경험하지 않는 신앙고백도 온전하지 않다. 예수를 그리스도요 살아 계신 하나님의 아들이라고 고백한 베드로도 곧이어 "사탄아, 내 뒤로 물러가라"는 소리를 들었다. 베드로는 예수님이 붙잡혀 고난 겪을 때에 예수님을 세 번씩이나 부인한다. 이를 통해 알 수 있는 것은 예수님의 십자가를 경험하기 전까지는 진정한 메시아가 누구인지 알 수 없으며 메시아가 왜 오셨는지를 알 수 없다는 사실이다.

하루는 마더 테레사가 고마움을 모르는 환자들 때문에 힘들어하는 수녀에게 이렇게 말했다. "주님도 우리를 위해 십자가를 지셨습니다." 이 소리를 듣고 반성한 수녀가 말했다. "알겠습니다. 십자가에 달리신 주님께 제 모든 짐을 내려놓겠습니다." 이 말을 듣고 정색을 하며 마더 테레사는 말했다. "아니요, 주님은 충분히 고난당하셨습니다. 이제 우리가 달릴 차례입니다." 이것이 진짜 신앙이다. 이제 우리가 죽을 차례다. 주님이 우리를 위해 죽으셨기에 우리가 죽어야 한다는 신앙이 진짜다. 주님이 우리를 위해 죽으셨으니 나는 죽을 필요가 없다는 신앙은 가짜다. 주님이 모든 대가를 다 치렀으니 내가 지불할 대가는 없다는 것이 가짜다. 가짜는 예수를 따라 감람산까지는 갈 수 있으나 갈보리까지는 갈 수 없다. 진정한 제자란 주님을 끝까지 따라가는 사람이다. 주님은 제자를 선택하며 말씀하신다. "나를 따르라." 이 말은 "내가 가는 길을 따라오라"는 말씀이다. 예수님 당시 스승 랍비를 따라 어디든지 가는 자가 제자였다. 제자들은 스승의 모든 말과 행위를 보고 배웠다. 랍 벨(Rob Bell)이 『당당하게 믿어라』(두란노, 2006)에서 말한 것처럼, 당시 랍비들은 제자들에게 이렇게 말했다. "스승의 발의 먼지로 네 몸을 덮으라." 당시 제자들은 스승이 가는 곳이라면 어디든지 바짝 붙어서 따라다니며 스승의 멍에를 놓치지 않기 위해 애썼다. 먼지투성이 길을 하루 종일 따라 걷다보면 스승의 발에서 일어나는 먼지를 온통 뒤집어썼다. 그것이 제자다. 제자는 스승이 가는 길을 걷는 사람들이다. 진정한 예수님의 제자라면 주님이 가신 길을 끝까지 가야 한다. 골고다까지 가야 한다. 이 말의 일상적 의미도 살필 필요가 있다. 로이스 티에베르그(Lois Tverberg)는 『랍비 예수』(국제제자훈련원, 2018)에서 할라카의 의미를 이렇게 설명한다. 히브리어에서 "걷다"라는 뜻은 "할라크"(*halak*)다. 여기서 걷는다는 뜻은 문자적 의미 외에 라이프스타일과 도덕적 품행을 의미한다. 우리가 사용하는 한자에서도 "도"(道)가 길이자 원리이자 방법이자 방식을 의미한다. 티에베르그의 새로운 해석 역시 하나님의 말씀대로 걷는 방법이라는 뜻에서 "할라카"라고 한다. 예수님의 제자란 예수의 할라카, 즉 예수의 도를 살아가는 사람들이다. 그들은 예수님이 먼저 걸어가신 길을 걸어가는 사람들이자 예수님이 살아가신 삶의 방식과 도덕적 품행을 살아내는 사람들이다. 제자는 그렇게 그분의 발자취를 따라 걸어가면서 그 "길"의 일부가 되어야 한다. 주님이 걸으셨던 성육신의 길과 십자가의 길을 걸어야 한다.

존 M. G. 바클레이(John M. G. Barclay)는 『바울과 선물』(새물결플러스, 2019)에서 은혜의 개념에 6가지가 있다고 말한다. 은혜를 뭉뚱그려 생각하기 때문에 복음에 대한 오해가 생겼다. 순서를 약간 바꾸어 얘기하자면 다음과 같다. 곧 첫 번째는 초충만성이다. 이는 선물의 내용보다 선물의 크기를 말한다. 아담의 범죄로 말미암아 사망이 왕 노릇하면서 많은 사람이 죽어야 했지만 그리스도로 말미암아 우리에게 주어지는 생명은 너무나 풍성하다. 두 번째는 우선성이다. 이것은 선물이 주어지는 시점에 대한 것이다. 이는 우리가 하나님께 무엇을 요구하거나 은혜를 기대하며 무슨 일을 행하기 전에 하나님이 먼저 구원의 선물을 베푸신다는 뜻이다. 세 번째는 비상응성이다. 이는 은혜로 주어지는 것이 받는 사람의 자격이나 가치에 상응하지 않는다는 뜻이다. 즉 받을 자격이 없는 사람에게 베풀어지는 것이 은혜다. 이것이 바울과 제2성전 시대의 유대교 사이에 가장 뚜렷한 차이를 보이는 것이다. 네 번째는 유효성이다. 유효성이란 선물의 원래 의도를 충분히 성취한다는 말이다. 은혜가 은혜 받는 사람을 변화시킨다. 바울은 유효성이 인간의 책임성을 희석시킬 것을 우려하여 이를 제한적으로만 사용한다. 다섯 번째는 단일성이다. 이것과 여섯 번째 의미는 바울이 주장한 것과는 상관없는 개념들이다. 그것은 수여자의 단독적이고 배타적인 행동 방식이 자선이나 선함, 즉 순전한 자비로 말미암음을 말한다. 은혜의 단일성이란 하나님이 우리를 "오직" 은혜로만 대하고 벌하시지는 않는다는 개념이다. 여섯 번째는 비순환성이다. 비순환성이란 은혜가 보답을 기대하지 않고 거저 베풀어진다고 보는 것이다. 즉 그것은 호혜성이나 보답 체계와 무관하다는 말이다. 바클레이에 의하면 성경 어디에도 "비순환성"의 의미로 은혜를 사용하지 않는다. 하나님의 선물은 "무제약적"(조건과 가치를 따지지 않음)이지만 "무조건적"(보답을 요구하지 않음)이지 않다. 성경에 의하면, 하나님은 자신의 한량없는 은혜에 반드시 보답을 요구하신다. 물론 내가 이해한 보답은 쌍방 간에 이루어지는 교환 관계에서의 보수를 의미하는 것은 아니다. 그것은 아마도 하나님에게서 받은 무상의 사랑이 사람과의 관계에서 순환되는 것을 의미할 것이다. 일만 달란트 빚을 탕감받은 자는 백

데나리온 빚진 자의 빚을 탕감해주어야 한다. 이처럼 대가를 요구하는 신앙이 진짜 신앙이다. 하지만 한국교회의 그리스도인들은 십자가를 믿을 뿐 십자가의 삶을 살지 않는다. 십자가를 숭배할 뿐 십자가를 따르지 않는다. 십자가를 멀리서 바라볼 뿐 십자가를 지지 않는다. 십자가의 흔적을 지녀야 할 교회가 십자가적 삶을 살지 않는다. 참으로 안타까운 일이다.

요한복음 19:5의 "보라, 이 사람이로다"라는 말은 라틴어로 "에케 호모"(*Ecce Homo*)다. 빌라도가 군중들 앞에서 외친 한마디다. 많은 화가가 이 문제적 상황을 그림으로 담았다. 그중에서 이탈리아 화가 도메니코 페티의 〈Ecce Homo〉를 소개하고 싶다. 이 그림에 깊은 사연이 담겨 있기 때문이다. 1719년에 젊은 시절의 친첸도르프(Zinzendorf)가 이 그림을 본다. 그는 그림 밑에 쓰인 글씨를 보고 삶의 전환을 맞는다. 친첸도르프는 모라비아 교도들의 영적인 지도자였고 존 웨슬리에게 큰 영향을 주었던 경건주의 운동의 리더였다. 그를 새롭게 만든 그림 밑에 라틴어로 쓰인 글귀는 다음과 같다. "Ego pro te haec passus sum. Tu vero quid fecisti pro me." "나는 너를 위해 목숨을 버렸다. 지금 너는 나를 위해 무엇을 하려느냐?" 친첸도르프는 마음에 큰 찔림을 받고 가슴이 뜨거워져서 다음과 같이 고백했다고 한다. "주님, 오랫동안 당신을 사랑했지만 당신을 위해 행한 것이 없습니다. 앞으로 당신이 이끄시는 일이라면 어떤 것이라도 행하겠습니다." 그후 140년이 지나 독일 유학 중에 이 그림을 본 한 찬송 작사가가 있었는데 그녀의 이름은 영국 출신의 프랜시스 리들리 해버걸(Frances Ridley Havergal)이다. 그녀는 1858년 이 그림의 글귀를 읽으면서 말할 수 없는 감동을 받고 찬송가 311장을 작사한다. "내 너를 위하여 몸 버려 피 흘려 네 죄를 속하여 살 길을 주었다. 널 위해 몸을 주건만 너 무엇 주느냐? 널 위해 몸을 주건만 너 무엇 주느냐?"〈에케 호모〉는 이처럼 그 그림을 보고 글귀를 읽는 모든 이에게 이렇게 묻는다. "지금 너는 나를 위해 무엇을 하려느냐?"

　　개척 직전에 부목사로 섬기던 안산동산교회가 어느 목회자를 모시고 신년부흥회를 한 적이 있다. 강력한 성령의 기름 부으심이 임하는 집회를 인도하는 분으로 소문이 나 있는 터라 많은 사람이 성령의 기름 부으심을 사모했고 나 역시 하나님 앞에 더 귀하게 쓰임 받고 싶어서 영적으로 준비해야겠다고 생각했다. 그래서 신년(1월 1일)에 시작해서 1월 4-7일까지 진행되는 신년부흥회가 끝나는 날까지 금식하며 기도했다. 나는 체질적으로 금식이 맞지 않는 사람이다. 한 끼만 굶어도 다리가 후들후들 거리고 몸이 땅으로 꺼지는 것 같은 느낌을 받는 체질이다. 그런 내가 7일을 금식하며 성령의 능력을 구했다면 얼마나 절실했는지 상상이 될 것이다. 나는 주님께 강력한 성령의 불을 내려달라고 정말 간절히 기도했다. 하루는 예배당에 남아 밤을 새우다시피 하며 기도하기도 했다. 그런데 분위기는 기대했던 것과 다르게 흘러갔다. 강사 목회자가 보여주는 신학의 색깔이 약간 이상했다. 굳이 그렇게 설교하지 않아도 충분히 성령의 능력에 대해서 말할 수 있을 것 같은데 이단처럼 설교하는 것 같았다. 강사 목회자는 우리 교회가 장로교라는 것을 전혀 의식하지 않는 듯했다. 그러던 셋째 날, 그러니까 화요일 오전 집회 때의 일이었다. 그분이 갑자기 정치 설교를 쏟아내기 시작했다. 미군이 절대로 철수하면 안 되는데 사탄이 공산주의자들을 현혹하여 미군 철수를 주장하고 있고 자신은 국가를 구하기 위해 미군 철수 반대 집회를 주도했다고 말한다. 좌우파를 아우르는 나는 그런 한쪽으로 치우친 설교를 수긍하기 매우 힘들었다. 더욱 화가 났던 것은 내용을 떠나 강력한 성령의 능력을 기대하며 금식을 하고 있던 내게 본래의 목적과 다른 그런 수준 낮은 정치 설교를 하고 있는 사태였다. 참기 힘들어 설교를 듣다가 중간에 나와버렸다. 나와서 화를 식히다가 이런 생각이 들었다. "나는 성도들에게 어떤 설교에도 은혜 받을 줄 아는 성도가 되라고 설교했다. 모래 같은 설교에서도 사금을 캐낼 줄 아는 성도가 되라고 설교해놓고 정작 나는 이렇게 나와버렸으니 이것은 설교와 일치된 행동이 아니다. 들어가자. 하나님께서 원하시면 어떤 설교에도 은혜를 주실 것이다."

마음을 고쳐먹고 집회에 다시 들어갔는데 더 강적이 기다리고 있었다. 그 목회자가 섬기는 교회의 한 성도가 나와서 간증을 했는데 얼마나 황당했는지 모른다. 자신이 다니는 교회의 장로들이 얼마나 신실한지 모른다며 자기 남편이 일찍 죽으면 자기는 그 교회의 장로 중 한 명과 재혼할거란다. 도대체 어떻게 저런 걸 간증이라고 하는지 이해할 수 없었다. 그 간증을 듣고 많은 성도가 시험에 들었다. 그래도 참고 들었다. 오직 하나님의 은혜만을 구하며 말이다. 그렇게 참고 설교를 듣고 있던 중 후반부에서 큰 도전을 받았다. 강사분이 자신은 반드시 예수님을 위해 순교할 것이라고 말했다. 그분은 하나님의 아들이신 예수님께서 정말 나를 위해 십자가에서 죽은 것이 사실이라면 그분을 위해서 죽는 것이 마땅한 일이 아니냐고 도전했다. 자기 교회의 장로들은 자신과 함께 순교하러 갈 거라는 각서를 썼다고 한다. 지금 사역을 은퇴하고 나면 순교하러 갈 거란다. 충격이었다. 마치 나를 향한 말씀 같았다. 대형 교회 부목사로 인정받고 안정된 생활을 하며 편안하게 살아가는 내가 너무나 부끄럽게 느껴졌다. 이전에 폭죽처럼 터지는 기쁨으로 찾아오신 하나님께 "이제 내가 살아도"라는 찬양을 부르면서 고백했었다. "주님, 지금 죽어도 좋습니다. 순교를 해도 좋습니다. 제가 어떤 죽음을 죽어도 주님은 제가 죽는 순간 폭죽처럼 터지는 기쁨으로 저를 맞이하실 것이기 때문입니다." 하지만 순교를 해도 좋다는 것과 반드시 순교를 하겠다는 것은 차원이 달랐다. 기도 시간이 되었을 때 나는 주님께 부르짖었다. "주님, 제가 이렇게 주님을 향한 헌신이 부족합니다. 부족한 저를 도와주세요." 그렇게 기도하고 있는데 주님께서 십자가에 달리신 모습으로 환상가운데 찾아오셨다. 가시관을 쓰시고 피 흘리시며 모든 고통을 짊어지신 예수님께서 슬픈 표정으로 내게 말씀하셨다. "나는 너를 위해 피 흘렸는데 너는 날 위해 무엇을 하려느냐?"

갑자기 깊은 곳에서부터 통곡이 터져나왔다. 주님의 고통이 그대로 전해지는 것 같았다. 나를 위해 피 흘리신 주님을 위해 내가 드린 초라한 헌신 때문에 너무나 가슴이 아팠다. 결국 그분 앞에 완전히 자복하며 이렇게 결단할 수밖에 없었다. "주님, 지금 제게 주신 사명을 마치고 나서 저도 반드시 순교하러 가겠습니다." 모든 사람이 순교해야 하는 것도 아니고 순교하지 않는다고 주님을 덜 사랑하는 것도 아니지만 그 순간만큼은 그렇게 고백하지 않을 수 없었다. 솔직히 말하자면 가끔 그때 했던 서원이 후회가 되기도 하고 때로는 두렵기도 하다. 하나님이 순교하지 않아도 된다는 새로운 응답을 주셨으면 하는 마음이 들 때도 있다. 하지만 그때의 내 마음은 진실한 것이었고 나는 다른 응답이 없는 한 그 서원을 지킬 것이다. 그렇게 고백하고 나서 깨달은 것이 하나 있었다. 나는 강력한 성령의 불을 구했지만 그것을 받을 만한 자격을 갖추지 못했다는 것, 다시 말하면 성령의 불을 주셔도 그 불을 담을 헌신의 그릇이 준비되어 있지 않다는 것을 깨달았다. 하나님께서 이번에는 성령의 불을 주시지 않을 것 같았고 주시지 않아도 좋았다. "에케 호모, 이 사람을 보라!" 주님을 보는 자는 세상에서 가장 위험한 행동을 하고 있는 셈이다. 그는 주님을 위해 자신의 생명을 내어

주어야 하기 때문이다. 본회퍼가 말했다. "주님께서 우리를 부르실 때는 와서 죽으라고 부르시는 것이다."

물론 순교 자체가 아무리 고귀하고 용기 있는 일이라 할지라도 모범의 가치는 순교 자체가 아니라 그리스도의 주 되심에 대한 헌신이다. 순교는 내가 선택할 수 있는 것이 아니다. 제럴드 싯처(Gerald L. Sittser)는 『영성의 깊은 샘』(IVP, 2016)에서 말한다. 순교는 부르심이며 은사라고. 그에 의하면 순교자들은 그리스도께 신실하기를 선택했고 순교는 그 결과일 뿐이다. 바울은 순교 당했지만 순교 그 자체를 추구하지 않았다. 그는 오직 그리스도께 신실하기를 추구했으며 순교는 그 결과였다. 더 나아가 그는 순교를 삶의 방식으로 생각했다. 그는 날마다 죽었다. 어쩌면 한 번 죽는 것이 날마다 죽는 것보다 쉬울지도 모른다. 날마다 자기를 부인하고 자기 십자가를 지고 주님을 따르는 것이 더 어렵다. 순교자로서의 운명이 우리의 것이 아닐 수 있다. 그러나 우리 모두는 순교적 삶을 살아야 한다. 우리는 삶의 현장에서 매일 죽는 삶을 살아야 한다. 우리는 주님을 따라 죽어야 한다. 그리고 주님처럼 살아야 한다. 삶 속에서 항상 자문하라. "에케 호모." "지금 너는 나를 위해 무엇을 하려느냐?"

5장

제로 포인트,
우상 타파의 길

첫 번째 시험이 "광야"에서, 두 번째 시험이 "성전"에서 이루어졌다면 세 번째 시험의 현장은 "높은 산"이다. 성경에서 산은 신적 권력을 상징한다. 구약을 보면 모세의 높은 산, 엘리야의 갈멜산, 시온산, 야곱의 산 등이 나오고 신약에서는 산상설교 하는 산, 기도하는 산, 변화산, 승천하는 산 등이 나온다. 산은 강력한 신적 권력을 상징하고 하나님께서 가까이 계심을 뜻한다. 바로 이러한 "높은 산"에서 사탄은 예수님에게 천하만국과 그 영광을 보여주면서 자신을 경배하면 이 모든 것을 주겠다고 제안한다. 세 번째 시험은 시내산 앞에서 이루어진 우상숭배와 관련 있다. 우리는 앞서 두 번째 시험에서 사탄이 십자가가 아닌 구원의 길과 십자가가 아닌 삶의 길을 제시하며 유혹하는 모습에 대해 살펴보았다. 이 또한 우상숭배의 모습이다. 우선 이번 장에서는 우상숭배라는 측면에서 세 번째 시험과 두 번째 시험이 중첩되는 메시지를 나누도록 하겠다.

히브리어로 "영광"(*Kabod*)은 문자적으로 "무게"를 의미한다. 우리의 삶에서 무언가에 영광을 돌리는 것은 그것에 너무나 큰 무게를 부여한 나머지 그것 없는 삶을 상상할 수 없는 지경에 이르는 것을 의미한다. 그것이 너무나 중요해서 나머지는 허무하고 티끌과 같고 배설물처럼 여겨질 정도가 되는 것을 의미한다. 카일 아이들먼(Kyle Idelman)이 쓴 『거짓 신들의 전쟁』(규장, 2013)에 의하면 우상숭배란 하나님 아닌 다른 무엇에 더욱 큰 무게를 두는 것을 말한다. 그것이 무엇이든지 우리가 그것 없이는 살 수 없다고 느끼고 우리의 행동을 통제하는 그것이 우리에게는 "기능적 신", 즉 "우상"이다. 우상숭배는 불완전한 것을 인생의 토대로 삼는 것, 불완전한 것을 궁극적인 것으로 바꿔놓는 것, 수단을 목적으로 삼아 절대화하는 것, 하나님이 아닌 것을 향해 그것 없이는 살 수 없게 된 것, 그리고 하나님의 자리를 찬탈하는 모든 것이 우상숭배다. 그것들은 마치 하나님께서만 줄 수 있는 것을 우리에게 줄 수 있는 것처럼 속인다. 심지어 그것들은 자신들을 통해 우리가 하나님과 같이 될 수 있다고 속삭인다. 우리가 이 우상을 통해 하나님처럼 되려는 것이 바로 우상숭배다. 우상은 저급한 것들이나 나쁜 것들만이 아니다. 매우 고상하고 유용하고 선한 것들도 우상이 될 수 있다. 심지어는 하나님께서 주시는 선한 선물마저 그렇게 될 수 있다. 가족, 친구, 집, 직장, 돈, 심지어 교회나 은사나 영적 체험까지도 "하나님 같은 종류의 무게"를 부여할 때 이 모든 것은 우상이 된다. 따라서 우리의 궁극적인 죄는 "우상숭배"와 다르지 않다는 것을 알 수 있다. 십계명의 제1계명과 제2계명은 원래 하나의 계명이라고 한다. "나 외에 다른 신을 섬기지 말라"는 계명과 "우상을 만들지 말고 절하지 말며 그것들을 섬기지 말라"는 계명은 하나다. 나 외에 다른 신이 무엇인가? 우상이다. 따라서 제1, 2계명은 우상숭배에 대해 다루는 것이며 이것이 가장 근원적인 죄라는 것을 알 수 있다.

팀 켈러(Timothy J. Keller)는 『거짓 신들의 세상』(베가북스, 2012)에서 자기가 알던 한 청년의 이야기를 소개한다. 이 청년은 성적으로 문란했다. 그는 여러 여성을 거느리는 것을 자랑하며 다녔다. 그는 자신이 많은 여성을 지배한다는 것을 통해 자신이 남자라는 것을 느꼈으며 그것이 그에게 정체성의 근원이 되었다. 그런 그가 대학교 3학년 때 캠퍼스 선교단체를 소개받고 거기서 신앙생활을 하면서 하나님을 믿고 구원을 받았다. 그는 새로운 열정을 가지고 헌신했다. 그런데 켈러의 말에 따르면 그에게는 무언가 "이상한 점"이 있었다. 그는 함께 어울리기 즐거운 상대가 아니었다. 토론을 할 경우에, 그는 왜 자신이 옳고 상대가 틀린지를 반드시 증명하려 했다. 그는 상대가 자신을 인정해주기를 바랐고, 언제나 중요한 자리에 있기를 원했다. 팀 켈러 목사는 이렇게 말한다. "외면적으로 보면 이 청년은 예수님을 믿는 것이 분명하다. 그는 자신의 성적 문란함을 회개했다. 그는 많은 성경공부에 참여했고 예수님을 믿는다는 증언까지 했다. 하지만 이것은 그 사람의 참된 갈망의 외적 발현이 "섹스"에서 "종교"로 바뀌어 나타난 것에 불과했다. 그가 정말로 원했던 것, 즉 그의 근원적 우상은 "다른 사람들을 지배하는 것"이었다. 이것은 그리스도를 향한 회심이 아니다. 이전의 우상을 숭배하는 새로운 수단일 뿐이다. 놀라운 일이 아닐 수 없다. 심지어는 기독교라는 종교도 우상이 될 수 있다.

우상숭배를 파악하는 좋은 방법이 없을까? 나는 늘 성도들에게 이렇게 말했다. "여러분이 가장 사랑하는 것들이 우상일 경우가 많습니다. 그것을 분별하는 방법은 간단합니다. 스스로 질문을 던져보십시오. 나를 가장 화나게 만드는 것은 무엇인가? 나를 가장 실망시키는 것은 무엇인가? 그것이 우상일 가능성이 높습니다." 이런 질문을 던져보면 우리가 얼마나 쉽게 우상숭배에 빠질 수 있는지를 알 수 있다. 우상숭배의 가장 치명적인 점은 이렇게 쉽게 빠질 수 있는 데다가 이전보다 더 큰 공허와 결핍을 만들어 낸다는 것이다. 우상숭배는 진정한 만족이나 행복이 아니라 불만족과 환멸을 만들어내고 진정한 안정감과 중요감이 아니라 불안과 두려움을 만들어 낸다. 무엇보다 치명적인 것은, 그레고리 K. 비일(Gregory K. Beale)의 『예배자인가, 우상숭배자인가?』(새물결플러스, 2014)에 의하면, 우상을 섬기면 우상을 닮아가게 된다는 점이다. 우상을 숭배하면 우상숭배자는 우상처럼 된다. 이것이 가장 무서운 점이다. "그들의 우상들은 은과 금이요 사람이 손으로 만든 것이라. 입이 있어도 말하지 못하며 눈이 있어도 보지 못하며 귀가 있어도 듣지 못하며 코가 있어도 냄새 맡지 못하며 손이 있어도 만지지 못하며 발이 있어도 걷지 못하며 목구멍이 있어도 작은 소리조차 내지 못하느니라. 우상들을 만드는 자들과 그것을 의지하는 자들이 다 그와 같으리로다"(시 115:4-8). 시편 저자는 우상을 만들거나 숭배하는 자는 다 그 우상처럼 될 것이라고 선포하고 있다. 하나님을 닮도록 지음 받은 존재가 우상을 닮게 되다니 참으로 무서운 일이다. 우상의 가장 중요한 특징은 듣지 못하고 보지 못하는 것이기에 우상 숭배자는 하나님을 볼 수도 없고 하나님의 음성을 들을 수도 없게 된다. 들어도 깨닫지 못하고 보아도 알 수 없게 되어 우상처럼 진리를 알 수도 없고 말할 수도 없게 된다. 사탄은 이토록 치명적인 유혹을 하고 있다. 이에 대해 주님은 단호하게 맞선다. "사탄아 물러가라! 기록되었으되, '주 너의 하나님께 경배하고 다만 그를 섬기라' 하였느니라"(마 4:10). 우상이 아니라 하나님만 경배하고 섬겨야 한다. 우리 안에 있는 내면적 우상을 숭배하던 것에서 돌이켜 오직 하나님께만 무게를 두는 삶으로 전환해야 한다. 즉 오직 하나님께만 영광을 돌려야 한다.

나는 개척교회를 준비하면서 마음이 매우 낙심하고 섭섭했다. 탈락한 청빙 과정 기간이 늘어나는 바람에 12월 딱 한 달 준비해서 개척을 해야 했고 지원금이 1/6로 줄었다. 사택을 얻을 돈도 없었다. "어떻게 내게 이럴 수가 있지? 개척은 가능하게 해줘야 하는 것 아닌가?"라는 생각으로 인해 무척 마음이 섭섭했다. 그런 마음으로 부르짖으며 기도하던 내게 하나님께서는 위로보다는 내 마음의 정체를 폭로해주셨다. 그분은 내 마음의 정체가 "제로 포인트"에 서지 않았기 때문에 발생한 "교만한 마음"임을 보여주셨다. 교만한 마음은 높은 자리에 있는 마음이다. 반면 겸손한 마음은 제로 포인트에 있는 마음이다. 어떤 것도 기대하지 않고 어떠한 것에도 의존하지 않는 자리인 제로 포인트에 서면 잃을 것도 없고 부족한 것도 없다. 예를 들어 나에게 100이 주어질 줄 알았는데 80이 주어지면 마이너스 20으로 인해 아파하게 된다. 반면 내가 제로 포인트에 섰을 때 20만 주어져도 플러스 20이 된다. 제로 포인트에 서면 모든 것이 선물이고 은혜다. 그렇게 모든 것이 은혜이고 선물인 삶을 살면 모든 것에 감사할 수 있다. 범사에 감사할 수 없는 이유는 제로 포인트에 서지 않았기 때문임이 명백해졌다. 그런 면에서 보면 감사는 성공을 위한 방편이나 추구해야 할 덕성 정도가 아니라 그리스도인의 존재 방식이다. 제로 포인트에 서는 삶의 방식 말이다.

제로 포인트는 어떤 것도 기대하지 않고 어떠한 것에도 의존하지 않는 자리일 뿐 아니라 무기력의 자리이기도 하다. 자기 힘으로는 아무것도 할 수 없는 자리다. 하나님은 일부러 우리를 제로 포인트로 몰고 가신다. 그분은 우리를 부르실 때 그분 크기의 일을 이루시려는 목적을 갖고 있기 때문이다. 하나님은 누가 보더라도 그분이 하셨다고 인정할 수 있는 일을 위해 우리를 부르신다. 그분은 우리 힘으로는 이룰 수 없는 일을 이루시고 불가능한 것을 성취하기 위해서 우리를 부르신다. 인간은 자기 힘이 남아 있는 한 자기 힘을 의지하고 자기 힘으로 이룬 일을 통해 하나님의 영광을 가로챈다. 그래서 하나님은 우리를 제로 포인트로 몰고 가신다. 그분은 우리가 하나님만을 전적으로 의존할 수 있도록 우리가 의존하던 것들을 끊으신다. 하나님은 우리가 하나님의 계획만을 따를 때까지 우리의 계획을 무참하게 짓밟으신다. 그분은 우리가 하나님의 방법만을 사용할 때까지 모든 수단을 깨뜨리신다. 무한은 제로에 침투한다. 제로는 임박한 무한이다. 무한하신 하나님이 우리 삶에 침투하시게 하려면 우리가 제로가 되어야 한다. 우리가 제로 포인트에 설 때, 하나님은 그분밖에 하실 수 없는 하나님 크기의 일을 행하신다. 무엇보다 하나님의 성품과 뜻에 걸맞은 일을 행하시고 오직 그분만 영광을 받으신다. 하나님은 하나님 나라와 그분의 의를 이루시기 위해 우리를 제로 포인트로 몰고 가시고 자신만이 하실 수 있는 일로 자신을 계시하시며 모든 사람으로 하여금 그분께 영광을 돌리도록 하신다. 그런 깨달음이 오자 나는 하나님께 회개하고 현재의 상황을 감사할 수 있었다. 제로 포인트에 서자 하나님께서 놀랍게 일하기 시작하셨고 수많은 간증거리를 주셨다. 그분은 나로 하여금 개척을 해봐야만 경험한다는 소위 "개척의 영광"이라는 것을 맛보게 하셨다. 하나님은 그냥 살아 계신 하나님이 아니라 시퍼렇게 살아 계신 하나님이라더니 그 말이 딱 맞았다.

이뿐 아니라 제로 포인트의 은혜를 주신 하나님께서 그 주 주일예배 때 내게 임재하셨다. 예배 중 "주님 다시 오실 때까지"라는 곡을 부르는 중이었다. 갑자기 가슴이 찢어지는 아픔과 함께 우리 주님이 가신 길을 묵상하게 하셨다. 이 곡의 첫 절은 다음과 같다. "주님 다시 오실 때까지 나는 이 길을 가리라, 좁은 문 좁은 길 나의 십자가지고." 이 부분을 부르는데 마치 이렇게 말씀하시는 듯했다. "나는 너를 위해 십자가를 지고 나의 길을 갔다. 좁은 문 좁은 길 십자가를 지고 갔다. 너는 어떤 길을 가려느냐?" 이와 같은 내면의 소리를 듣고 얼마나 울었는지 모른다. 그 당시 나는 서울에서 교회를 개척하고자 했다. 서울에 개척해야 우리가 추구하는 교회에 동참할 만한 사람들이 충분히 있고 서울에서 멋진 교회를 세워야 한국교회에 영향력을 끼치는 교회가 될 수 있다는 생각이 있었던 것 같다. 더 깊은 마음속에는 인정받는 목사가 되고 싶은 마음도 있었을 것이다. 이런 내 마음이 곧 우상숭배임을 주님께서 보여주셨다. "그렇구나, 주님은 십자가를 지고 좁은 문 좁은 길로 나아가셨는데 나는 넓은 문, 넓은 길, 안전한 길, 보장된 길, 화려한 길, 인정받는 길, 영광스러운 길로 가려고 했구나!" 이런 깨달음이 왔다. 주님 앞에 자복하며 다음과 같이 고백하지 않을 수 없었다. "주님, 저도 저의 십자가를 지고 좁은 문 좁은 길로 나아가겠습니다. 내 안의 우상을 해체합니다." 얼마나 울었는지 모른다. 제로 포인트에 선다는 것은 넓은 문, 넓은 길이 아니라 좁은 문, 좁은 길로 가는 것이며 십자가를 짊어지고 주님의 부르심에 순종하는 삶이다. 주님은 제로 포인트에 서게 하셔서 내 안의 우상을 해체하셨다. 말씀의 뜨인돌(손대지 아니한 돌)이 거대한 우상의 발목을 강타했다.

이렇게 시작한 개척이기에 인내하며 버틸 수 있었다. 개척을 해보니 모든 개척교회 목사님을 존경하게 되었다. 성공 여부를 떠나 끝까지 목회를 하는 것 자체가 기적처럼 여겨졌다. 개척의 길은 말 그대로 십자가의 길이었다. 정말 울기도 많이 울었고 절망도 많이 했으며 상처도 많이 받았다. 조금 과장해서 말하자면 개척 후 5년 동안은 매일 울면서 주님께 부르짖었던 것 같다. 그렇게 부르짖는 기도가 아니었다면 버틸 수 없었다. 누군가 좀

보자고 하면 자동적으로 심장이 두근거리던 시절이었다. 또 무슨 모진 말을 들어야 하나? 또 떠난다고 말하려고 그러나? 또 교회 전체가 출렁거리겠지? 그걸 어떻게 수습하지? 이런 생각이 자동적으로 떠올랐다. 가장 힘든 건 사람과의 관계였다. 예를 들면 한이 없겠지만 한 가지만 이야기할까 한다. 한번은 어느 성도가 계급장 떼고 만나자고 한 적이 있었다. 처음에는 계급장 얘기에 마음이 내키지 않아 거절하다가, 그분이 마음을 터놓고 얘기하자는 말이지 어떻게 계급장을 떼겠냐고 말해 그분을 만나기로 했다. 목회적 권면을 하고 싶은 마음이 굴뚝 같았지만 하나님께서 성도의 이야기를 들어주라고 하시는 것 같아서 오직 듣기만 하겠다는 마음으로 그분을 만났다. 하지만 어떻게 계급장을 떼겠냐고 말하던 성도는 내가 느끼기에 계급장 떼고 하고 싶은 말을 다 퍼부었다. 나는 비수와 같은 말을 5시간 동안이나 들어야 했다. 완전히 내 존재가 무너지는 것 같았다. 돌아오는 길에 운전을 하면서도 차 안에서 내내 울었다. 그것이 얼마나 스트레스가 되었던지 그날 온몸에 두드러기가 났다. 이런 피부병은 생전 처음 걸려보았다. 이렇게 힘이 들 때마다 나는 다시 제로 포인트에 섰다. 그때마다 "주님 다시 오실 때까지"를 부르면서 십자가를 묵상했다. 십자가를 묵상할 때마다 하나님이 이런 생각을 주셨다. "예수님도 이런 모욕과 고통을 당하셨는데 내가 예수님보다 더 나은 대접을 받을 자격이 어디 있는가? 주님이 지신 십자가 나도 지고 그저 좁은 문 좁은 길을 갈 뿐이지." 이렇게 고백하면서 겨우 이겨낼 수 있었다. 교회 개척은 제로 포인트를 통해 내 안의 우상 숭배를 해체하지 않았다면 갈 수 없는 길이었다.

6장

약함의 영성,
약할 때 강함 되신 주

앞서 나는 세 번째 시험이 우상숭배와 관련 있다고 말했다. 세 가지 차원의 우상이 있다. 첫 번째는 원초적 우상인 경제적 차원의 우상, 두 번째는 핵심적 우상인 사회문화적 차원의 우상, 마지막 세 번째는 가장 강력한 우상인 정치적 차원의 우상이다. 이 세 가지 우상은 서로 얽혀 있기에 분리할 수 없지만 구별할 수는 있다. 세 번째 차원의 우상이 가장 강력한 이유는 그것이 힘과 권력을 소유하기 때문이다. 힘과 권력은 실상 삶의 모든 차원에서 작동한다. 진짜 권력은 위에서 강제하는 권력이 아니라 아래에서 승인하는 권력이다. 권력이라는 우상은 너무나 매혹적이기에 경배할 수밖에 없다. 역사상 그 많은 권력 숭배가 가능했던 이유는 그것이 너무나 매혹적이었기 때문이다. 독일인들은 강제로가 아니라 자발적으로 히틀러를 숭배했다. 황제 숭배도 마찬가지다. 예수님은 사탄의 세 번째 시험에 단호하게 대응하셨다. 이번에는 이전과 같이 유혹에 대한 응답 정도가 아니었다. 그것은 강력한 응수일 뿐 아니라 권위 있는 명령이었다. "사탄아 물러가라"(마 4:10). 주님은 우상숭배를 거부하며 이렇게 말씀하셨다. "기록되었으되, '주 너의 하나님께 경배하고 다만 그를 섬기라' 하였느니라"(마 4:10). 응수의 성격을 보여주는 것이 바로 "사탄아, 물러가라"는 말이다.

예수님은 이 문장을 딱 두 번 사용하셨다. 한 번은 시험당할 때 사탄에게 직접 그리고 다른 한 번은 가이사랴 빌립보에서 베드로에게 사용하셨다. "당신은 그리스도시요 살아 계신 하나님의 아들이십니다"(마 16:16)라는 베드로의 고백을 듣고 나서 예수님은 첫 번째 수난 예고를 하신다. 이 수난 예고를 듣고 베드로가 예수님을 붙잡고 항변한다. 이에 대해 예수님은 단호히 베드로에 맞서신다. "사탄아, 내 뒤로 물러가라. 너는 나를 넘어지게 하는 자로다. 네가 하나님의 일을 생각하지 아니하고 도리어 사람의 일을 생각하는도다"(마 16:23). 내가 『페어 처치』에서 말한 것처럼 여기서 말하는 "사람의 일"이란 하나님의 일을 사람의 방식으로 이루려 함을 말한다. 그것은 "로마의 방식", "황제의 방식", "제국의 방식" 그리고 "가이사랴 빌립보의 방식"을 말한다. 그것은 번영과 탐욕 그리고 성공과 자기만족을 위해 높이 올라가려는 방식이고 자신의 탐욕을 끊임없이 채우기 위해 폭력적인 힘으로 타자를 굴복시키고 지배하는 방식이다. 심지어는 로마에 저항하려는 자들조차도 동경하게 만들고 닮아가게 만드는 방식이다. 이 방식은 모든 사람이 동경해 따라가는 넓은 길, 넓은 문의 방식이다. 하지만 하나님의 방식은 "새 이스라엘의 방식", "인자의 방식", "천국의 방식", "갈릴리의 방식", 즉 가난과 섬김, 나눔과 일치 그리고 겸손과 희생을 위해 아래로 내려가는 방식이고 철저히 자기를 부인하며 자기 십자가를 지고 자기 목숨을 잃고자 하는 방식이다. 한마디로 약함과 어리석음의 방식이다. "유대인은 표적을 구하고 헬라인은 지혜를 찾으나 우리는 십자가에 못 박힌 그리스도를 전하니 유대인에게는 거리끼는 것이요 이방인에게는 미련한 것이로되 오직 부르심을 받은 자들에게는 유대인이나 헬라인이나 그리스도는 하나님의 능력이요 하나님의 지혜니라. 하나님의 어리석음이 사람보다 지혜롭고 하나님의 약하심이 사람보다 강하니라"(고전 1:22-25). 예수님이 먼저 약함과 어리석음의 방식으로 사셨고 우리에게 그렇게 살라고 하신다. 예수님을 주와 그리스도로 고백하며 "약함과 어리석음의 십자가"를 사는 자가 그분의 참된 제자다. 제자란 하나님의 통치를 인정하기 때문에 십자가를 지는 삶을 살아가는 자들이다.

앞서 나는 개척을 하며 오직 제로 포인트에 서서 좁은 문, 좁은 길을 십자가 지며 갔다고 말했다. 이렇게 말하니 마치 한 번도 흔들리지 않고 주의 길을 간 것처럼 보인다. 하지만 나도 개척 4년차 되는 해에 하나님의 허락도 없이 더불어숲동산교회의 목회를 포기하려 한 적이 있었다. 개척하고 나서 비수처럼 꽂히는 말들을 수없이 들었지만 그때 그 이야기를 듣고 나서는 더 이상 목회를 지속할 수 없었다. 그때 느낀 감정은 환멸 이상이었다. 사정상 그 이야기가 무엇인지 여기서 밝힐 수는 없지만 십자가를 지고 모든 것을 견뎌내던 나도 더 이상 목회를 지속할 이유를 찾지 못했다. 월요일이었던가? 아내에게 일단 목회를 접고 잠시 쉬었다가 다시 개척한다고 선언했다. 아내가 많이 당황했다. 내가 이렇게 반응한 것이 처음이었기 때문이다. 너무 단호했기 때문에 아내로서도 어찌할지 몰라 안절부절못할 뿐이었다. 하지만 미리 잡혀 있던 심방을 취소할 수는 없었다. 교회를 그만두는 마당에 무슨 심방이란 말인가? 하지만 힘든 성도를 생각하니 취소할 수도 없었다. 마지막 사역이라고 생각하고 주중에 잡혀 있던 두 번의 심방을 하게 되었다. 심방을 할 때면 나는 먼저 성도와 깊고 오랜 대화를 나눈다. 성도의 사정을 충분히 이해하기 위해서다. 그렇게 사정을 듣고 난 후 예배를 드리게 되는데 그 자리에서 들었던 얘기에 맞는 성경구절을 찾아 설교를 한다. 그런데 그날은 정말 이상했다. 분명 성도를 위해 선택한 본문으로 성도를 향해 설교하고 있는데도 마치 하나님이 나를 향해 설교하고 계시는 것 같았다. 아내도 동일하게 느꼈나 보다. 두 번의 심방에 함께 참여했던 아내가 심방 후 이런 말을 했다. "마치 하나님이 당신에게 설교하는 것 같았어요." 마지막이라 생각하고 사역했던 심방은 성도를 위한 목회자의 심방이 아니었다. 그것은 목회자를 위한 하나님의 심방이었다. 하나님의 심방, 그것이 없었다면 나는 어떻게 되었을까? 그 두 번의 심방이 아니었다면 나는 분명 더불어숲동산교회의 목회를 포기했을 것이고 아마도 그때의 결정을 평생 후회하며 살았을 것이다. 그때 나누었던 말씀 중 하나가 고린도후서 12장 말씀이었다. 이런 내용이었다.

사도 바울에게는 육체의 가시가 있었다. 많은 신학자가 육체의 가시를 사도 바울이 앓고 있는 질병으로 해석한다. 사도성에 대해 끊임없이 의심받았던 바울에게 "육체의 질병"은 너무나 치명적인 약점이다. 사도 바울에게만 이런 육체의 가시가 있는 것은 아니다. 우리에게도 육체의 가시와 같은 것들이 있다. 이것만 없으면 얼마나 좋을까 하는 것들이 우리에게 있다. 이것 때문에 내가 주님의 일을 하거나 혹은 세상을 살아가는 데 전혀 자격이 안 된다고 느낀다. 우리는 이것 때문에 부적격한 자고 낙오자며 모자란 자로 생각한다. 그렇기에 우리는 이것을 없애달라고 처절히 기도하곤 한다. 사도 바울 같은 대(大)사도 역시 육체의 가시를 제거해달라고 세 번씩이나 기도했다. 하지만 하나님은 그의 기도를 들어주지 않으셨다. 사도 바울은 하나님께서 자신에게 육체의 가시를 준 이유가 너무 자만하지 말고 사역하라는 것이라는 사실을 깨달았다. 우리에게 육체의 가시가 없다면 우리는 자만할 것이다. 우리에게 육체의 가시가 없다면 우리는 자기의 영광을 위해 살 것이다. 우리에게 육체의 가시가 없다면 우리는 우리 자신을 의지할 것이다. 우리가 육체의 가시로 인해 "부적격함"을 뼈저리게 느끼지 않는 한 우리는 하나님의 은혜를 구하지 않을 것이다. 예를 들어 베드로는 목자로서 자격이 있는 자일까? 예수님을 세 번이나 부인한 자가 무슨 자격으로 사도의 직분을 계속 감당할 수 있겠는가? 그런데 부활하신 예수님은 베드로에게 찾아와 물으신다. "네가 나를 사랑하느냐?" 무슨 말인가? "나는 너의 중심을 본다"는 말이다. "너희 약점, 너의 실패, 너의 무능력을 보지 않는다. 나는 너의 중심을 본다. 네가 나를 사랑하느냐?" 베드로가 자신의 부적격함을 드러내는 육체의 가시에 온통 집중하고 있을 때, 그렇게 육체의 가시가 자기 인생의 중심이 되어버렸을 때 주님은 말씀하신다. "그런 것은 너의 중심이 아니다. 그런 것은 주변적인 것일 뿐이다. 너의 사랑, 그것이 너의 중심이다. 나는 너의 중심을 본다. 그러니 너는 오직 나의 부름만을 붙들라." 어차피 하나님은 우리의 자격을 보고 우리를 부르시지 않았다. 그분은 우리의 중심을 보시고 우리를 부르셨다. 아니, 어쩌면 이렇게 말하는 것이 더 정확하리라. 하나님은 우리가 자격이 되지 않기 때문에 뽑으셨다. 자격이 되지 않는 자만이 전심으로 주님만 바라보고 주님만 의지하기 때문이다. 하나님은 왜 우리에게 육체의 가시같이 부적격함을 드러내는 요소를 허락하실까? 그것은 우리로 자만하지 않게 하려 하심이다. 오직 주의 부르심만 붙들고 오직 주님만 의지하도록 하기 위해서다.

이제 더 깊은 의미로 나아가보자. 더 깊은 의미로 나아가기 위해 육체의 가시를 "질병"보다 더 큰 의미로 이해할 필요가 있다. 고린도후서 전체 맥락과 12장 전후의 문맥을 보면 육체의 가시는 단순히 "질병"을 의미하기보다는 그리스도를 위해 받은 "고난"을 의미한다. 11장 후반부에서 바울은 자신이 받았던 수많은 고난을 언급한 후 12장부터 육체의 가시에 대해 이야기한다. 너무 힘들어 피하고 싶은 고난, 세 번씩이나 없애달라고 기도할 수밖에 없는 고난, 고린도후서 1장의 표현으로 말하면 살 소망까지 끊어지게 만드는 고난이 바로 육체의 가시다. 육체의 가시가 그리스도를 위한 고난을 의미하는 것으로 이해할 수 있는 또 다른 증거는 육체의 가시에 대해 말하는 마지막 구절이다. "그러므로 내가 그리스도를 위하여 약한 것들과 능욕과 궁핍과 박해와 곤고를 기뻐하노니"(고후 12:10). 약한 것들과 능욕과 궁핍과 박해와 곤고가 바로 육체의 가시다. 바울이 이런 육체의 가시를 제거해달라고 기도했을 때, 주님은 그에게 이렇게 말씀하신다. "내 은혜가 네게 족하도다. 이는 내 능력이 약한 데서 온전하여짐이라"(고후 12:9). 이 해석에 의하면 "내 능력"이란 바로 주님의 능력이고 주님의 능력이 바울의 약함 가운데서 온전하여진다는 의미임을 알 수 있다. 이러한 해석이 맞는 걸까? 마르바 던(Marva J. Dawn)은 『세상 권세와 하나님의 교회』(복있는사람, 2008)에서 이것이 맞지 않다고 말한다. 이 구절에 사용되고 있는 동사는 "텔레오"(teleo)라는 그리스어 동사다. 그리스어에서 "텔레이오오"(teleioo)라는 동사는 "완전케 하다, 참된 것으로 만들다, 온전히 승리하다, 입교하다, 되다"를 포함하는 넓은 의미를 갖고 있지만 "텔레오" 동사는 "끝낸다, 끝나다"의 의미가 있다. 따라서 이 구절은 주님의 능력이 바울의 약함 가운데서 온전하여진다는 뜻이 아니라 바울의 능력이 바울의 약함 가운데서 끝장이 난다는 뜻으로 해석하는 것이 더 정확하다. 이렇게 해석하는 것이 옳다. "고난을 주는 내 은혜가 네게 족하도다. 이는 너의 능력이 너의 약함 속에서 끝장이 나기 때문이다." 이러한 해석에 의하면 바울의 자고할 만한 능력들이 육체의 가시라는 고난을 통해 바울의 약함 가운데서 끝장이 나버렸다. 그것이 주님의 은혜다. 그렇게 바울의 능력이 그의 약함 가운데서 끝장이 나야 주님의 강함이 그에게 임하기 때문이다. 그래서 바울은 이렇게 고백한다. "이는 내가 약할 그때에 곧 강함이라"(고후 12:10). 이처럼 주님의 은혜란 내 약함을 통해 주님의 능력이 온전해지는 것이 아니라 내 강함이 내 약함 속에서 끝장나는 것을 의미한다. 그렇게 내 강함이 끝장이 날 때 주님이 내 안에 임재할 수 있고 주님의 능력이 내 약함 가운데 역사한다. 살 소망까지 끊어지게 만드는 고난을 없애달라고 세 번씩이나 기도했지만 하나님은 그것이 바울의 강함을 끝장내는 방법이며 그것을 통해 주님의 강함이 역사하는 은혜였기에 "내 은혜가 네게 족하다"라고 말씀하신 것이다.

　나는 그때 환멸 이상의 감정으로 목회를 그만두려 했다. 한편으로는 그 이면에 그런 결과를 만들어낸 내 자신의 자격 없음에 대한 절망도 있었다. 하지만 주님은 성도를 향한 이 설교를 통해 내게 말씀하셨다. "자격 없음 때문에 절망하느냐? 너의 자격 없음 때문에 내가 너를 선택했다. 너의 자격 없음을 문제 삼지 말고 내가 주는 자격만을 붙들어라. 육체의 가시로 인해 절망하느냐? 그것을 허락한 이유는 네가 끈질기게 의지하고 있는 네 능력을 끝장내기 위함이다. 그때에야 내 능력이 너의 약함 가운데서 역사하기 때문이다." 참으로 통렬한 말씀이자 위로의 말씀이었다. 하나님의 그 심방을 통한 말씀이 없었다면 난 아마도 더불어숲동산교회의 목회를 포기했을 것이다. 그랬다면 이토록 멋진 교회를 섬기는 영광을 맛보지 못했을 것이다. 약함과 어리석음의 길을 가게 하신 하나님께 진심으로 감사드린다.

7장

비폭력,
우리가 증오하는 자처럼 되지 않기

사탄의 세 가지 시험은 인간의 본질적인 세 가지 영역에 대한 것이다. 첫 번째 시험은 경제와 생존의 문제, 두 번째 시험은 문화와 종교의 문제, 그리고 세 번째 시험은 정치와 권력의 문제를 다룬다. 첫 번째 시험은 "광야"에서 "빵의 문제", 두 번째 시험은 "성전"에서 "인정과 기적의 문제" 그리고 세 번째 시험은 "높은 산"에서 "권력과 영광의 문제"였다. 세 번째 시험은 우상숭배의 문제이자 폭력의 문제를 다룬다. 왜냐하면 권력의 본질이 바로 폭력이기 때문이다. 성경은 폭력의 문제를 매우 심각하게 다룬다.

주님은 평화 그 자체이시다. 예수님은 구약을 성취한 분이시고 모든 막힌 담을 헐고 샬롬을 성취한 분이시다. 그분은 성육신, 공생애, 십자가와 부활을 통해 하나님 나라를 출범시키신 분인데 그분의 나라는 공의와 정의를 통해 이루어지는 나라다. 구약성경에서 수도 없이 강조하는 것도 공의와 정의, 즉 미쉬파트(*mishpat*)와 체데크(*tsedeq*)다. 이에 대해서는 혁명가적 영성 파트에서 자세히 다룰 것이다. 반대로 공의와 정의가 왜곡된 상태가 "포악과 겁탈", "강포와 탈취", "강포와 멸망" 등으로 번역된 "하마스"(*hamas*)와 "쇼드"(*shod*)라는 히브리어 단어다. 공의와 정의가 무너지면 폭력의 문제가 가장 심각한 문제로 대두된다. 하나님이 인간을 처음으로 심판하시는 장면이 창세기 6장에 나온다. 하나님이 심판하실 수밖에 없었던 인간의 죄가 무엇인지 아는가? "그때에 온 땅이 하나님 앞에 부패하여 포악함이 땅에 가득한지라"(창 6:11). "하나님이 노아에게 이르시되 '모든 혈육 있는 자의 포악함이 땅에 가득하므로 그 끝 날이 내 앞에 이르렀으니 내가 그들을 땅과 함께 멸하리라'"(창 6:13). 포악함이 심판의 원인이다. 그것이 공의와 정의의 부재이고 심각한 폭력을 뜻하는 "하마스"다. 하나님은 하마스가 온 세상에 가득했기 때문에 세상을 심판하셨다. 예수님도 "하마스" 때문에 십자가에 달리셨다. 르네 지라르에 의하면 모든 사회는 그 사회의 위기가 찾아올 때 그 위기를 해소하기 위해 그 사회가 초래한 모든 잘못을 "희생양"에게 전가한다. 만장일치로 희생양을 만든 후 모든 폭력을 동원해 희생양을 죽이고 나면 세상에 평화가 찾아온다. 우리는 우리의 일상적 삶에서 이것을 흔히 경험한다. 우리는 공동체나 자신에게 발생한 문제를 해결하기 위해 "희생양"을 찾는다. "우리 공동체와 내 삶의 문제는 바로 너때문이야! 너만 없어지면 모든 것이 해결될 거야." 어떤 사람을 희생양으로 만들고 그에게 여러 형태의 폭력을 쏟아붓는다. 바로 이 "하마스"로 인해 예수님은 십자가에 달려 죽으셨다. 하지만 그분은 단순한 희생자가 아니시다. 예수님은 스스로 그 "하마스" 한가운데로 들어가셨다. 사랑의 화신인 그분은 아무 죄가 없는 자신을 십자가에 내어주심으로써 정사와 권세의 정체를 밝히 드러내셨다. 아무 죄가 없으나 세상 죄를 지고 십자가에 달리신 예수 그리스도로 인해 세상의 정사와 권세의 실체가 바로 "하마스"임이 만천하에 드러났다. 그리고 그 위선적이고 폭력적인 힘은 온전한 자기희생적 사랑의 십자가에 의해 무력화되었다. 정세와 권세는 십자가에 의해 완전히 패배당했다. 하마스의 자리에서 공의와 정의가 실현되었고 자기희생적 사랑으로 만족시킨 공의와 정의는 진정한 샬롬, 진정한 평화, 진정한 희년의 성취였다.

예수님은 십자가를 통해 사랑이 폭력보다 강하고 어린 양이 군대보다 강하다는 것을 보여주셨다. 십자가를 통해 구원을 받은 초기 교회 그리스도인들도 이것을 철저히 지켰다. 십자가는 그들이 살아야 할 삶의 방식이었다. 그래서 초기 교회에서 중요하게 여긴 성경구절이 이사야 2:2-4, 미가 4:1-4이었다. 이 두 구절은 내용이 매우 비슷하기 때문에 미가서 본문을 소개하면 이렇다. "그가 많은 민족들 사이의 일을 심판하시며 먼 곳 강한 이방 사람을 판결하시리니 무리가 그 칼을 쳐서 보습을 만들고 창을 쳐서 낫을 만들 것이며 이 나라와 저 나라가 다시는 칼을 들고 서로 치지 아니하며 다시는 전쟁을 연습하지 아니하고 각 사람이 자기 포도나무 아래와 자기 무화과나무 아래에 앉을 것이라. 그들을 두렵게 할 자가 없으리니 이는 만군의 여호와의 입이 이같이 말씀하셨음이라"(미 4:3-4). 초기 그리스도인들은 이 비전이 예수 그리스도에 의해 실현되었고 자신들도 이것을 실천할 수 있다고 믿었다. 그리고 그들은 자기들의 믿음대로 살았다. 그들은 심지어 원수까지 사랑하라는 예수님의 말씀에 순종했다. 자신의 자아가 "탐욕"으로 가득 찼을 뿐만 아니라 "하마스"로 가득 찼다는 것을 깨닫고 진정으로 회개한 그리스도인들만이 예수님이 제시하신 새로운 삶의 방식을 온전하게 따르고 살 수 있다.

보통 악에 대한 반응은 둘 중 하나다. 싸우든지 혹은 도망치든지! Fight or Flight! 우선 그리스도인은 싸우지 않는다. 싸움은 싸우는 대상을 닮게 만들기 때문이다. 이런 말이 있다. "당신은 항상 당신이 가장 싫어해서 대항해 싸우는 바로 그 무엇이 되고 만다." "누군가 괴물과 싸우는 사람은 그 과정에서 자기 자신이 괴물이 되지 않도록 주의해야만 한다." "눈으로 악을 보면 영혼 속에 있는 악에 불이 붙는다." "호랑이를 잡으려고 호랑이 굴에 들어가면 호랑이를 닮아버린다." 우리를 뒤흔드는 모든 불의는 어떤 식으로든 우리 자신의 개인적인 상처를 되살려낸다. 투사와 내사의 이중 과정이 일어난다. 즉 우리 안에 있는 악을 세계에다 투사하거나 세계 속에서 발견한 악을 우리 안의 정신에다 내사한다. 악에 대해 폭력적으로 저항하는 것은 우리가 반대하는 외부의 악과 같은 것들을 우리 내면에 깊숙이 자리 잡게 만든다. 우리의 저항 바로 그것이 내면적 그림자를 키운다. 우리는 이런 과정을 통해 자신이 증오하는 것을 닮아간다. 우리가 무엇인가를 신랄하게 반대한다는 그 자체가 실상은 반대하는 것을 갖고 싶거나 닮고 싶은 은밀한 욕망이 우리 안에 있음을 보여준다.

그리스도인이 싸우지 않는다면 반대로 도망가는 수밖에 없다고 생각할 수 있다. 우리는 "악한 자를 대적하지 말라"(마 5:39)는 말을 패배주의적이고 수동주의적이며 자멸적이고 자학적인 명령처럼 해석할 수 있다. 그 말씀은 마치 방관자적이고 순응주의적인 태도를 조장하는 것처럼 보인다. 과연 이것이 주님이 말씀하시는 기독교적인 삶일까? 절대로 그럴 리 없다. 이 땅에 오셔서 공생애를 예언자의 모습으로 사셨던 예수님께서 불의에 대해서 수동적으로 반응하거나 계속적으로 피해를 당하거나 회피하고 방관하거나 비굴하게 항복하거나 악에 동조하라는 의미로 "악한 자를 대적하지 말라"고 말씀하셨을 리 없다. 회피하거나 방관하거나 항복하거나 동조하는 것은 비겁함일 뿐이다. 비겁함이 예수님의 의도일 리 없다. 비폭력을 이야기한 마하트마 간디조차도 비겁함과 폭력 사이의 선택이라면 차라리 폭력을 선택하라고 말한다. 불의에 대한 분노를 지니고 기꺼이 싸울 각오와 필요하다면 그것의 근절을 위해 죽음도 불사할 각오가 필요하고, 진정으로 그렇게 악과 싸울 수 있는 사람이 비폭력을 이야기할 때만이 진정한 비폭력이 된다는 말이다.

그렇다면 기독교의 길은 무엇일까? 이에 대해 월터 윙크(Walter Wink)가 쓴 『사탄의 체제와 예수의 비폭력』(한국기독교연구소, 2004)만큼 잘 쓴 책은 드물다. 가감이 거의 필요 없을 정도다. 윙크에 의하면 예수님이 말씀하신 "대적하지 말라"는 말은 전쟁 용어다. 대적한다는 말은 단순히 맞선다는 것을 의미하지 않고 폭력적으로 저항한다는 것을 의미한다. 대적하지 않는 것은 불의에 대해 수동적으로 저항하지 않는 것이 아니라 상대가 행한 적대적인 행위에 대해 폭력적으로 반응하지 않는 것을 말한다. "대적하지 말라"는 상대의 폭력에 대해 똑같이 폭력으로 대항하지 말라, 즉 악을 그대로 반사하지 말라는 의미다. 대적하지 말라는 것은 비겁함이 아니라 똑같이 반응하지 않는 진정한 용기를 의미하는 것이다. 산상수훈에서 예수님은 누구든지 오른편 뺨을 치거든 왼편도 돌려 대라고 말씀하신다. 그분은 너를 고발해 속옷을 갖고자 하는 자에게 겉옷까지도 갖게 하라고 말씀하신다. 세 번째로 누구든지 억지로 오 리를 가게 하거든 그 사람과 십 리를 동행하라고 말씀하신다. 이 모든 것은 가해자의 폭력을 그대로 당하라는 말이 아니라 동일한 방식으로 반응하지 말라는 말이다. 도덕적으로 더 우월한 행위를 통해 자기를 모욕하려는 상대의 의도를 초월하게 만들고, 상대를 우습게 만들며, 상대의 가면을 벗기게 만들라는 말이다. 이 모든 것은 예수님이 십자가를 통해 정사와 권세를 밝히 드러내신 것처럼 정사와 권세의 가면을 벗겨내는 행위다.

앞서 제시한 예수의 길을 간 사람이 마틴 루터 킹 목사다. 쥘레의 책 『신비와 저항』에서 그의 일화를 하나 소개한다. 킹의 집 베란다에 한 백인 인종 차별주의자가 폭탄을 던졌을 때 수많은 흑인이 총, 칼, 몽둥이, 돌을 들고 그 앞에 모였다. 킹은 모인 무리에게 폭력을 폭력으로 대응하지 말자고 말했다. 그는 폭력을 폭력으로 맞붙으면 적대자의 수준에 머무르는 것이라고 말하며 이렇게 말했다. "우리의 무기는 아무 무기도 갖지 않는 것입니다." 그는 연설을 하며 백인들을 향해 이렇게 말했다. "우리는 우리에게 고통을 안겨주는 당신들의 능력을 고난을 인내하는 우리의 능력에 의해 회복할 것입니다. 우리는 당신들의 물리적 힘을 영적인 힘으로 만나게 될 것입니다. 당신들이 원하는 것을 우리에게 행하시오. 우리는 그럼에도 당신들을 사랑할 것입니다. 우리를 감옥에 처넣으시오. 그럼에도 우리는 당신을 사랑할 것입니다. 우리의 집에 폭탄을 던지고 우리 아이들을 위협하시오. 그럼에도 우리는 힘들겠지만 당신들을 사랑할 것입니다. 당신들의 폭력적 범죄자들을 한밤중에 우리 공동체로 보내고, 우리를 거리로 끌어내며, 거의 죽도록 때리시오. 그럼에도 우리는 당신들을 사랑할 것이외다."

내 안에 "하마스"를 발견한 적이 있다. 내가 나의 두 번째 책인 『내 생에 가장 아름다운 용기, 고백』(꿈같은삶, 2007)을 출간할 때의 일이다. 책에 동료 목사의 예화를 사용하겠다고 당사자에게 허락을 구했다. 허락하지 않으면 대체할 내용까지 생각해놓았다. 다행히 동료 목사는 허락했고 나는 책을 완성할 수 있었다. 하지만 그는 우리끼리 돌려보는 책자를 만드는 줄 알았고 정식으로 단행본을 발간하는지 몰랐기 때문에 자신의 이야기를 허락 없이 사용한 것이므로 책을 폐기하라고 말했다. 그는 그렇지 않으면 여러 조치를 취하겠다고 내겐 협박처럼 느껴지는 요구를 했다. 당시 교회적으로 매우 어려운 시기였기 때문에 이것이 문제시되면 파급 효과가 클 상황이었다. 출판사는 내가 어떤 결정을 하던 따르겠다고 했다. 참으로 고마운 말이었다. 나는 결국 책을 폐기할 수밖에 없었다. 겨우 예화 하나 때문에 말이다. 그것도 허락을 구하고 사용했는데도 말이다. 지금 시중에 나온 책은 이전 것을 폐기하고 새롭게 디자인 해 출간한 것이다. 나는 출판사에 피해를 끼쳤기 때문에 새로운 책의 원고료를 일 원 한 푼 받지 않았다.

『내 생에 가장 아름다운 용기, 고백』에는 내 과거가 있는 그대로 담겨 있다. 부모의 반복적인 이혼, 빚쟁이들 때문에 야반도주하듯 경기도 하남시 신장으로 몰래 이사한 일, 온 가족이 뿔뿔이 흩어져 각자 살아남아야 했던 일, 그로 인해 가족 모두 힘들게 살아간 일, 청소년 시절과 청년 시절 방황하고 자살하려 했던 일 등이 실려 있다. 그래서인지 그 과정을 거치면서 예전에 있었던 기억들이 고스란히 되살아나면서 하루 종일 울기도 했다. 나 스스로에게 놀랐다. 이 사건으로 인해 내면의 역동이 이토록 강하게 일어날지 몰랐기 때문이다. 이런 상태를 경험하게 되니까 동료 목사에 대한 마음이 더 격해졌다. 책을 폐기하기 전까지 나는 몇몇 영향력 있는 사람에게 전화해서 상담을 받기도 했다. 정확히 말하면 문제 해결을 위한 자문이 아니었다. 자문을 빙자해 그 동료 목사가 얼마나 큰 잘못을 저지르고 있는지를 고발하고자 했다. 나는 의로운 사람이며 희생자라는 것을 알림으로써 그를 고발하고자 했고 혹 누군가가 어떤 조치를 취할 것을 은근히 기대하기도 했다.

그런 일을 겪는 중 내적치유수양회를 인도하게 되었다. 정말 힘든 상태에서 인도했다. 순서를 진행하는 중 "십자가의 묵상" 시간에 예수님이 십자가에 달리시는 장면이 담긴 영상을 봤다. 나는 예수님이 채찍에 맞고 수치당하며 십자가에 달리시는 장면을 보면서 하염없이 울었다. 내가 바로 예수님을 채찍질하는 로마 병사처럼 여겨졌고, 십자가를 지고 가는 예수님에게 돌을 던지는 군중처럼 여겨졌으며, 무엇보다 예수님을 배반하는 베드로처럼 여겨졌다. 나는 예수님에게 폭력을 행사하는 자들을 닮았고 십자가의 방식으로 대응하지 않음으로 그분을 배반했다. 성경 구절이 하나 떠올랐다. "욕을 당하시되 맞대어 욕하지 아니하시고 고난을 당하시되 위협하지 아니하시고 오직 공의로 심판하시는 이에게 부탁하시며"(벧전 2:23). 십자가를 묵상하면서 나는 내 안에 있는 "하마스"를 보았다. 폭력을 보았다. 보복하고자 하는 방식을 선택한 내 안의 은밀한 폭력을 보았고 동료 목사가 그런 선택을 하도록 만든 내 사랑의 부족을 보았다. 내가 죄인이었다. 나는 하나님께 회개했고 그날 그를 용서했다.

8장

하나님의 형상,
Man · Mission · Master

기독교 영성과 실천은 우리가 "하나님의 형상"을 어떻게 이해하느냐에
따라 달라진다. 예수 그리스도께서 참 하나님의 형상이시며 우리의 형상을
회복시키시기 위해 이 땅에 오셨기에 우리가 하나님의 형상을 어떻게 이해
하느냐에 따라 구원의 개념이 달라지고 영성과 실천이 달라진다. "하나님
의 형상"이라는 말은 창세기에 처음 나온다. 고대 근동의 신화를 보면 인간
창조는 신들의 갈등에서 비롯되었다. 대부분 약한 신들이 권력을 쥐고 있
는 신들에게 반역했다가 실패해 처형을 당한다. 권력을 가진 신들은 이 과
정에서 처형된 신의 피와 진흙을 섞어 무언가를 빚어내는데, 그것이 인간
이다. 신들은 자신들의 노예로 부려먹기 위해 인간을 만든다. 고대 근동의
창조 신화 안에는 근본적으로 "시원적 폭력" 혹은 "설립적 폭력"의 흔적이
담겨 있다. 그것은 제국의 폭력을 정당화하는 목적으로 신화가 만들어졌음
을 보여준다. 하지만 성경은 인간이 평화롭고 아름다운 환경에서 "신의 형
상"대로 창조되었다고 선포한다. 신의 창조에는 어떤 폭력의 흔적도 들어
있지 않다. 더군다나 "신의 형상"은 원래 왕들에게만 사용하는 표현이었다.
고대 근동의 왕들은 자신을 "신의 형상"이라고 주장함으로써 평민과 차별

화했다. 하지만 성경은 모든 인간이 하나님의 형상대로 창조되었다고 선포한다. 그것은 인류 최초의 그리고 최고의 "인권 선언"이다. 그것은 모든 인간이 하나님 앞에서 동등한 권리와 가치를 가진 존귀하고 소중한 존재라는 선언이다. 모든 인간이 왕과 같이 존귀한 존재이며 하나님의 자녀라는 선언이다. 이만큼 "하나님의 형상"은 중요한 의미를 가진다.

"하나님의 형상"은 무엇일까? 나는 하나님의 형상을 사람, 사랑, 사명, 이렇게 세 가지로 이해한다. 조금 어려운 내용이지만 설명하자면, "사람"은 하나님 형상의 인격성을, "사랑"은 하나님 형상의 관계성을, 그리고 "사명"은 하나님 형상의 기능성을 의미한다. 인간은 하나님 형상의 인격성을 가졌기에 하나님의 속성을 공유한 존재인 동시에 "주체적 자유"를 가진 존재이고, 하나님 형상의 관계성을 가졌기에 공동체를 이루고 "사랑의 사귐" 안에 있는 존재이며, 그리고 하나님 형상의 기능성을 가졌기에 대리 통치자로서 세상에 "보냄 받은" 존재다. 하나님의 형상을 이렇게 이해하면 죄가 무엇인지 바로 이해할 수 있다. 첫째, 하나님 형상의 파괴를 죄라고 한다면, 하나님 형상의 인격성 측면에서 보면 죄란 "교만"이다. 교만은 "높아지려는 죄"이며 죄에 대한 행동주의적 형태라고 할 수 있다. 하나님과 같이 되려는 교만은 하나님에 대한 "불신"이고 하나님의 말씀에 대한 "불순종"이며 하나님의 권위에 대한 "반역"이다. 이는 자유롭고 인격적이며 주체적인 하나님 형상의 인격성을 부정적으로 사용한 결과라고 할 수 있다. 둘째, 하나님 형상의 관계성 측면에서 보면 죄란 "무책임"이다. 무책임은 "회피하려는 죄"이며 이는 죄에 대한 관계주의적 형태라고 할 수 있다. 삼위일체 하나님께서 공동체로 존재하시기 때문에 삼위일체 하나님은 자기의 형상대로 인간을 "공동체"로 지으셨다. 하지만 인간은 공동체를 파괴하는 "무책임"의 죄를 범했다. 하와를 향한 사탄의 유혹을 지켜보기만 하고 보호하지 않는 상대의 인격적인 필요에 대한 무관심과 언약의 파트너에 대한 "책임의 방기" 그리고 자신의 잘못을 타인에게 전가하는 "책임의 전가"가 "무책임"의 죄다. 마지막으로 하나님 형상의 기능성 측면에서 보면 죄란 "태만"이다. 태만은 "낮아지려는 죄"이며 이는 죄에 대한 정적주의적 형태라고 할 수 있다. 고대 근동에서 형상은 왕의 대리자를 의미한다. 왕의 형상이 새겨진 도장이나 글을 가지면 대리자가 된다. 왕의 형상이 세워진 곳은 곧 왕의 통치를 받는 곳을 의미한다. 따라서 형상은 통치권 이양의 의미를 가진다고 할 수 있다. 그것은 권한과 능력과 기능을 위임해주는 것을 의미한다. 이것이 "다스리고 정복하라"라는 명령에 담긴 의미다. 또한 하나님은 에덴동산을 창설하시고 아담에게 그곳을 다스리고 지키라고 말씀하셨다. 그레고리 K. 비일은 『성전 신학』(새물결플러스, 2014)에서 에덴이 하나님의 성전을 의미한다고 말한다. 성경에서 "안식"은 혼돈의 세력에 대한 자신의 주권을 분명하게 행사함으로써 이제는 자신의 주권적인 권능을 드러내는 제왕적인 휴식의 자리를 취하는 것을 의미한다. 하나님은 혼돈과 공허, 흑암과 깊음의 대적들을 무찌른 후 진정한 휴식을 취하기 위해 "성전"을 건축하셨다. 천지창조의 사건에서 하나님은 어디에서 휴식하시는가? 바로 "에덴동산"이다. 에덴동산이 최초의 성전이었다. 하지만 아담은 "하나님의 성전"을 상징하는 에덴동산에 뱀이 침범하는 것을 막지 않았다. 그는 뱀이 하와를 유혹할 때 권세를 가지고 멈추라고 명령하지 않았다. 아담은 뱀을 다스리고 정복해야 하는데 도리어 뱀이 자기에게 무엇인가를 행하도록 내버려둠으로써 제왕적 통치권을 행사하지 않은 "태만"의 죄를 범한 것이다. 이는 자신이 통치할 만한 존재가 되지 못한다는 "자기 비하"의 죄이고 제왕적 통치권을 가진 존재가 되는 것에 대한 "절망적인 거부"다. 물론 이 모든 죄에 더해 자기의 죄를 합리화하는 "기만의 죄"라는 것이 있다.

사람으로서의 하나님 형상은 첫 번째 시험, 사랑으로서의 하나님 형상은 두 번째 시험, 그리고 사명으로서의 하나님 형상은 마지막 시험과 관련이 있음을 알 수 있다. 또한 이 세 가지 하나님의 형상은 자연스럽게 그리스도인이 가장 중요하게 여기는 세 가지 핵심 가치와 연결된다. 세 가지 핵심 가치를 M자로 시작하는 세 개의 단어로 표현할 수 있다. 내가 가끔 성도들에게 그리스도인이 추구해야 할 핵심 가치 중 M자로 시작하는 단어가 무엇이냐고 물으면 어떤 분들은 서슴없이 Money라고 대답해서 모두를 당황케 하는 경우가 있다. Money는 본질이 아니라 열매다. 그것은 본질을 추구하면 얻게 되는 선물 같은 것이다. 그리스도인이 추구해야 할 핵심 가치 세 가지는 첫째 "Man", 둘째 "Mission", 그리고 셋째 "Master"다. 이 세 가지는 세 가지 하나님의 형상과 연관성을 갖는다. 첫 번째 가치인 "Man"은 하나님 형상의 관계성인 "사랑", "Mission"은 하나님 형상의 기능성인 "사명", 그리고 "Master"는 하나님 형상의 인격성인 "사람"과 연관성을 갖는다. 어떤 연관성을 갖는지 한 가지씩 살펴보자.

첫 번째 M은 "Man"이다. 기독교는 사랑의 종교다. 그렇기에 기독교는 사람 중심의 종교다. 기독교는 사람이 안식일을 위해 있는 것이 아니라 안식일이 사람을 위해 있다고 선포하는 종교다. 그 어떤 위대한 체제나 제도나 조직이나 방법론이나 부흥이나 성장이나 사명도 사람보다 중요하지 않다고 선포하는 종교가 기독교다. 정치인조차 "사람이 먼저"라고 선언하고 기업인들은 고객 만족을 넘어 고객 졸도의 감동을 줘야한다고 말한다. 수많은 경영 관련 서적이 마케팅의 본질도 결국은 사람 존중의 가치를 실현하는 것에 다름 아니라고 말한다. 하물며 그 본질이 사랑인 기독교야말로 사람 중심의 가치를 가져야만 한다. 이 가치를 놓치다 보면 아무리 고상한 대의와 비전을 갖고 위대한 사역을 한다 해도 바리새적인 기독교로 전락하고 만다. 예수님이 그토록 저항하셨던 바로 그 율법적인 종교 말이다. 율법적인 종교는 인간을 종교의 수단으로만 치부한다. 그것은 율법이 사람을 위해 있다는 가장 기본적인 진리를 놓치기 때문에 자기의 기준에 사람을 끼워 맞추려는 "프로크루스테스의 침대"가 되어버린다.

타자를 보는 두 가지 방식이 있다. 하나는 "사람"(인격)으로 보는 것이며 다른 하나는 "대상"(개체)으로 보는 것이다. 상대를 사람으로 본다는 것은 그 자체로서 가치 있고 소중한 존재로 보는 것이며 그만이 갖고 있는 독특한 필요를 가진 인격적 존재로 보는 것을 의미한다. 상대를 대상으로 본다는 것은 어떤 용도를 가질 때만 그를 가치 있는 존재로 보는 것이며 쓰임새가 다하면 쓸모없는 존재로 보는 것이다. 우리가 상대를 대상으로 보면 그의 필요를 채우기보다는 나의 필요를 채우는 수단으로 그를 보기 시작한다. 반면 사랑한다는 것은 독특한 필요를 가진 인격적 존재로 타자를 본다는 것을 의미한다. 우리는 사랑받고 사랑하기 위해 태어난 존재다. 인격적 존재로 서로를 보며 서로 사랑하는 것이 우리의 할 일이다.

아빈저연구소의 『평화에 이르는 길』(아빈저코리아, 2006)에는 참 멋진 이야기 하나가 소개되어 있다. 어느 문제아를 둔 부모가 자신의 딸을 교화하기 위해 산속에 있는 평화 캠프에 아이를 데리고 간다. 그들은 딸이 어디로 가는지 알면 거부할까봐 알리지도 않고 그 딸을 캠프로 데리고 온 것이다. 그곳에 도착하고 나서야 자기가 어디에 온 줄 깨닫자 이 딸은 욕설을 퍼부으며 캠프장 밖으로 달아나버렸다. 처음 있는 일이었다. 이 아이를 따라 평화 캠프의 두 선생이 뒤쫓아갔다. 두 선생은 빨리 달려가 아이를 강제로 붙잡을 수도 있었지만 그렇게 하지 않았다. 그 아이 스스로 교육받는 것을 선택하도록 자유를 허락하는 것이 옳다고 생각했기 때문이다. 선생들은 그 아이가 스스로 선택할 때까지 그 아이의 입장에서 그 아이와 함께하는 것이 평화의 방법이라는 것을 잘 알고 있었다. 두 선생에게는 그 아이가 "문제아"로 보이는 것이 아니라 그냥 "인간"으로 보였다. 그들은 아이를 개조시켜야 할 "문제아"가 아니라 사랑해야 할 "인간"으로 보았다. 아이는 울고 화를 내며 달렸다가 걸었다가 하면서 계속해서 산 아래로 내려갔다. 소녀는 포기하지 않고 자신을 따라오는 선생을 향해 욕설을 퍼부으며 더 이상 쫓아오지 말라고 소리 질렀다. 그래도 계속 따라오자 신발을 벗어 집어들어 한 선생을 향해 던졌다. 나중에는 맨발로 그 산길을 걸어가야 했다. 두 선생은 벗어던진 신발을 찾아 들고 그 아이를 뒤쫓았다. 그러다가 누가 뭐라고 하지도 않았는데 이 두 선생은 자신의 신발을 벗기 시작했다. 신발을 벗고 아이가 뛰면 같이 뛰고 아이가 걸으면 같이 걷고 아이가 장애물을 건너면 같이 건넜다. 아이의 발에는 피가 흐르기 시작했고 선생들의 발에도 피가 흐르기 시작했다. 결국은 모두가 산 아래 도시까지 이르렀다. 아이는 도시를 가로지르다가 자신의 친구를 만났다. 아이는 친구에게 자초지종을 말하면서 자신을 따라온 두 선생을 가리켰다. 동일한 문제아 친구는 발바닥이 해어져 피가 흐르는 발로 그 아이를 쫓아온 두 선생을 바라보며 깜짝 놀랐다. 잠시 생각에 잠긴 친구는 그 아이에게 이렇게 말했다. "저런 선생님들이라면 따라가서 배워보는 것이 어때?" 그 아이는 친구의 말을 듣고 나서야 지금까지 누구도 자신을 이렇게 대한 사람이 없었다는 것을 깨달았다. 그래서 친구의 조언을 받아들여 캠프에 참여했고 놀라운 변화를 맞보게 되었다. 너무나 멋진 이야기다.

두 선생이 상대를 개조해야 할 "문제아"로 보고 사랑해야 할 "인간"으로 보지 않았다면 그처럼 행동할 수 없었을 것이다. 그들의 행동은 교사 지침서에 나오는 유형이 아니다. 평화와 사랑의 마음을 가졌기 때문에 예기치 않은 상황에서도 자연스럽게 그런 행동이 나올 수 있었던 것이다. 중요한 것은 어떤 "지침"이나 "방법"이 아니라 "내면의 태도"다. 내가 어떤 내면의 태도를 갖고 있느냐에 따라 상대의 반응이 달라진다. 우리는 상대에게 어떻게 대할 것인지에 대해 고민하면서 "행동"에 초점을 맞추는 경향이 있다. 부드럽게 대해야 하는지 아니면 강하게 대해야 하는지 또는 야단을 쳐야 하는지 아니면 칭찬을 해야 하는지에 대해 고민한다. 그러나 우리에게 평화를 가져오는 것은 상대에게 어떤 "행동"을 하느냐 하는 "실천 사항"이 아니라 상대를 어떤 "방식"으로 대하는가 하는 "내면의 존재 방식"이다. 상대는 우리의 특정한 말이나 행동보다 우리가 어떻게 그들을 존중하는지에 대해 더 민감하게 반응한다. 상대는 우리의 "행동"에 반응하는 것이 아니라 우리의 "상태"에 반응한다. 칭찬을 해야 하느냐 아니면 야단을 쳐야 하느냐 혹은 강하게 대해야 하느냐 아니면 부드럽게 대해야 하느냐 하는 것은 피상적인 문제다. 진정으로 중요한 차원은 사랑하는 "인간"으로 대하느냐 아니면 사용하는 "대상"으로 대하느냐다. "수단"으로 대하는 것이 아니라 "인격"으로 대하는 것이 중요하다.

앞서 나는 제로 포인트에 서서 좁은 문, 좁은 길을 가기로 결단했기 때문에 어떠한 어려운 일이 있어도 십자가를 바라보며 견딜 수 있었다고 말했다. "주님보다 더 나은 대접을 받을 권리가 없다"라는 고백을 하며 견디다가 딱 한 번 더불어숲의 목회를 내려놓으려고 했으며 그 과정에서 약함의 영성을 깨닫게 되었다고 말했다. 그런데 더 큰 문제는 내가 견디느냐 못 견디느냐가 아니었다. 견디면 견딜수록 사람들이 힘들게 느껴졌다. 이렇게 고생을 하고 있는데 왜 사람들은 알아주지 않는 걸까? 왜 피를 토하며 설교하는데 이렇게도 변하지 않는 걸까? 이런 마음을 품다 보니 내 마음 안에 은밀하게 분노가 숨어들어왔음을 나는 알아차리지 못했다. 사람들에게 자꾸 화가 나고 사역에 기쁨이 사라져가고 있었다. 그러던 중 선배 목사와 함께 "영적지도 수련회"에 다녀오게 되었다. "렉시오 디비나"라는 방법을 통해 영성 지도를 하는 피정 프로그램이었다. 수련회를 통해 주님께서 내게 두 가지 말씀을 주셨다. 그중 하나를 나누고자 한다. 거의 세미나 마지막 시간이었던 것으로 기억한다. 사실 그때 나는 다른 사역지로 옮기는 것에 대해 기도하고 있었다. 하지만 주님은 다른 곳으로 가라는 분명한 응답을 주시지 않았고 도리어 침묵으로 응답하셨다. 나는 그 침묵의 의미를 잘 알고 있었다.

파커 J. 파머(Parker J. Palmer)가 『삶이 내게 말을 걸어올 때』(한문화, 2001)에서 고백한 간증에 전적으로 동의하고 있는 터였다. 그는 미국의 존경받는 교육지도자인데 펜들 힐이라는 퀘이커 공동체에 속해 있었다. 그는 그 공동체에 있으면서 소명에 대해 고민했다. 여러 사람을 만나보았지만 하나같이 전통적인 퀘이커 교도들의 뻔한 충고만 늘어놓았다. "믿음을 가지고 기다리세요. 그러면 길이 열립니다." 도움이 안 되었다. 그래서 그는 나이 지긋하고 사려 깊은 여성 지도자를 찾아갔다. "루스, 사람들은 계속 길이 열릴 것이라고만 말합니다. 나는 고요 속에 앉아서 기도도 하고 내면의 목소리에 귀를 기울이며 길이 나타나기를 기다렸어요. 그래도 길은 열리지 않아요. 나는 오랫동안 나의 소명을 찾으려고 애써왔지만 아직도 내게 정해진 길을 짐작조차 할 수 없어요. 다른 사람들에게는 길이 열릴지 모르지만 내게는 그런 일이 절대 없을 거예요." 루스의 대답은 솔직했다. "나도 모태신앙인이에요. 그리고 60년 넘게 살아왔죠. 그러나 내 앞에서 길이 열린 적은 한 번도 없었다오." 그녀는 실망에 빠진 그를 보다가 잠시 후 잔잔한 미소와 함께 말을 이어갔다. "반면에 내 뒤에서는 수많은 길이 닫히고 있어요. 이 역시 삶이 나를 준비된 길로 이끌어주는 또 하나의 방법이지요." 그는 그 이야기를 듣고 나서 인생에 일어나지 않은 일 그리고 일어날 수 없는 일들이 일어날 수 있는 일과 일어날 일보다 더 많은 것을 알려 주는 길잡이가 될 수도 있다는 것을 깨닫는다. 두드리면 열릴 것만을 기대하며 계속 두드리는 것이 아니라 닫히는 문을 통해 하나님이 응답할 수 있다는 것을 깨달았다.

이것을 잘 알고 있는 나는 주님의 침묵에 순응하여 십자가를 바라보며 지금 주어진 목회를 열심히 하겠다고 기도했다. 그때 주님이 말씀하셨다. "네가 나를 사랑하는 줄 잘 알겠다. 이제 내가 네게 맡긴 사람들을 사랑해 줄 수 없겠니?" 너무 당혹스러웠다. 예상치 못한 음성이었기 때문이다. 나는 그 음성을 통해 하나님이 내게 맡기신 사람들을 사랑하지 못했다는 것을 깨달았다. 사람들을 변화시키려 했지 사람들을 사랑한 것은 아니었다. 너무나 부끄러웠다. 하지만 내게 가장 필요한 말씀을 주셨음을 부정할 수 없었다. 얼마나 위대한 사명을 감당하고 얼마나 많은 열매를 맺느냐보다 중요한 것이 사람을 사랑하는 것임을 다시 한번 깨닫게 되었다. 주님께 고백했다. "예, 주님. 제가 사랑하겠습니다." 그렇게 결단하고 나니 마음속에 분노가 사라지기 시작했다. 마음이 편안해지고 나니 그때부터 목회가 되기 시작했다. 사람들을 변화시키려는 의도보다 사랑하기 위해 다가가자 사람들이 변화되기 시작했다. 행위가 아니라 태도가 사람을 변화시킨다. 방법이 아니라 오직 사랑만이 사람을 변화시킨다.

두 번째 M은 "Mission"이다. 하나님의 형상은 "사명"이다. 이 세상을 다스리고 정복하며 생육하고 번성하도록 부름 받은 존재가 바로 인간이다. 내가 어디로 가야 하는지 모르면 가고 싶지 않은 곳으로 간다는 말이 있다. 많은 사람이 자신이 어디로 가야 하는지 모르기 때문에 가고 싶지 않은 곳을 향해 가고 있다. 우리는 흔히 위대한 사람이 위대한 비전을 품고 위대한 삶을 산다고 생각한다. 그렇지 않다. 위대한 사람이기 때문에 위대한 비전을 품고 위대한 삶을 사는 것이 아니라, 위대한 비전을 품는 사람이 위대한 삶을 살게 되어 위대한 사람이 된다. 하나님은 위대한 사람을 선택해 위대한 비전을 주시는 것이 아니라 위대한 비전을 주셔서 위대한 사람이 되게 하신다. 어항에서 키우기에 제일 좋은 관상용 어류가 상어라고 한다. 상어는 어항의 크기에 따라 자라기 때문에 작은 어항에 기르면 15cm 정도의 크기로 자란다고 한다. 광활한 바다를 누비고 다녀야 할 상어가 조그만 어항에서 헤엄치는 것을 상상해보라. 끔찍한 일이 아닌가? 우리가 그런 꼴이 될 수 있다. 하나님이 주시는 원대한 비전 없이 사람들이 규정하는 틀의 크기에 맞춰 살아간다면 얼마나 큰 비극인가? 사람은 자고로 비전이 있어야 한다. 사람에게 있어야 할 6가지 요소를 "쌍 기억"(ㄲ)으로 된 한 단어로 표현할 수 있을 것 같다. 꿈, 꾀, 끼, 깡, 끈, 꼴. 사람에게는 꿈이 있어야 한다. 하지만 비전(꿈)만 있으면 망상이다. 그것을 이룰 수 있는 지혜(꾀)가 있어야 한다. 지혜와 함께 재능(끼)이 있어야 한다. 성취는 고난을 극복할 용기(깡)를 통해 온다. 꿈은 혼자서 이룰 수 없다. 함께할 사람들(끈)이 있어야 한다. 하지만 진정한 꿈의 성취는 외적 결과가 아니라 내적 성품(꼴)이다.

꿈, 꾀, 끼, 깡, 끈, 꼴의 처음 시작은 꿈이다. 꿈이 없으면, 사람은 나태의 죄 가운데 빠지게 된다. 게으름은 외적인 형태가 아니다. 사람이 열심히 살지만 게으를 수 있다. 게으름을 판단할 때 중요한 기준은 "삶에 방향성이 있느냐 없느냐"다. 위장된 게으름은 대부분 "해야 할 일을 하지 않고 중요하지 않은 일에 매달리는 모습"으로 나타난다. 아무런 물음이나 생각 없이 반복적인 일상을 바쁘게 사는 것도 삶에 대한 근본적인 게으름이다. 결국 게으름은 회피다. 하나님의 비전을 위한 선택을 회피하고 타인과 상황이 이끄는 대로 살아간다. 꿈이 없으면 목표 없이 게으르게 살아가게 된다. 하지만 비전이 있는 사람은 사명을 감당하기 위해 분명한 목표를 가지고 살아간다.

진정한 사명은 성경에 계시된 하나님의 구원 이야기와, 내 인생을 통해 쓰고 계시는 하나님의 구원 이야기와, 지금 이 시대에서 이루어가시는 하나님 나라 운동의 이야기가 합류하는 지점에서 발생한다. 하나님은 우리의 인생에서 심지어 상처까지도 허비하지 않으신다. 내겐 청소년기와 청년기의 방황과 상처가 내적 치유 사역의 원동력이 되었다. 신학교 시절 운동권의 경험이 진보적 의제를 수용할 수 있는 넓은 시야를 갖게 했다. 새날을 사는 사람들과 다일공동체의 경험이 공동체 운동을 배우게 했다. 군목 때의 경험이 전통적인 목양과 영적 전쟁을 이해하게 했다. 안산동산교회에서 목회 전반과 셀교회에 대한 배움을 통해 목회의 든든한 토대를 마련할 수 있었다. 내가 목회를 하는 중에도 계속해서 시민운동을 하고 있던 아내를 통해 세상과 긴장 관계를 유지할 수 있었다. 하나님은 한 개인 인생 전체의 경험을 통해 사명을 감당하게 하신다. 그분이 우리가 일평생 투자한 것과 다른 사명을 주신다? 그런 경우는 드물다. 자신의 삶을 돌아보라. 이미 하나님은 사명을 위해 개인을 준비시키고 계신다. 그분은 이런 준비와 연단을 통해 그 개인만이 할 수 있는 일을 하게 하신다. "비교"의 프레임을 버려라. 비교의 덫에 걸리면 평생 실패와 결핍의 삶을 살게 된다. 남과 경쟁해서 이기는 "넘버원"(최고)이 되려 하지 말고 자신만이 할 수 있는 사역을 찾아 "온리 원"(유일)이 되도록 하라. 경쟁 상대를 보지 말고 목표를 보라. 토끼가 거북이에게 패배한 이유는 거북이는 목표를 보았지만 토끼는 상대를 보았기 때문이다. 이미 이룬 것을 잊고 온 힘을 다해 오직 푯대를 향해 달려가라.

무엇보다 개인적 사명을 시대적 사명과 링크하는 것이 필요하다. 개척하면서 내 마음속 가장 깊은 곳에 새겨진 구절이 있었다. "하나님이 일하시니 나도 일한다"(참조. 요 5:17). 선교적 사명은 내 인생의 아젠다와 계획을 통해 이루어지는 것이 아니다. 이미 일하시고 계신 하나님의 일하심에 동참하는 것이 바로 선교적 사명이다. 이것을 이해하려면 시대의 키워드를 읽어낼 줄 알아야 한다. 우리에게는 나침반과 풍향계 모두 필요하다. 계시를 통해 보여주신 하나님의 구원 이야기가 나침반이라면 지금 여기서 일하시고 계신 하나님의 역사가 풍향계다. 시대의 키워드가 풍향계다. 지금 여기서 이미 일하시는 하나님의 역사를 분별하게 해주는 것이 "시대의 키워드"다. 또한 시대를 분별하는 가장 중요한 방법은 시대의 통증을 느낄 줄 아는 감수성을 갖는 것이다. 하나님은 시대의 아픔에 반응하는 분이시기 때문이다. 이 시대의 상처가 우주의 중심이다. 시대의 상처를 볼 줄 알아야 시대의 키워드를 보게 된다.

마지막으로 세 번째 M은 "Master"다. 내 삶과 사역의 주인은 누구인가? 이것이 가장 중요하다. 하나님의 형상으로 지음 받은 "사람"이 창조주를 온전히 경배하고 섬기는 것은 마땅한 것이다. 사명에 집중하느라 사명을 주신 분을 놓치는 실수를 저질러서는 안 된다. 소명에는 일차적 소명과 이차적 소명이 있다. 이차적 소명은 사명으로의 부르심이다. 하지만 그것보다 더 중요한 것이 일차적 소명이다. 일차적 소명은 하나님께로의 부르심이다. 우리는 사역으로 부르심을 받기 전에 하나님께로 부르심을 받았다. 오직 하나님을 내 삶과 사역의 주인으로 인정하는 삶, 사역보다 하나님과 맺는 친밀한 교제가 더 중요한 삶, 오직 하나님의 영광만을 위해 사역하는 삶, 이것이 바로 "Master"다. 먼저 하나님 자신이 우리의 비전이 되어야 한다. 그분은 우리 모두에게 독특한 비전을 주신다. 하지만 그분은 먼저 우리의 비전을 비전되게 하는 최상의 비전을 우리 모두에게 주신다. 하나님 자신을 우리의 비전으로 삼는 비전 말이다. 야웨 하나님은 타락한 이스라엘을 향해 야웨를 구하고 하나님을 찾으라고 애타게 호소하신다. 그분 자신을 찾는 것, 이것이 우리의 제일 비전이 되어야 한다.

앞서 "주님 다시 오실 때까지"를 부르면서 주님이 먼저 가신 길을 결단한 이야기를 했다. 그 이야기는 거기서 끝나지 않는다. 은혜를 경험한 뒤 몇 주 후에 특별새벽기도회가 있었다. 찬양팀이 특별새벽기도회 기간에도 이 노래를 불렀다. 그런데 이번에는 두 번째 단락이 새로운 은혜로 다가왔다. "나의 가는 이 길 끝에서 나는 주님을 보리라, 영광의 내 주님 나를 맞아주시리." 이때도 가슴이 찢어지는 아픔과 함께 깊은 깨달음이 생겼다. "그렇구나, 주님을 따르는 자들, 십자가의 길을 걷는 자들, 좁은 문 좁은 길로 나아가는 자들에게 주어지는 영광은 먼저 그 길을 가신 예수님과의 만남이구나. 낮아짐으로 얻어지는 물질적 유익이나 세상적인 인정이 아니라 영광의 예수님과 함께 그 길을 가는 것 자체, 다른 어떤 만족도 추구하지 않고 오직 예수님과 함께함으로써 만족을 누리는 것 자체, 헛된 신을 버리고 오직 하나님을 경배하고 오직 그만을 섬기는 것이 우리의 영광이구나. 주님은 십자가를 지고 좁은 길로 가셨기에, 좁은 길로 가야만 우리는 주님을 만날 수 있고, 그렇게 주님을 만나는 것만이 우리가 추구해야 할 영광이며, 우리가 우상을 버리고 주님의 좁은 길을 따를 때 주님이 우리에게 주시는 영광만이 참 영광이구나." 이런 내면의 소리가 들리자 주님께 고백하지 않을 수 없었다. "오, 주님. 다른 어떤 은혜를 구하지 않겠습니다. 오직 주님과 동행하며 함께 길을 가는 은혜를 구합니다. 주님, 다른 어떤 길을 가지 않겠습니다. 오직 주님이 먼저 가신 길만 가겠습니다. 오직 당신만으로 만족합니다. 오직 하나님만을 경배하고 섬기기를 원합니다." 이 경험이 있었기에 사역의 궁극적인 목적을 잃지 않고 여기까지 올 수 있었던 것 같다. 하나님이 우리의 "Master"시다. 그 사실만으로 족하다. 그분만으로 충분하다.

제 2 부　성자적　영성의　적용

1장

자유,
정죄함 없는 자유

성자적 영성의 기초가 "이는 내 사랑하는 자요 내 기뻐하는 자라"라는 하늘의 소리를 들음으로써 자기 입증이 필요 없는 삶을 살게 되는 것에서 시작한다면, 성자적 영성의 적용은 정죄함 없는 자유에서 시작한다. "이는 내 사랑하는 자요 내 기뻐하는 자라"라는 하늘의 소리가 복음이라면 그것은 결국 십자가를 통해 완성되며 십자가의 복음은 우리에게 정죄함 없는 자유라는 선물을 준다. 전통적인 구속신학의 입장에서 먼저 정죄의 문제를 다루도록 하자. 우리 안에는 서로 상반된 두 가지 속성이 있고 그 둘은 내면 안에서 서로 싸운다. 하나는 선을 행하려는 마음이다. 우리 안에는 누구나 선한 성품들이 있다. 사랑, 정의, 지혜, 용기, 친절, 존경, 겸손, 자유, 책임감 같은 성품이 있다. 이것을 신적인 성품, 즉 GOD적인 성품이라고 부를 수 있겠다. 반면 우리 마음 안에는 이것과 상반된 또 하나의 성품이 있다. 우리가 악한 성품이라고 부르는 것들이다. 미움, 부정의, 무지, 비겁, 비열, 불친절, 멸시, 교만, 속박, 무책임, 나태, 이기심, 질투, 보복 같은 성품이다. 이것을 동물적인 성품, 즉 DOG적인 성품이라고 부를 수 있겠다. GOD을 거꾸로 하면 DOG가 된다. 우리 내면 안에서는 GOD적인 성품과 DOG

적인 성품이 늘 갈등을 일으키고 있다. 우리는 이 힘든 내면의 갈등을 어떻게 해결할 수 있을까? 성경은 크게 두 가지 해결 방식을 보여주는데 하나는 율법의 해결 방식이고 다른 하나는 은혜의 해결 방식이다. 율법의 해결 방식은 무엇일까? 사도 바울에 의하면 율법은 진단 도구이지 치료 도구가 아니다. 율법은 X-ray와 같다. 우리는 X-ray를 통해 숨어 있는 우리의 질병을 발견한다. 하지만 우리가 아무리 X-ray를 많이 쬐어도 우리의 질병이 치료되지는 않는다. 율법이 이와 같다. 또한 율법은 진단 도구일 뿐만 아니라 정죄의 도구이기도 하다. 법이 없으면 더 이상 죄는 죄가 아니다. 더 정확하게 말하면 율법이 없으면 우리는 죄를 저질렀는지 혹은 저지르지 않았는지를 모른다. 율법이 남의 것을 탐내지 말라고 말하지 않았다면 우리는 "탐심"을 알지 못했을 것이다. 우리가 죄를 알지 못하면 그것을 고칠 수 없기에 율법은 우리로 하여금 먼저 죄가 무엇인지를 알게 한다. 우리는 죄가 무엇인지를 알아야 죄를 고칠 수 있고 내가 죄인인 줄 알아야 죄를 고칠 수 있다. 하지만 율법은 죄가 무엇인지 알려줄 뿐 죄를 없애지는 못한다. 그런데도 율법은 마치 우리의 죄를 고칠 수 있는 것처럼 말한다. 율법을 잘 지키면 죄를 이길 수 있고 하늘의 축복을 누릴 수 있을 거라 속인다. 따라서 진짜 문제는 율법이 죄를 치료할 수 있다고 주장하는 것이다. 율법은 기만의 기능을 갖고 있다.

율법으로 구원을 얻을 수 있다는 주장은 거짓이다. 율법은 우리를 지키지도 못하고 우리를 만족스럽게 하지도 못하기 때문이다. 그것은 우리를 끊임없이 노력하도록 만들지만 결국 우리를 좌절하게 한다. 열심히 노력했지만 좌절할 때마다 우리는 우리 자신을 정죄하고 죄인 취급한다. 이렇게 우리는 정죄의 세계에 갇힌다. 이 정죄의 세계는 우리의 자아를 분열시킨다. 우리가 자기 자신을 죄인이라고 정죄하는 순간 그 정죄하는 자신은 죄인이 아닌 의인이 되어버린다. 죄인이 죄인을 정죄할 수는 없는 노릇이기에 정죄하는 자는 의인이 되는 것이다. 우리 안에 죄를 지은 죄인이 있고 그것을 정죄하는 의인이 따로 있다. 이처럼 정죄는 자신을 죄인으로 만드는 동시에 의인으로 만든다. 정죄는 자기 자신을 죄인과 의인으로 분열시킨다. 분열된 자아는 끊임없이 갈등하고 싸운다. 이로 인해 우리 안에 진정한 안식은 없고 항상 긴장과 갈등과 투쟁만 있다. 이런 자아의 구조를 만들어내는 것이 율법의 기획이다. 율법은 자체적으로 생명력을 갖고 작동하는 내외의 시스템을 갖추고 있다. 특히 율법이 작동하는 자아 체계의 메커니즘은 외형적으로는 외부의 공격을 막도록 만든 방어 체계처럼 보이지만, 실제로는 자기 자신을 공격하도록 하는 공격 체계로 나타난다.

한병철 교수는 『피로사회』(문학과지성사, 2012)에서 시대마다 그 시대에 고유한 주요 질병이 있다고 말한다. 21세기는 병리학적으로 볼 때 "면역학적 시대"가 아니라 "신경증적 시대"라고 한다. 면역학적 체계는 외부의 낯설고 이질적이며 부정적인 것의 침입을 막기 위한 방어 체계다. 외부의 침입자와 나는 적대적인 관계에 있다. 따라서 나에게는 적대적인 침입자를 막기 위한 면역학적 체계가 필요하다. 나의 파괴를 막기 위해 상대를 파괴하는 체계를 작동시키는 것이다. 면역학적 체계는 이처럼 부정의 부정을 통해 작동한다. 20세기는 이러한 면역학적 체계가 작동하는 시대였다. 하지만 지금의 시대는 우울증, 주의력결핍과잉행동장애, 경계성성격장애, 소진증후군 등 신경증적 질병이 지배하고 있다. 신경증은 외부의 바이러스가 침입했기 때문에 발생하지 않는다. 그것은 면역학적 침입자의 부정성에 의해 생기는 것이 아니다. 신경증은 긍정성의 과잉으로 인한 질병이다. 그것은 부정성의 폭력이 아니라 긍정성의 폭력으로 인한 질병이다. 긍정성의 폭력은 박탈하는 것, 포화하는 것, 배제하는 것이 아니라 고갈하는 것이다. 신경증적 체계 안에 사는 사람들은 긍정의 과잉 속에서 늘 피곤함을 느끼며 무기력과 우울함 속에서 살아간다. 이러한 폭력은 면역학적 타자에서 나오는 것이 아니라 시스템 자체에 내재한 것이다. 그것은 "시스템적인 폭력"이며 "시스템에 내재하는 폭력"이다. 이 내재성의 폭력을 비유를 들어 설명하자면 "자가면역질환"과 같다. 자가면역질환은 내 몸을 지켜줘야 할 면역 세포가 자신의 몸을 공격하는 병이다. 나는 율법이 이와 같다고 생각한다. 율법의 외형적인 모습은 "면역학적 체계"다. 율법은 죄로부터 우리를 방어해주는 것처럼 보인다. 하지만 율법의 작동하는 방식은 "신경증적 체계"다. 겉으로 보면 율법은 외부에서 침입하는 죄악을 막는 시스템인 것 같은데 실상은 자기 자신을 공격하게 만드는 시스템인 것이다. 그것은 각 사람이 스스로 자기를 공격하고 정죄하도록 만든다. 그것은 사람들이 실패할수록 율법을 더욱더 열심히 따르게 하지만 결국은 자기 정죄를 반복하게 한다. 이것이 바로 율법의 음모다. 율법은 외부 침입자를 지키기 위한 시스템인 것 같은데 자기 자신을 공격하기 위한 시스템으로 나타난다. 그것은 스스로 작동하는 "시스템에 내재된 폭력"을 행사한다. 이처럼 율법은 반드시 정죄를 낳는다. 그것은 우리에게 정죄의 사이클에 갇히게 한다. 이러한 정죄 안에는 결코 안식이 없다.

그렇다면 우리는 어떻게 이 딜레마에서 벗어날 수 있을까? 아무 희망도 없는 걸까? 아니다. 아직 은혜의 해결 방식이 남아 있다. "오호라 나는 곤고한 자로다. 이 사망의 몸에서 누가 나를 건져내랴?"(롬 7:24)라며 탄식하던 사도 바울이 바로 뒤에서 이렇게 고백한다. "그러므로 이제 그리스도 예수 안에 있는 자에게는 결코 정죄함이 없나니"(롬 8:1). 바울은 예수 그리스도 안에 있으면 정죄함이 없다고 말한다. 예수님이 죄인을 정죄하지 않으시기 때문이다. 이를 잘 보여주는 장면이 간음한 여인을 자유롭게 하는 사건이다. 율법사와 바리새인들이 음행 중에 잡힌 여자를 끌고 와서 돌로 쳐 죽여야 할지 살려야 할지를 물었을 때 예수님은 죄 없는 자가 먼저 돌로 치라고 말씀하신다. 이 말씀에 양심의 가책을 받아 한 사람 한 사람씩 사라졌다. 모두가 돌아가고 나서 주님은 여인에게 묻는다. "여자여, 너를 고발하던 그들이 어디 있느냐? 너를 정죄한 자가 없느냐?" "주여 없나이다"(요 8:10-11). 그다음의 말씀이 충격을 던져준다. "나도 너를 정죄하지 아니하노라"(요 8:11). 예수님은 죄인을 정죄하지 않으신다. 그분이 정죄하지 않으셨다면, 그분은 간음한 여인을 용서하신 걸까 아니면 용서하지 않으신 걸까? 이것을 말할 수 있으려면 성자적 영성의 차원에서 말하는 용서의 개념을 명확하게 할 필요가 있다. 혁명가적 영성의 차원에서 말하는 용서의 개념에 대해서는 뒤에서 살펴볼 것이다. 우선 성자적 영성의 차원에서 용서란 무엇일까? 용서하기 위해서는 먼저 그것에 앞서 정죄가 있어야 한다. 정죄가 있어야 용서가 있다. 만약 정죄하지 않는다면 용서할 필요도 없다. 주님은 여인을 용서하신 걸까? 그렇지 않다. 정죄해야 용서할 수 있는데, 예수님은 정죄하지 않으셨다. 정죄하지 않았는데 무슨 용서를 말할 수 있는가? 예수님은 정죄하는 것 자체를 거부하신다. 그렇기 때문에 용서할 필요도 없다. 그렇다면 그분은 용서하지 않으셨을까? 그것도 옳지 않다. 정죄한 후에 계속해서 그 정죄함 가운데 머무는 것이 용서하지 않는 것이다. 예수님은 정죄하는 행위 자체를 하지 않으셨기 때문에 용서하는 행위를 하실 필요가 없으셨다. 머물러 있을 정죄 자체가 예수님에게는 없다. 그분은 그 여인을 용서한 것도 아니고 용서하지 않은 것도 아니다. 예수님은 그저 그녀를 사랑했다. 사랑 안에는 두려움이 없고 정죄도 없다.

여기서 중요한 것이 바로 "순서"다. 율법에는 두려움과 정죄가 먼저 있다. 율법을 어기면 정죄가 있고 지키면 축복을 준다. 그러나 사랑은 축복을 먼저 주고 법을 지키라고 한다. 예수님은 "죄를 짓지 말라. 그러면 너를 정죄하지 않겠노라"라고 말씀하지 않는다. "나도 너를 정죄하지 않노니 가서 죄를 짓지 말라"고 말씀하신다. 사랑이 먼저고 율법이 나중이다. "말씀이 육신이 되어 우리 가운데 거하시매 우리가 그 영광을 보니 아버지의 독생자의 영광이요 은혜와 진리가 충만하더라"(요 1:14). 예수 안에는 은혜와 진리가 충만하게 있다. 구약적으로 말하자면, 예수님 안에는 인자와 공의가 충만하게 있다. 여기서도 순서가 중요하다. 성경 어디에서도 공의와 인자가 충만하다는 말이 나오는 곳은 없다. 언제나 인자와 공의가 충만하다는 말이 나온다. 은혜가 먼저 있고 진리가 있는 것이지 진리가 먼저 있고 은혜가 있는 것이 아니다. 공의를 지키면 사랑을 베푸는 게 아니고, 진리를 지키면 은혜를 베푸는 게 아니다. 진정으로 인자를 경험하면 공의를 지킬 수 있다. 진정으로 은혜를 경험하면 진리를 지킬 수 있다. 이것이 복음이다. 두려움이나 의무감이나 정죄로는 하나님의 법을 지킬 수 없다. 율법이 먼저라면 아무도 사랑받을 수 없다. 율법을 지키지 못하는 자는 결코 사랑을 받을 수 없으니까. 그러나 사랑이 먼저고 정죄함이 없는 은혜가 먼저라면 하나님의 법을 지킬 수 있는 힘이 생긴다. 사랑만이 정죄에서 우리를 자유롭게 한다. 사랑은 용서가 아닌 이해이며 용납이다. 이해하고 받아들이고 나면 용서할 필요도 없다. 물론 이것은 개인적 차원 그리고 성자적 영성의 차원에서 말하는 용서에 관한 통찰이다. 뒤에서 공적인 차원 그리고 혁명가적 영성의 차원에서 어떻게 용서를 바라볼 것인지에 대해 다루게 될 것이다.

죄가 무엇인지 안다는 것과 정죄한다는 것은 전혀 다른 문제다. 예수님이 여인을 정죄하지 않았다는 것이 여인의 행동이 죄가 아니라는 말은 아니다. 그녀의 행동에 대해 무죄 선고를 내리는 것이 아니다. 그런 의미라면, 예수님은 "다시는 죄를 범치 말라"고 말씀하지 않았을 것이다. 주님은 죄인을 사랑하시지만 죄인 안에 있는 죄는 미워하신다. 그분은 정죄함 없는 사랑으로 우리를 사랑하시지만 죄의 문제를 해결하길 원하신다. 정죄함 없는 사랑은 사람을 무조건적으로 용납하는 것으로 나타나지만 적극적으로는 죄의 문제를 해결해주는 것으로 나타난다. 그것이 바로 십자가다. 십자가 없는 사랑은 온전한 사랑이 아니다. 정죄함 없는 사랑은 반드시 십자가를 지는 사랑으로 나타난다. 정죄함 없는 사랑이 십자가로 나타나지 않으면, 그것은 값싼 동정에 불과한 것이고 대가 없이 죄책을 면제한 것이며, 정의 없이 감정적으로 사랑한 것이고 객관성 없이 감상적으로 용서한 것이다. 대가를 지불하지 않는 사랑은 감상적 사랑에 불과하다. 예수님은 그런 식의 사랑을 하지 않으신다. 그분은 정죄함 없는 사랑으로 죄인들을 용납하면서도 죄인들의 죄를 짊어지기 위해 십자가에서 자기 목숨을 내어놓는 사랑을 하셨다. 골로새서 2:14의 말씀처럼 주님은 우리를 절망에 빠뜨리는 의문에 쓴 증서, 즉 빚 문서를 지워버리고 그것을 십자가에 못 박아 우리 가운데서 제하여버리셨다. 그분이 우리를 대신해 십자가에 죽으시고 율법의 요구를 완성하심으로 말미암아 더 이상 율법이 우리에게 요구할 것은 없다. 율법의 요구는 십자가의 사랑 안에서 완성된 동시에 폐기되었다. 율법이 십자가의 사랑 안에서 폐기됨으로 말미암아 더 이상 율법의 의무가 우리를 짓누를 수 없게 되었고, 동시에 정죄와 죄책감에 사로잡혀 늘 만족하지 못하고 살게 하던 죄의 채무도 다 사라지게 되었다. 주님이 우리를 전적으로 용서하셨고 용납하셨기 때문에 우리는 더 이상 정죄와 죄책에 빠질 필요가 없다. 정죄로 말미암아 분열된 우리의 자아나 선행과 노력과 공로로 성취감을 좇던 자아가 십자가의 사랑 안에서 예수님과 함께 죽음으로 말미암아 정죄받는 죄인도 정죄하는 의인도 없어졌고 오직 사랑받는 자녀만 존재하게 되었다. 우리가 정죄로부터 벗어나기 위해 더 이상 선행과 노력과 공로에 매일 필요가 없게 되었다. 우리는 하나님의 자녀로서 그 선행과 노력과 공로 없이도 용서받았고 용납받았으며 구원받았다. 율법의 중력 밖에서 은혜의 공전을 하게 되었다. 한마디로 정죄함 없는 자유를 얻게 되었다.

이렇게 정죄함 없는 자유를 경험하게 될 때 우리 안에는 "마음의 중립 기어"가 생겨난다. 정죄함이란 조건들과 가치 체계와 상징 자본과 도덕적 법칙과 인과율에 갇혀 있는 상태, 즉 율법 아래에서 살아가는 상태를 의미하고, 정죄함 없는 자유란 이것들로부터 자유롭게 되는 것을 의미한다. 자동차의 기어를 변속할 때 반드시 중립 기어를 거쳐 가게 되어 있다. 중립 기어가 없다면 기어 변속이 불가능하다. 1단을 놓거나 혹은 각 단을 놓고 한 가지 상태에서 저속이나 고속을 내야 한다. 이처럼 1단으로 고속을 내야 한다거나 5단을 놓고 저속으로 가야 한다면 많은 힘이 들거나 맥이 풀릴 것이다. 그런데 이렇게 살아가는 사람들이 참 많다. 어떤 것에도 매이지 않고 상황에 따라 적절한 반응을 선택할 수 있는 자유를 뜻하는 "마음의 중립 기어"가 그들에게 없기 때문이다. "마음의 중립 기어"는 "태풍의 눈"과 같이 고요하다. 태풍과 같이 몰아치는 환경 속에서도 태풍의 눈과 같은 고요함을 유지할 수 있다. 이 고요함이 있어야 상황에 따른 변속이 가능하다. 이 고요함이 있어야 조건적인 반응이 아니라 주체적인 선택을 할 수 있다.

"마음의 중립 기어"를 다른 말로 하면 "자극과 반응 사이"라고 할 수 있다. 자극과 반응 사이에 틈이 없으면 외부의 자극에 대해 반사적인 반응을 하게 된다. 상대가 칭찬 버튼을 누르면 웃음의 반응을 하고 상대가 비난 버튼을 누르면 분노의 반응을 한다. 이는 내가 반응을 선택하는 "액션"(Action)을 하는 것이 아니라 상대의 자극에 따라 반사적으로 대응하는 "리액션"(Reaction)을 하는 것이다. 그것은 주체적인 인간으로 살아가는 것이 아니라 상대방의 조정에 의해 움직이는 꼭두각시로 살아가는 것이다. 주체적 인간은 율법 체계나 외부 환경이나 타인의 자극이나 개인의 감정에 사로잡힌 삶을 살지 않는다. 그는 바깥 장단이 아닌 내면의 장단 소리에 맞춰 삶을 누린다. 주체적인 인간은 외부의 자극에 대해 즉각적으로 반응하지 않고 자신의 내면적 가치를 기준으로 반응을 선택하며 그 선택의 결과에 책임을 지며 살아간다. 잘 알려진 "Responsibility = Response + Ability"라는 공식처럼 책임감(Responsibility)은 올바른 반응을 선택할 수 있는 능력을 말한다. 진정한 자유는 바로 여기서 나온다. 영성에서 말하는 Freedom은 외부의 통제나 간섭이 없는 상태, 즉 "무엇으로부터의 자유"를 뜻하는 소극적 자유를 뜻하며, Liberty는 올바른 가치와 삶을 위한 자기(自) 이유(由)를 추구하는 상태, 즉 "무엇에로의 자유"를 뜻하는 적극적 자유를 말하는데 Liberty의 기초가 Responsibility다. 주체적인 인간은 자극과 반응 사이에 틈이 있다. 성숙한 사람일수록 이 틈의 체적이 넓고 깊으며 높고 크다. 그 사람의 마음의 공간이 바다처럼 깊다면, 그는 모든 것을 수용할 수 있는 존재가 될 것이다. 또는 그의 마음의 공간이 우주처럼 넓다면, 그는 모든 것을 편안하게 자리를 잡을 수 있는 집과 같은 존재가 될 것이다. 그렇기 때문에 주체적 인간은 어떤 상황에서도 여유를 보이고, 스스로 반응을 선택하며 자신이 추구하는 가치에 맞게 행동하고 그 결과에 책임을 진다. 그는 그 누구도 그 무엇도 허락하지 않는 한 상처받을 수 없는 세계를 살아간다.

자극에 대한 반응이 자동적으로 일어나는 것을 멈추게 되면, 그동안 자극과 반응 사이에 개입하던 "인지적 왜곡"이나 "불합리한 신념"을 볼 수 있게 되고 그것에 지배받지 않게 된다. 인지적 왜곡에는 "임의적 추론", "선택적 추상화", "과잉 일반화", "극대화와 극소화", "부정적 여과와 긍정적 여과", "내사와 투사", "양극적 사고", "단선적 사고" 등이 있다. 인지적 왜곡 중 가장 강력한 것은 이데올로기다. 불합리한 신념은 신념 자체로서는 옳고 이상적일지라도 현실적으로는 실현 불가능하기 때문에 이루어질 수 없는 데도 지금 당장 그렇게 되어야 하거나 그렇게 해야 한다고 생각하는 것을 말한다. 단지 이렇게 해주었으면 하거나 이렇게 되었으면 하는 "기대"나 "욕구" 정도로 생각해야 할 것들을 반드시 이렇게 해야 한다거나 반드시 이렇게 되어야 한다는 "당위"나 "요구"로 받아들인다면 그것이 불합리한 신념이다. 우리가 이렇게 인지적 왜곡이나 불합리한 신념에서 자유롭게 되면 사실을 있는 그대로 보게 되고 사태에 대한 진실을 깨닫게 된다. 그동안 자기 자신으로 착각했던 온갖 딱지들이나 이력, 상대 세계에 갇히게 만든 분별이나 대립 개념, 잃을지도 모른다는 두려움에 사로잡히게 만드는 소유나 교환 가치, 반드시 이러해야 한다는 당위나 요구의 중력에서 벗어나 사실을 있는 그대로 보면 책임감 있는 선택을 할 수 있다. 우리는 살아가면서 직접적인 통제를 할 수 있는 경우와 간접적인 통제를 할 수 있는 경우 그리고 우리의 의지와 힘으로 통제할 수 없는 경우를 만난다. "마음의 중립 기어"를 통해 이것을 잘 분별해서 우리가 바꿀 수 있는 것은 바꾸고 바꿀 수 없는 것은 받아들이면 된다. 니버의 기도처럼 우리에게는 바꿀 수 있는 것은 바꾸는 용기와 바꿀 수 없는 것은 받아들이는 수용성과 이 둘 차이를 구분하는 지혜가 필요하다. 내 욕망을 채우는 삶을 살아가는 것이 아니라 잘 분별해서 하나님의 뜻을 이루는 것을 선택하면 된다. 이처럼 정죄함 없는 자유가 중요하다. 그것이 모든 자유의 시작이기 때문이다.

군목을 하기 전에 청년들을 맡아 사역한 적이 있다. 한번은 이런 일이 있었다. 한 주에 있었던 일을 이야기하며 서로의 삶을 나누는 시간이었는데 한 청년이 아버지 얘기를 하다가 잠시 울먹거리는 것 같더니 갑자기 소재를 다른 곳으로 돌렸다. 그 청년은 신학생이었고 평소에 환상을 보기도 하고, 자주 잠을 이루지도 못하며, 갑자기 중풍병자 같은 증세를 나타나기도 했는데, 나는 그것이 아버지와 관계가 있음을 직감할 수 있었다. 그래서 나는 다른 소재를 늘어놓는 그 청년에게 말을 멈추게 한 후 아버지에 대해서 얘기해보라고 했다. 자신의 문제를 회피하지 않고 직면하게 할 필요가 있었다. "다른 이야기 하지 말고 아버지 이야기를 해보렴. 지난 주 아버지와 어떤 일이 있었니?" 그는 처음에는 아무 일이 없었다고 말했다. 그러나 내가 집요하게 묻자 그는 그만 울음을 터트리고 말았다. "지난 주 아버지… 아버지가 저를 때렸어요. 화장실을 깨끗하게 청소하지 않았다는 이유로 공부하는 저의 머리채를 잡고 화장실로 끌고 가더니 화장실 벽에 저의 머리를 몇 차례나 박았어요." 그의 이야기를 들어보니 그의 아버지는 알코올 중독자였다. 그는 자주 술을 먹고 아내를 때리며 자녀들을 때려서 그 청년의 동생이 집을 나가곤 했다. 그 청년은 아버지에 대한 분노로 가득 차 있었다.

이것을 해결하지 않으면 그 청년의 많은 문제가 해결될 수 없고 하나님 아버지를 제대로 경험할 수 없다고 생각한 나는 그에게 물었다. "너, 아빠 밉지?" "아니요. 그리스도인은 절대로 미워하면 안 돼요." 많은 그리스도인이 사람을 미워하면 안 된다는 율법에 사로잡혀 미워하고 있는 자신을 정죄하거나 자신의 마음을 속인다. 그 청년은 많은 그리스도인의 전형을 보여주고 있었다. "나는 너에게 그리스도인은 사람을 미워하면 되는지 안 되는지를 묻는 게 아니야. 아빠에 대한 미움이 네 마음에 있는지 없는지를 묻는 거야. 자신의 마음을 솔직하게 직면하지 않으면 치유가 일어날 수 없어. 다시 물을 게. 너, 아빠 밉지?" 계속되는 물음에 그는 다시 울음을 터트리며 말했다. "네.…아빠…아빠가 미…워요." "더 크게 말해봐. 아빠가 밉다고. 아빠가 앞에 있다면 아빠에게 무슨 말을 하고 싶은지, 진짜 하고 싶은 말을 해봐." 그는 울부짖으며 소리쳤다. "아빠, 미워! 아빠, 미워! 아빠, 미워-!" "아빠가 밉지? 아빠를 욕하고 싶지? 그 마음을 그대로 토해내 봐. 아빠를 욕하고 싶으면 욕해." 그는 잠깐 주저했다. 밉다고 말하는 것은 괜찮을지 모르지만 욕하는 것은 그리스도인으로 적합한 것 같지 않아서일 거다. "괜찮아. 욕하는 사람이 되라고 하는 게 아니야. 너의 진짜 마음을 있는 그대로 표현하라는 거야. 사실 욕하고 싶지? 아니, 이미 마음 안에는 욕이 가득하지? 그냥 토해내. 욕하기 힘들면 나를 따라 해봐. 나쁜 놈!" 그는 주저하다가 자기 안에 있는 욕을 토해내기 시작했다. "나…나쁜 놈!" "더 크게 해봐. 네 마음이 표현하고 싶은 만큼 크게. 나쁜 놈. 개XX!" "개XX!" 그렇게 따라하더니 그는 이내 내가 알지도 못하는 욕까지 내뱉기 시작했다. "나쁜 놈, 개XX, 씹XX…네가 얼마나 우리 가족에게 상처를 입힌 줄 알아. 엄마가 얼마나 아픈지 알아? 동생이 너 때문에 집을 나간 것을 알기나 해? 나는 너 때문에 한 번도 나를 사랑해본 적이 없어. 너 때문에 매일 악몽을 꿔. 이 나쁜 놈아! 나는 네가 미워!"

그는 통곡하며 그렇게 자신 안에 있는 욕과 미움과 분노를 토해냈다. 무엇인가 더 필요하다고 생각한 나는 깔고 앉아 있던 방석을 탁자 위에 올려놓았다. "이것을 아버지라고 생각하고 네가 하고 싶은 대로 해봐. 때리고 싶으면 때려. 찢고 싶으면 찢어. 네가 하고 싶은 대로 해." 내가 먼저 때리는 시범을 보이자 그는 방석을 내려치며 방석을 찢으며 울부짖었다. "이 나쁜 놈아! 너도 맞아봐, 얼마나 아픈지 알아? 너도 갈기갈기 찢겨봐, 우리 마음이 얼마나 찢겼는지 알아? 나는 너를 죽이고 싶어!" 그렇게 그는 방석을 내려치고 찢으며 울부짖었다. 몇 십 분을 그렇게 한 후 잠잠해지자 나는 그를 꼭 안아주며 이렇게 말했다. "하나님은 아버지를 증오하는 너를 있는 그대로 사랑하신다. 너를 정죄하지 않아. 그리고 나도 너를 정죄하지 않는다. 나도 이런 너를 있는 그대로 사랑한다." 그리고 그를 축복하는 기도를 했다. 그때 하나님의 은혜가 얼마나 크게 임했는지 모른다. 그는 또다시 눈물을 흘렸다. 하지만 이번에는 분노와 증오의 눈물이 아니라 은혜의 눈물이었다.

그런 일이 있은 후 그 청년에게 어떠한 일이 일어났는지 아는가? 그는 그 주에 아버지한테 또 맞았다. 하지만 그런 일을 대하는 그의 자세가 이전과 완전히 달라졌다. 그 청년은 다음 주에 와서 이렇게 간증했다. "지난주에 저는 큰 은혜를 받았어요. 이런 보잘 것 없는 저를 있는 그대로 사랑하시고 정죄하지 않으시는 하나님이 있다는 것과 나를 정죄함 없이 사랑해주는 사람이 있다는 사실이 얼마나 저를 울게 했는지 몰라요. 고마워요, 목사님. 목사님, 저 이번 주에 아빠에게 또 맞았어요. 그런데 이상해요. 전에는 때리는 아빠가 너무 미웠어요. 그런데 이번에 맞을 때는 아빠가 미운 것이 아니라 불쌍한 생각이 들었어요. 맞는 날이면 증오로 인해 잠을 이루지 못 했는데 너무도 평안한 마음으로 잠들 수 있었어요." 정죄함 없는 사랑이 정 죄함 없는 자유를 낳았다.

2장

기쁨,
시간·공간 초월

기독교는 금욕주의가 아니다. 오히려 존 파이퍼가 말한 것처럼 기독교를 "희락주의"라고 말해야 한다. 기독교는 금욕의 종교가 아니라 기쁨의 종교다. 웨스트민스터 소요리문답 제1항의 질문은 "사람의 제일 되는 목적은 무엇인가?"이다. 이에 대한 답은 이렇다. "하나님을 영화롭게 하는 것 그리고 영원토록 그를 즐거워하는 것이다." 존 파이퍼(John Piper)는 『하나님을 기뻐하라』(생명의 말씀사, 1998)에서 이를 이렇게 바꿨다. "사람의 제일 되는 목적은 하나님을 영원히 즐거워함으로써 그분을 영화롭게 하는 것이다." 하나님을 영화롭게 하는 것은 그분을 기뻐하는 것이라는 말이다. 그것은 단지 하나님을 기뻐하지 않는 사람은 하나님을 영화롭게 할 수 없다는 뜻이 아니다. 이 말은 하나님을 기뻐하는 사람이 하나님을 영화롭게 할 수 있음을 넘어 하나님을 기뻐하는 것을 통해서만 하나님을 영화롭게 할 수 있음을 의미한다. 외적으로 드러나는 어떤 행동이 아니라 관계 속에서 상대를 전심으로 기뻐하는 것을 통해서만 상대를 영광스럽게 만들 수 있다는 것이다. 기쁨이야말로 신앙의 본질적인 요소다. 파이퍼에게 혁명가적 영성이 결여되어 있는 점은 참으로 안타깝지만 그가 기독교를 "희락주의"라고 표현한 것은 전적으로 옳다. 존 파이퍼에 의하면 우리의 문제는 행복과 기쁨을 바라는 데 있는 것이 아니라 현재의 행복과 기쁨에 너무 쉽게 만족한다는 데 있다. 사람들은 세상이 주는 행복과 기쁨에 만족한다. 그들은 하나님이 주시고자 하는 행복과 기쁨을 추구하지 않는다. 이것이 사람들에게 있는 진정한 문제다. 우리의 실수는 행복과 기쁨을 향한 갈망이 너무 강한 데 있는 것이 아니라 너무 약한 데 있다. 진짜 행복과 기쁨을 향한 뜨거운 갈망이 우리에게 있어야 한다. 세상이 약속하는 행복과 기쁨이 아니라 하나님이 선물로 주기를 원하는 진정한 행복과 기쁨을 향한 갈망이 증폭되어야 한다. 행복과 기쁨 추구의 갈망은 "거부해야 할 대상"이 아니라 "채워야 할 대상"이다. 신앙을 무슨 의무들의 다발로 여겨 순종해야 하는 곤욕처럼 생각하는 경우가 많다. 그렇지 않다. 신앙은 새로운 심미안이 생기는 것이다. 이전에 좋던 것이 싫어지고 이전에 싫던 것이 좋아지는 것이다. 이전에 기뻤던 것이 싫어지고 이전에 싫던 것을 기뻐하는 것이다.

"항상 기뻐하라! 쉬지 말고 기도하라! 범사에 감사하라! 이것이 그리스도 예수 안에서 너희를 향하신 하나님의 뜻이니라"(살전 5:16-18). 그리스도 예수 안에서 우리를 향한 하나님의 뜻은 기쁨과 기도와 감사다. 그중 기쁨이 가장 먼저다. 어느 작은 마을에 장난감 가게가 있었는데 장사가 매우 잘되는 곳이었다. 그러던 어느 날 이 가게 바로 왼쪽에 새로운 장난감 가게가 들어섰다. 새로 문을 연 가게는 "최고 상품 취급"이라고 적힌 커다란 간판을 내걸었다. 며칠 후 이번엔 오른쪽에 또 다른 장난감 가게가 문을 열었다. 그 가게는 "최저 가격 보장"이라는 커다란 간판을 내걸었다. 졸지에 경쟁력이 뛰어난 두 가게 사이에 끼어 큰 손해를 보게 된 가게 주인은 며칠을 고민한 끝에 다음과 같은 글귀가 적힌 커다란 새 간판을 내걸었다.

바로 "출입구"라고 적혀 있는 간판이다. 기쁨과 기도와 감사 이 세 가지 중 출입구에 해당하는 것이 기쁨이다. 기쁨이야말로 하나님의 은혜를 경험한 사람들의 첫 번째 특징이며 기도와 감사의 열매를 맺게 하는 원동력이다. 처음 은혜 받았을 때만이 아니라 "항상" 기뻐하는 것이 하나님의 뜻이다. 그런데 은혜를 경험하면 왜 기쁠까? 은혜란 "다 좋음의 세계"이기 때문이다.

로마서 5장은 우리가 아직 연약할 때, 우리가 아직 죄인 되었을 때 그리고 우리가 하나님과 원수 되었을 때, 예수님이 우리를 위해서 죽으셨다고 말한다. 예수님은 우리가 연약해서 이룰 수 없는 율법의 요구를 다 이루셨다. 그분은 우리가 죄인이어서 지은 모든 죄의 대가를 지불하시면서 죄의 용서를 다 이루셨다. 그분은 우리가 하나님을 반역하고 불순종해서 하나님과 불화할 때 온전히 순종하심으로 말미암아 하나님과 우리의 화해를 다 이루셨다. 예수님은 우리의 부족한 것을 다 채워주시기 위해 자신의 전부를 십자가에 내어주셨다. 주님은 십자가에 자신을 내어주심으로써 다 이루셨다. 그분은 십자가 위에서 말씀하셨다. "내가 다 이루었다." 다 이루신 예수님 안에 부족함이 있을 수 없다. 우리가 부족함을 느끼는 이유는 예수님 안에 있지 않기 때문이다. 예수님 안에 있으면 우리는 "다 이룸의 세계" 안에 있게 된다. 무엇을 이루려고 발버둥치지 않아도 된다. 무엇이 부족해 불평과 낙심에 사로잡히지 않아도 된다. 그저 값없이 주시는 "다 이룸의 세계"를 누리면 된다. 이것이 우리에게 주시는 하나님의 사랑이다. 이 사랑 안에 거하는 것이 어떤 형편에도 처할 줄 아는 비결이며 진정한 기쁨을 맛보는 비결이다. 사도 바울이 감옥 안에서도 기뻐할 수 있었던 비결은 그가 예수님 안에 있었기 때문이다. 육적으로 보면 그는 감옥 안에 있는 자였지만 영적으로는 주님 안에 있는 자였다. 감옥이라는 환경이 어디로든 갈 수 있는 그의 육적 자유를 빼앗았을지 모르지만 어떤 상황에서도 자족할 수 있는 그의 영적 자유를 빼앗을 수는 없었다. 주님 안에서 누리는 그의 영적 자유는 오직 예수 안에서 누리는 그의 기쁨에서 나오는 것이다. 예수님이 다 이루셨기에 더 이상 이룰 것이 없는 진정한 기쁨에서 나오는 자유다.

어떤 형편에도 처할 줄 안다는 것은 과거에 매이지도 않고 미래에 현재를 빼앗기지도 않는다는 의미이기도 하다. 많은 사람이 "생각"에 사로잡혀 산다. 생각은 물질이다. 물질은 시간과 공간을 차지한다. 물질의 시간적 차원에 대해 먼저 살펴보자. 시간은 과거와 미래다. 생각은 "기억"을 통해 우리를 과거에 묶는다. 우리는 과거 속에서 후회와 분노의 고통을 겪고 있다. "그렇게 하지 말걸 그랬어." 후회해도 소용없는 일을 반복한다. 변경할 수 없는 과거에 묶여 살아간다. "어떻게 내게 그럴 수 있지?" 내게 상처 준 일을 재현재화하며 분노 속에 살아간다. 과거에 누군가 내게 상처 준 것은 그 누군가의 책임일지 모르지만 지금도 나를 괴롭히도록 허용한 것은 나 자신이다. "그렇게 하지 말걸 그랬어." "어떻게 내게 그럴 수 있지?" 이 두 개의 문장이야말로 과거라는 생각의 물질성을 가장 적나라하게 드러낸다. 또한 생각은 미래라는 시간을 만든다. 사람들은 지금 여기에 만족하지 못하고 "기대"를 통해 미래 속에서 산다. 그들은 미래에 대한 기대로 인해 지금의 현실에 대해 불평하며 이렇게 속삭인다. "왜 나는 내가 상상하는 대로 지금 살지 못하지?" 혹은 미래에 대한 기대가 이루어지지 않을지도 모르기에 불안해한다. "이렇게 열심히 살았는데 만약 나중에 이루어지지 않으면 어떡하지?" 불안을 감추기 위해 더 열심히 살지만 근본적인 불안을 없앨 수는 없다. "왜 나는 내가 지금 그렇게 살지 못하지?" "만약 나중에 이루어지지 않으면 어떡하지?" 이 두 개의 문장이야말로 미래라는 생각의 물질성을 가장 적나라하게 드러낸다. 이렇게 생각하는 사람들은 자신들이 기대하는 미래가 오기 전에는 결코 행복할 수 없다. 그들은 항상 행복을 미래로 지연하고 미래에 행복을 저당 잡힌 채 지금 여기서 행복을 누리지 못한다. 전도서에 의하면 하나님은 인간으로 하여금 미래를 알 수 없도록 하셨다. 그분은 인간으로 하여금 오직 영원을 사모하며 지금 여기서 하나님의 선물을 누리며 살아가도록 하셨다. 현재(present)는 하나님의 선물(present)이다. "보라! 지금은 은혜 받을 만한 때요, 보라! 지금은 구원의 날이로다"(고후 6:2). "지금"이 은혜의 때이고 구원의 날이다. 육적인 사람은 시간이 이미 지나가서 이루지 못한 것에 대한 후회와 분노 속에 살거나 시간이 아직 오지 않아서 이루어지지 않는 것에 대한 불평과 불안 속에 살아간다. 하지만 영적인 사람은 과거나 미래가 아니라 지금 여기서 "다 이룸의 세계"를 누린다. 그는 오직 지금 여기서 완전 연소의 삶을 산다. 모든 열정을 쏟아내며 매 순간 충일하게 산다. 후회와 분노 속에 살거나 불평과 불안 속에 살아가는 삶은 불완전 연소의 삶이다. 그런 삶은 불완전 연소라서 그을음을 내며 자기와 남을 불쾌하게 만든다. 과거와 미래가 아닌 지금 여기서 살아야 완전 연소의 삶을 살 수 있다. 후회와 분노 없이 그리고 불평과 불안 없이, 아무것도 남기지 않고 매 순간 자신을 완전히 연소하는 삶을 살아야 한다. 이렇게 전제로 부어지는 삶이 "다 이룸의 세계"다.

"다 이룸의 세계"를 다른 말로 표현하면 "이미 도착함의 세계"라고 할수 있다. "다 이룸의 세계"가 시간적 차원이라면 "이미 도착함의 세계"는 공간적 차원이다. 어떤 사람이 하루는 택시를 타고 뉴욕의 거리를 지나고 있었다. 그날의 도로는 주차장을 방불케 했다. 그는 빨리 가야 하는데 차가

전혀 진행을 하지 못하자 짜증이 나기 시작했다. 주변을 돌아보니 모두 똑같은 형편이었다. 여기저기서 경적을 울려대고 차에서 나와 멱살을 잡고 싸우는 풍경이 연출되었다. 그런데 흡사 지옥과 같은 풍경이 연출되는 가운데 유일하게 평정을 잃지 않는 사람이 있었으니 바로 그가 탄 택시의 운전사였다. 그가 너무나 궁금해서 택시 기사에게 물었다. "길이 막혔는데 짜증이 나지 않나요?" "그럴 이유가 없으니까요." "무슨 말인지…." "우린 아무 곳으로도 갈 수 없어요. 그러니 흥분할 이유가 없지 않습니까?" "저들은 흥분할 이유가 있다는 말인가요?" "다들 어딘가에 가야 하니까 그렇지요. 사업 약속이나 비행기 시간에 늦지 않으려고 서두르고 있어요. 모두가 아직 도착하지 않은 사람들이지요. 아마 어떤 사람은 출근 시간에 늦을까봐 저렇게 소리를 지르고 있겠지요. 하지만 저는 출근 시간에 늦는 법이 없지요. 이 차에 타는 순간이 출근 시간이니까요." 무엇인가 큰 깨달음이 오는 것 같은 표정을 짓자 택시 운전사는 이렇게 말했다. "나를 제외한 모든 사람이 지금 불행한 표정을 짓고 있어요. 그것은 그들이 지금 일하는 상황이 아니기 때문이지요. 그들은 시간과 돈과 다른 어떤 것을 낭비하고 있어요. 하지만 난 그렇지 않아요. 난 어느 곳으로도 가고 있지 않아요. 난 이미 그곳에 도착해 있으니까요."

　사람들이 불행한 이유는 아직 도착하지 않았기 때문이다. 그들은 무엇인가 부족하고 다른 상황이 오기를 기다리며 가야 할 곳이 남아 있기 때문에 불행하다. 그들은 부족한 것을 채우기 위해 열심히 일하고 있다. 지금과는 다른 상황을 만들어보려고 열심히 노력하고 있다. 아직도 가야 할 곳으로 가기 위해 분투하고 있는 셈이다. 하지만 그리스도인은 그리스도 안에서 이미 도착한 사람들이다. 도착하여 하나님의 일을 하고 있는 사람들이다. 무엇이 부족한 사람들만 어딘가로 가기 마련이다. 하지만 이미 도착한 사람은 어디로 갈 필요가 없다. 성 프란체스코가 길을 가고 있는데 누군가 질문을 했다. "길을 잃으셨나요?" "길을 찾은 적이 없소. 난 이미 길 안에 있소." "혹 누구를 기다리시나요?" "기다릴 아무도 없소. 난 이미 사랑하는 이 안에 있소." "그럼 무얼 하고 있나요?" "그저 있는 중이오." 이것이 진정한 기쁨을 발견한 사람의 삶이다. 소유가 아닌 존재로 살아가는 사람의 삶이다. 진정한 기쁨을 누리는 사람은 그냥 존재한다. 그냥 존재하는 사람은 무엇이 되기 위해서가 아니라 이미 무엇이 되어 살아간다. 무엇이 되지 못하고 무엇이 되기 위해 살아가는 사람은 그 간극의 크기만큼 불행하다. 아무리 크게 되어도 되지 못한 만큼 항상 결핍을 느낀다. 반면 존재로 살아가는 사람은 이미 무엇이 되어 살아간다. 어느 컨설턴트의 아내가 자신의 남편이 성공에 대한 압박감에 눌려 있는 모습을 보고 그에게 이렇게 말했다고 한다. "여보, 컨설턴트가 되려고 노력하지 마세요. 그냥 컨설턴트가 되면 되잖아요." 그는 이 말을 듣고 "되는 방법"에 중점을 두어 생각하던 것이 무너지게 되었다고 한다. 그 후 그는 "할 수 없는 것"보다 "할 수 있는 것"에, "하고 있지 않은 일"보다 "하고 있는 일"에 중점을 두게 되었다고 한다. 이것이 그리스도인의 모습이다.

"다 이룸의 세계"와 "이미 도착함의 세계"는 은혜의 두 가지 차원을 의미한다. "다 이룸의 세계"는 "시간 없음의 세계"이고 "진리의 세계"다. "이미 도착함의 세계"는 "공간 없음의 세계"요 "영의 세계"다. 진리는 시간을 초월하고 영은 공간을 초월한다. 예수님께서 십자가를 통해 성취하신 은혜는 시간과 공간을 초월한다. "다 이룸의 세계"와 "이미 도착함의 세계"를 총괄하여 "다 좋음의 세계"라고 부를 수 있겠다. "다 좋음의 세계"야말로 영생이라 할 만하다. "영생은 곧 유일하신 참 하나님과 그가 보내신 자 예수 그리스도를 아는 것이니이다"(요 17:3). 영원은 시간의 지속과 공간의 연장이 가진 양을 말하는 것이 아니라 삼위일체 하나님으로 인해 주어지는 새로운 시간과 공간의 질을 말하는 것이다. 영생은 물질적인 시간과 공간을 초월하는 것이며 영적인 시공간 안에 사는 것을 말한다. 참 하나님과 그분의 아들 예수 그리스도를 경험하면 육적인 시간과 공간을 초월해 지금 여기서 영생을 살게 된다. 청교도 평신도인 존 플라벨(John Flavel)의 경험이 이것을 잘 보여준다. 하루는 그가 승마를 하다가 그리스도의 사랑에 휩싸이게 된다. 그가 그분의 사랑에 사로잡히자 모든 것을 잊게 된다. 그는 자기가 어디에 있는지도 몰랐다. 나중에야 얼굴에 상처가 나 있는 것을 깨달을 정도였다. 이 경험을 하는 동안 그는 밥도 먹지 않고 밤새 잠을 자지도 않았지만 깊은 쉼을 누렸다. 그는 이렇게 고백한다. "그리스도의 사랑에 깊이 젖어 있던 그 순간이 천국이 아니었다면 설혹 다른 데에 천국이 있다고 해도 내가 체험한 것만큼 좋지 않을 것이다. 나는 여느 날 밤보다 그곳에서 잔 그날만큼 푹 쉰 날이 없었다. 그전에는 생전 알지 못했던 것들을 내 영혼이 믿음으로 보고 들은 밤이다." 이처럼 우리가 예수 그리스도 안에 있으면 시간과 공간 초월을 경험하면서 지금 여기서 영생을 누릴 수 있게 된다.

시간의 초월과 공간의 초월을 경험하면 모든 문제가 사라진다. "무슨 문제 있니?"라는 말을 영어로 하면 "What's the matter?"다. Matter는 "문제"라는 뜻과 "물질"이라는 뜻을 동시에 갖고 있다. 따라서 "What's the matter?"라는 문장에는 동시에 두 가지 의미가 들어 있는 셈이다. "무슨 문제 있니?" "어떤 물질(육) 안에 있는 것은 아니니?" "문제"는 "물질"(육)의 삶을 살아가는 사람들에게 임한다. 문제 안에 있다는 것은 시간과 공간을 초월하지 못했다는 것을 의미한다. 큰 바위가 애벌레에게는 장애물일지 모르지만 나비에게는 신나는 비행 코스다. 2차원의 세계에서는 장애물인 것이 3차원에서는 비행 코스다. 이처럼 시간과 공간을 초월한 사람에게 문제는 더 이상 문제가 아니다. 차원 이동을 통해 영적 차원에서 보면 문제는 "해결"되기 전에 먼저 "해소"된다. 먼저 문제가 "해소"되어야 문제를 "해결"할 수 있다. 시간과 공간 초월을 살아가는 사람에게 삶은 "풀어야 할 숙제"가 아니라 "누려야 할 신비"다. 그것을 경험한 사람들은 하나님께 영과 진리로 예배한다. 삶 전체가 시간 초월과 공간 초월로 드리는 산제사가 된다. 진정한 기쁨은 시간 초월과 공간 초월을 통해 온다. "다 이룸의 세계"와 "이미 도착함의 세계"를 통해 "다 좋음의 세계"를 살 때 진정한 기쁨을 누릴 수 있다. 그리스도인은 "다 이룸의 세계"와 "이미 도착함의 세계"를 누리는 자로서 기쁨이 움직이는 대로 그냥 존재하고 참 제자가 되어 지금 여기서 하나님 나라와 그의 의를 이루기 위해 살아간다. "보라! 지금은 은혜 받을 만한 때요, 보라! 지금은 구원의 날이로다"(고후 6:2).

　우리 교회의 성도님 중에는 남편이 교회 다니는 것을 극도로 싫어해서 셀모임은 열심히 참석하시지만 일 년에 한두 번 정도 주일에 오시는 분이 계신다. 이분은 오랫동안 암 투병을 하고 계시는데 최근에 암 수치가 다시 올라갔다고 한다. 이런 분들을 볼 때마다 목회자는 가슴이 찢어지는데 성도님들은 오히려 믿음 안에서 더 잘 이겨나가곤 한다. 그리고 우리 교회의 성도님 중 남편이 혈액암으로 젊은 나이에 돌아가셔서 홀로 된 분이 계시는데 목회자인 나는 열심히 살아가는 그분의 모습을 볼 때마다 한없이 부끄럽고 고맙다. 나는 혈액암에 걸린 성도님의 마지막 모습과 그분을 보내는 아내 및 부모님을 지켜보며 멋진 신앙인의 모습을 보여준 그분의 자녀들이 한없이 고마웠다. 암 투병을 하고 계신 분도 예외가 아니다. 이분의 고백 중 놀라웠던 것은 암 수치가 올라가 암이 재발된 것이 아닌가 하는 염려와 두려움이 있지만 그로 인해 하루하루를 마지막처럼 살아간다는 말이었다. 매일을 마지막처럼 살아가니 무감각한 마음으로 일상을 살아가는 사람들과 전혀 다른 삶을 살게 된다는 것이다. 하루를 온전히 하나님의 은혜로 살아간다는 것이다. 그분은 매일을 마지막처럼 여기며 하루를 충일하게 살아간다고 하신다. 이렇게 고백하면서 그분이 내게 〈교회 오빠〉라는 영화를 소개하셨다. KBS 스페셜 〈교회 오빠〉를 영화로 만들었다고 한다. 상영 중인 영화인데 극장에 갈 시간이 없어 KBS 스페셜 〈교회 오빠〉를 다운받아 보았다. 보면서 참 많이도 울었다.

주인공 이관희 집사는 2016년 10월에 대장암 4기에 걸렸다는 것이 밝혀진다. 첫 수술만 12시간이나 걸렸다. 엎친 데 덮친 격으로 아들이 암에 걸린 사실 때문에 우울해하시던 이관희 집사의 어머니가 결국 자살하신다. 고난의 쓰나미는 여기서 끝나지 않는다. 아내 오은주 성도가 2017년 5월 림프종 4기임이 드러난다. 젊은 부부가 둘 다 암 환자가 된 것이다. 욥의 고난이 따로 없다. 그 정도의 고난이면 원망을 할 만도 한데 이관희 집사는 욥과 마찬가지로 하나님을 원망하지 않는다. 그렇게 투병하여 완치 판정을 받지만 완치 판정이 난 지 14개월 만에 암이 재발한다. 탄식하는 아내를 향해 그는 이렇게 말한다. "오빠의 요즘 기도 제목이 '내 안의 나는 죽고 오직 예수님만 사는 삶이야.' 어떻게 보면 굉장히 멋있는 말이고 굉장히 어려운 말인데…근데…생과 사의 갈림길에 서 있는 나나 은주나 우리는 그걸 할 수 있는 상황인 거야. 건강하고 사는 데 아무 거리낌이 없는 다른 사람은 이걸 깨닫지도 못하고 이해도 안 되고…근데 보니까…나는 죽고 예수로만 사는 삶, 그것을 실행에 옮길 수 있는 찬스가 지금 우리한테 와 있는 거더라고…내 안에 있는 힘을 다 빼고 주님이 이끄는 삶…." 그는 또 이렇게 말한다. "모든 사람이 다 보면, 내가 이 질병으로부터 완치해야지만 이게 기적이야 할 수 있는 그런 기적들만 바라고 있는 거지. 우리가 질병을 만나서 오늘 하루도 이렇게 우리의 삶이 이어지고 있다는 게 얼마나 큰 기적이고 하나님의 은혜인지 우리는 암이라는 질병을 통해서 깨달았잖아. 암 자체는 축복이 아니지만 암을 통해서 우리가 갖는 유익이 사실 이거야." 이런 그가 살아가는 하루는 다른 사람들이 살아가는 하루와 다르다. 그는 말한다. "왜 저보고 하루라도 더 살아야 되냐고 물어봤을 때는 하루라는 시간을 통해서 제가 조금이라도 더 온전해질 수 있는 기회를 갖고 싶은 거예요. 서툴고 부족한 점들이 많았던 삶이었기 때문에 하루라는 시간이라도 주어진다면 조금이라도 더 온전하고 성숙한 하루를 더 살 수 있는 기회를 갖고 싶어서 그게 삶의 이유인 것 같아요." 이 말을 통해 암 투병을 하고 계시는 성도님이 이 영화를 소개한 이유를 알 수 있었다. 그분은 하루하루를 마지막처럼 더 온전한 마음으로 그리스도를 닮는 삶을 살고 싶었던 것이다. 그리고 지금 그분은 그렇게 살고 있는 것처럼 보인다. "보라! 지금은 은혜 받을 만한 때요. 보라! 지금은 구원의 날이로다"(고후 6:2).

3장

기도와 간구,
그리고 감사의 기도

흔히 기도를 영적 호흡이라고 말한다. 기도가 영적인 호흡이라는 말은 기
도하지 않으면 영적으로 죽는다는 것을 의미한다. 우리가 영적인 삶을 살
지 못하는 이유는 기도가 막혀서 그렇다. 영적인 문제가 있는 사람은 우선
기도부터 회복해야 한다. 군대에서 응급처방하는 것을 배운 적이 있다. 재
미있는 것은 모든 응급처방에 공통점이 있는데 그건 어떤 처방을 사용하든
지 간에 가장 먼저 해야 할 것이 기도 유지(Airway keep)라는 사실이다. 호흡
이 막히면, 즉 기도가 막히면 생명은 죽기 때문이다. 영적인 차원도 마찬가
지다. 영적 응급처방에서 가장 먼저 해야 할 것이 기도 유지(Prayer keep)다.
영적인 생명은 기도가 뚫리고 성령의 바람이 불어야 산다. 기도가 뚫리려
면 부르짖어 기도해야 한다. 나는 개인적으로 한국적인 기도를 "판소리적
기도"라고 부른다. 판소리는 목으로 부르는 것이 아니다. 판소리는 오장육
부로 부른다. 판소리를 하려면 애간장이 녹고 장부가 끊어질 것 같은 한을
소리로 토해낼 줄 알아야 한다. 부르는 것뿐 아니라 듣는 것도 마찬가지다.
판소리는 귀로 듣는 것이 아니다. 판소리는 배로, 오장육부로 듣는다. 애간
장이 녹고 창자가 끊어지는 심정을 그대로 받아 안으며 들을 줄 알아야 판

소리를 제대로 듣는 것이다. 기도도 마찬가지다. 우리가 기도할 때 목으로 기도하면 안 된다. 우리는 가슴으로 부르짖어야 하고 더 나아가서는 오장육부로 부르짖어야 한다. 애간장이 녹는 아픔과 절실함을 담아 상한 심령으로 부르짖어야 한다. 그러면 하나님도 우리의 기도를 오장육부로 들으신다. 오장육부가 끊어질 듯이 아파하시면서 들으신다. 그렇게 기도가 하나님의 오장육부에 상달될 때 기도가 뚫린다.

나도 처음에는 기도에 그리 많은 시간을 할애하지 않는 목사였다. 그런데 군산에서 군목으로 사역할 때 신앙의 컬러를 바꾼 사건이 나에게 일어났다. 주일날 절대로 빠지지 않던 한 집사님이 교회에 나오지 않았다. 사정을 알아보니 그분 동생이 교통사고로 사망해서 상을 치르러 갔다고 한다. 평일에도 자주 보곤 했던 이분을 다음 주일에나 볼 수 있었다. 그분 모습이 매우 야윈 상태였다. 그분이 나와 반갑게 인사를 하고 동생 장례식 때문에 빠졌는데 주일을 지키지 못해 죄송하다고 말했고, 아무 일 없는 것처럼 행동했기에 우리는 그냥 헤어졌다. 그러던 그 주 목요일 낮에 그분이 남편 집사님과 함께 나를 찾아왔다. 그 집사님은 내게 거짓말을 했다고 말했다. 사실 동생이 교통사고로 죽은 것이 아니라 자살했다는 것이다. 그런데 상을 치르고 집으로 돌아오고 나서부터 오늘까지 한숨도 자지 못했다고 한다. 동생 귀신이 자꾸 꿈에 나타나서 두려워 잠을 이룰 수 없었단다. 계산해보면 거의 10일 이상을 잠을 자지 못한 셈이다. 잠을 못자니까 그분 몸이 말이 아니었다. 부대 근처에 능력 있는 목사가 있다는 소문을 듣고 찾아가려고 했는데 남편 집사님이 이렇게 말하더란다. "왜 자기 약국을 놔두고 남의 약국에서 약을 사먹으려 하느냐. 우리 목사님 얼마나 열정적이고 능력 있는 목사님이냐. 우리 목사님을 찾아가자." 그렇게 해서 부부가 함께 나를 찾아왔다고 한다. 능력 있는 목사로 알아주니 고맙기는 했지만 나는 무척 당황했다. 이런 경우를 처음 당해보았기 때문이다. 신학교에서 한 번도 배워본 적도 없고 목회를 하면서도 한 번도 겪어본 적 없는데 내가 무엇을 할 수 있다는 말인가. 나는 속으로 생각했다. "남의 약국에서 사먹어도 되는데." 그래도 찾아왔으니 어떻게 하겠는가. 가짜 약이라도 먹여야 되는 형국인데. 목사 체면에 그냥 돌려보낼 수는 없는 노릇 아닌가. 그래서 나는 그분을 위해서 열심히 기도했다. 얼마나 간절히 기도가 나왔는지 모른다. 그러나 아무 일도 일어나지 않았다.

그날 저녁에는 그분을 위해 그분 집에 가서 따로 예배를 드렸다. 나는 이럴 때 어떤 본문을 가지고 설교해야 하는지 잘 몰랐지만 그때 주님께서 내게 주었던 본문이 마가복음 16:14-18이었다. 나는 그 본문 중 무슨 독을 마신다 하더라도 해를 입지 않는다는 말씀을 중심으로 메시지를 전했다. 절대로 사탄이 집사님을 해할 수 없다고 안심시켰다. 그리고 함께 기도했다. 그다음 날 저녁에도 집에 찾아가 따로 예배를 드렸다. 대화를 나눈 후 예배를 드렸는데 그때 하나님이 주신 본문이 누가복음 10:17-20이었다. 그 본문에는 우리에게 뱀과 전갈을 밟으며 원수의 모든 능력을 제어할 권세를 주었으니 우리를 해할 자가 결단코 없으리라는 내용이 나온다. 나는 우리를 해할 자가 결단코 없다는 것을 강조하는 메시지를 전했다. 또한 매일 새벽마다 전체 성도와 함께 안수기도를 하기도 했다. 그렇게 예배 드리고 기도하는 중 며칠 후 집사님이 나를 찾아왔다. 얼굴색이 완전히 변해 십 대 소녀처럼 보였다. 그분은 이렇게 고백했다. "마음 깊은 곳, 끝도 없이 깊은 곳에서 기쁨이 솟아오름을 느낍니다. 모든 말씀, 나와 상관없는 것 같던 말씀들이 내 말씀으로 받아들여집니다. 거듭남의 기쁨이 이런 것이구나, 하나님이 나를 이렇게 연단하시는구나 하는 생각이 들고 모든 것이 사랑스러워집니다. 결코 흔들리지 않으리라는 확신이 생겼습니다." 나는 얼마나 기뻤는지 모른다. 뭔가 해낸 것 같았고 나도 능력의 종의 반열에 들어서는가 하는 웃기지도 않는 생각까지도 했다.

다음 날 새벽이 되었다. 새벽 예배를 가려고 공군 관사에서 차에 시동을 켜는데 같은 관사에 사시는 집사님이 다가왔다. "목사님, 어제 저녁에 또 나타났어요. 한숨도 자지 못했어요." 그 말을 듣는 순간 심한 허탈감이 몰려왔다. 온몸에 힘이 빠졌다. 할 수 있는 건 다 한 것 같은데 전과 같이 되었으니 무력감이 찾아오고 이제 그분이 찾아오는 것 자체가 부담스러워졌다. 속으로 이렇게 생각했다. "하나님, 이게 어떻게 된 겁니까? 저는 할 수 있는 것은 다 했습니다. 저보고 이제 어쩌란 말인가요?" 이렇게 하소연하는데 하나님이 이렇게 말씀하시는 것 같았다. "네가 했냐? 지금까지 일어난 역사 중 네가 한 것이 무엇이더냐?" 그 말씀을 듣고 보니 맞는 말이었다. 내가 한 것이 아니었다. 따라서 앞으로도 내가 무엇을 하려고 할 필요가 없었다. 속으로 이런 생각이 들었다. "내 능력으로 하는 것 아니다. 나는 어찌해야 할 바를 모르지만 성령께서 책임지실 것이다." 마음을 고쳐먹고 새벽 예배를 향했다. 가서 하나님께 정말 간절하게 부르짖으며 기도했다. 그러던 중 하나님께서 새로운 사실을 깨닫게 하셨다. 주님께서 이렇게 말씀하셨다. "너는 내가 준 본문을 가지고 온전하게 설교하지 않았다. 빼놓은 것이 있다." "무엇입니까? 주님." "네가 설교한 본문에 보면 마가복음에는 뱀을 잡는다는 말이 나온다. 누가복음에는 뱀과 전갈을 밟는다는 말이 나오지. 그런데 너는 그것을 빼놓고 설교했다." 그분의 말씀을 듣고 가만히 생각해보니 정말 그랬다. 내가 수동적이고 소극적인 자세로 설교했고 기도했음을 깨달았다. 수동적이고 소극적인 자세가 아니라 적극적이고 공격적으로 하나님의 자녀들에게 주신 영적 권세를 사용해야 함을 깨달았다. 나는 어렸을 때 시골에서 자라면서 뱀을 잡아보았기 때문에 사탄을 어떻게 잡고 밟는지가 명확하게 떠올랐다. 그때 기도하는 예배당 주위를 뱀이 감싸고 있는 것처럼 느껴졌다. 그리고 그 뱀을 내가 밟고 있는 느낌을 받았다. 나는 이렇게 기도했다. "귀신아, 잘 들어라. 너는 이미 예수 그리스도의 십자가를 통해 머리가 상한 사탄의 졸개다. 내가 너를 이제 짓밟는다. 내겐 그런 권세가 있다. 이미 이기신 예수 그리스도의 이름으로 명하노니 물러가라! 다시는 집사님에게 침범하려 들지 말지어다. 우리에게 주신 권세를 가지고 예수 그리스도의 보혈에 의지해 네게 명한다. 물러가라!" 이렇게 기도하자 어떤 역사가 일어나고 있음을 직감할 수 있었다. 이 사실을 집사님께도 말씀드리고 새로운 기도를 가르쳤다. 그리고 함께 기도했다. 놀라운 것은 그 이후 이전과 같은 현상은 다시 일어나지 않았고 이 일로 집사님은 천사처럼 밝은 모습으로 신앙생활을 했을 뿐 아니라 영적인 전사가 되어 전투적인 신앙생활을 하게 되었다는 것이다. 내 신앙의 색깔이 변한 건 두말할 필요도 없다.

이런 체험을 한 후 제대하고 안산동산교회의 부목사로 사역하게 되었다. 기존에 있던 부목사가 부산에 있는 교회의 담임목사로 청빙을 가서 부교역자를 새로 뽑는 과정이 있었다. 많은 사람이 응모했고 그중 두 명을 추리고 면접 설교를 통해 최종적으로 한 명이 이미 확정되었다. 그런데 김인중 목사님이 공군기독부인회 집회에 오셨다가 나와 연결이 되어 부목사가 이미 확정되었는데도 나에게 면접 설교의 기회를 다시 주셨다. 나는 면접 설교를 한 이후에 결국 안산동산교회의 부목사로 부임하게 되었다.

일반적인 과정을 통해서는 갈 자격이 안 되는 나를 이끄시기 위해 하나님은 어쩔 수 없이 비상식적인 방법을 사용하셨다. 당시 안산동산교회는 제자훈련교회에서 셀교회로 전환하는 시점이었고 나는 "내적치유수양회" 담당자가 되었다. 군목 사역의 체험을 통해 영적 전쟁에 대해 배우게 된 나는 더 강력한 성령의 기름 부음을 위해 피를 토하듯 기도했다. 성령의 능력 없이는 할 수 없는 사역이었기 때문이다. 밤새우다시피 지방의 장례식장을 다녀와도 반드시 새벽기도회에 가서 2시간 이상씩 부르짖어 기도했다. 어쩔 땐 2시간 내내 졸기만 했지만 그 자리를 지키는 노동이 곧 기도라고 생각했다. 그 당시 김요한 목사님의 도움을 받았던 것은 『지렁이의 기도』(새물결플러스, 2017) 추천사에 나오기 때문에 생략한다. 나는 정말 열심히 기도하면서 사역했고 사역 중 놀라운 역사가 일어났다. 내면의 치유가 많은 사람에게 일어났을 뿐 아니라 많은 사람이 환상을 보고 질병의 치유를 경험하기도 했다. 내가 안수를 하면 사람들이 뒤로 넘어갔고 심지어는 안수를 하기 위해 다가가기만 해도 손을 대지 않았는데 뒤로 넘어가는 일도 많았다. 뒤로 넘어간 사람들에게는 많은 표적이 나타났다.

수많은 간증을 소개할 수 있지만 안산동산교회 교인이 아닌 경우를 하나 소개한다. 이 간증은 나도 몰랐던 사실이었다. 어느 날 내가 페이스북에 올린 글에 일산에서 목회를 하고 계신 전미현 목사님이 댓글을 달아주셔서 알게 된 사실이다. 안산동산교회의 내적치유수양회는 외부에도 오픈을 했는데 전미현 목사님이 이때 평신도로 참여하셨던 것 같다. 그분이 이런 댓글을 남겼다. 그분의 허락을 받고 그 댓글을 이곳에 올린다. "오늘 그렇지 않아도 목사님이 기도해주셨던 기적의 날을 생각하며 하나님의 은혜에 감사했어요. 그날 목사님 기도로 성령의 고치심이 없었다면 오늘날 저는 걸지 못했을 거예요. 전요, 목사님께 기도받고 하반신 마비를 고친 거 목사님께 꼭 감사드리고 싶어요. 놀라운 간증이에요. 당시 같이 갔던 우리 교회 성도님들이 전부 놀랐어요. 저희 남편도 증인이구요. 저는 사실 신유를 믿지 않았어요. 그날 이후 저희 남편도 방언을 받고 알코올 중독도 끊는 계기가 되었어요. 저는 동산교회 성도가 아니라 시흥시에서 작은 교회를 섬기고 있었거든요. 당시 저희 교회 담임목사님이 신청하셔서 교육받고 사모님과 교회 성도 몇 분과 함께 참석했어요. 전 일상생활 불가 판정 받았고 모든 가족으로부터 버림을 받았어요. 고통으로 실명 위기 판정도 받았어요. 그날 내적치유수양회에서 고침 받은 그 감격은 지금의 제게 엄청난 절망 가운데에 처해 있을 때마다 소망과 힘이 됩니다. 지금은 엄마 병으로 멀리 가지 못해서 목사님 교회도 찾아가 뵙고 싶은데 가지 못하고 있어요. 꼭 다시 뵙기를 소망하며."

앞서 하나님의 뜻을 이루는 기쁨과 기도와 감사 이 세 가지 중 출입구에 해당하는 것이 기쁨이라고 말했다. 기쁨이야말로 하나님의 은혜를 경험한 사람들의 첫 번째 특징이며 기도와 감사의 열매를 맺게 하는 원동력이다. 진정한 기쁨을 경험한 자가 기도하게 되어 있고 범사에 감사할 수 있다. 하지만 데살로니가전서 5:16-18의 말씀을 인클루지오 기법(수미상관법)으로 이해하면 바울이 강조하는 것은 가운데 있는 기도일지도 모른다. 기도는 정말 중요하다. 그런데 일반적으로 기도라고 하면 간구를 가장 먼저 생각한다. 물론 기도의 요소 중 "간구"는 매우 중요하다. 하지만 더 중요한 것을 놓치면 안 된다. "아무것도 염려하지 말고 다만 모든 일에 기도와 간구로 너희 구할 것을 감사함으로 하나님께 아뢰라. 그리하면 모든 지각에 뛰어난 하나님의 평강이 그리스도 예수 안에서 너희 마음과 생각을 지키시리라"(빌 4:6-7). 여기서는 기도를 두 가지로 이해하고 있음을 알 수 있다. 이 구절에 사용된 기도는 "프로슈케"(proseuche)라는 그리스어 단어다. 프로슈케는 하나님을 찾고 바라보는 것이다. 하나님은 선물을 주시는 분이지만 그분 자신이 선물 그 자체이시다. 프로슈케는 하나님이 주시는 선물을 구하는 것이 아니라 하나님 자신을 구하는 것이다. 하나님의 손을 구하는 것이 아니라 하나님의 얼굴을 구하는 것이다. 능력을 구하는 것이 아니라 임재를 구하는 것이다. 응답을 구하는 것이 아니라 하나님과 영적으로 교제하는 것이 바로 프로슈케다. 까닭 없이, 왜라는 질문 없이, 나 없음의 영성으로써 오직 하나님 한 분만으로 충분한 마음으로 그분과 영적 교제를 맺는 것이다. 이러한 기도 없는 간구는 단지 "독백"일 뿐이다. 진정한 기도는 독백이 아니라 교제 속에서 이루어지는 "대화"다. 아무리 하나님께 드리는 기도라 할지라도 독백에서 중요한 것은 자기 자신이지만 대화는 그분이 기도의 핵심이 된다. 대화를 통해 무엇을 얻으려는 목적은 완전히 사라지고 그분 자신을 더욱 구하게 된다.

진정한 기도의 시작을 대화라고 한다면 깊이 있는 기도의 시작은 "들음"이다. 들음은 일시적인 들음을 말하는 게 아니라 서로에게 완전히 열려 있는 상태를 말하는 것이다. 누군가 마더 테레사에게 기도할 때 무엇을 구하느냐고 물었다. 이렇게 대답했다고 한다. "저는 하나님께 말하지 않습니다. 그냥 듣죠." 그가 다시 질문한다. "그럼 하나님은 뭐라고 말씀하시나요?" 그녀는 이렇게 답했다. "하나님도 말씀하지 않으십니다. 그냥 듣고 계셔요." 이 얼마나 멋진 말인가? 말하고 구하는 것이 아니라 서로 듣는 것이 기도다. 상대의 전 존재에 관심을 기울이고 온 정성을 다해 서로의 마음의 소리를 듣는 것이 기도다. 우리가 그렇게 경청하면 그분의 음성을 듣게 되고 그분의 뜻을 알게 된다. 이렇게 알게 된 하나님의 뜻에 대한 전적인 동의가 기도다. "지성이면 감천이다"라는 말이 있다. "지극히 정성을 다하면 하늘이 감동한다"라는 뜻으로 쓰인다. 하지만 지극히 정성을 다하기만 하면 신이 감동받아 무조건 들어주어야 하는 신앙은 이방인의 것이다. 그리스도인은 그것을 다르게 설명한다. "지극히 정성을 다하면, 우리는 하나님의 뜻을 감지한다." 이렇게 하나님의 뜻을 감지하면 그 뜻에 전적으로 동의하고 그 뜻이 하늘에서 이루어진 것처럼 땅에서도 이루어지기를 위해 기도하는 것이 진정한 기도다. 인간이 하나님께 비는 것 같지만 실상은 하나님이 인간에게 빌고 계신다. 인간에게 비는 하나님의 기도를 듣고 동의하는 것, 그것이 진정한 의미에서의 기도다.

대화와 들음이 깊어지면 하나님과 우리가 "일치"하는 일이 일어난다. 하나님과 일치하는 것이 사랑이다. 그런 의미에서 최고의 기도는 사랑이다. 성전은 기도하는 집이다. 그곳은 사랑을 나누는 침소다. 그런데 많은 사람이 성전을 장사하는 집으로 만든다. 1) 장사는 거래지만 기도는 사랑이다. 장사는 거래를 통해 이익을 남기려는 데 목적이 있다. 장사는 철저히 계산적이기에 숫자가 중요하다. 하지만 기도는 사랑이기에 이익을 남기려고 하지 않고 온전히 자신을 내어준다. 사랑은 계산하지 않기 때문에 사랑 앞에서 숫자는 죽임을 당한다. 2) 장사는 수익을 중요하게 여기지만 기도는 인격을 중요하게 여긴다. 장사는 신이나 사랑이나 시나 영혼이나 마음조차도 이익의 수단으로 삼는다. 그것은 모든 것을 상품화한다. 장사치들은 사람을 사람으로 보지 않고 대상으로 본다. 하지만 기도는 사랑이기 때문에 돈이 아니라 인격을 중요하게 여긴다. 그것은 상품으로서의 가치가 아니라 인격 그 자체를 가장 독특하고 아름답고 존귀한 작품으로 본다. 기도는 인격과 인격이 만나는 것 자체, 인격과 인격의 최단거리인 사랑, 그 친밀함의 신비를 누리는 것이다. 3) 장사는 사람을 바쁘게 하고 기도는 쉼을 준다. 장사를 영어로 하면 business다. 바쁨(busy + ness)이라는 말이다. 장사는 경쟁과 속도의 패러다임이기 때문에 갈등이 항상 존재하고 영혼에 쉼이 없다. 장사하는 사람이 가장 많이 하는 말이 "바쁘다", "시간이 없다"이다. 하지만 기도는 쉼이다. 사랑하면 거기에는 안식이 있다. 인격과 인격의 만남에는 쉼이 있다. 기도는 바쁘지 않다. 바쁜 사람은 결코 기도할 수 없다. 기도하는 사람에게 "시간이 없다"란 있을 수 없다. 사랑 안에는 갈등도 싸움도 긴장도 없다. 오직 쉼이 있다. 진정한 침묵이 있다. 4) 장사는 이용하는 것이고 기도는 즐기는 것이다. 장사는 한 송이 장미꽃을 보고도 그것을 이용하려 한다. 장사하는 사람은 하늘을 바라보지 않는다. 자신의 영혼을 돌보지 않는다. 그것은 이용할 수 없는 것들이기 때문이다. 하지만 사랑은 즐기는 것이다. 한 송이 장미꽃을 보고 즐거워한다. 기도는 즐기는 것이다. 그것은 하나님을 즐거워하는 것이다. 기도에는 기쁨, 경이, 감탄, 탄성, 감격 그리고 누림이 있다. 오직 사랑이 전부인 것, 그것이 기도다.

우리가 하나님을 찾고 바라보는 기도를 하면 하나님과 우리의 영적 교제가 이루어지고, 영적 교제가 깊어지면 깊어질수록 하나님과 친밀해지며, 하나님과 친밀해질수록 하나님을 전적으로 신뢰하게 된다. 하나님을 신뢰하는 자는 그분만을 전적으로 의존하고 하나님께서 모든 것을 책임져주신다는 것을 믿고 기도한다. 우리는 내가 기도한 대로 응답되기를 바라겠지만 하나님께서 우리에게 있어야 할 것을 더 잘 아시며 우리의 인생을 책임져주신다는 것을 믿어야 한다. 우리가 기도할 때 반드시 알아야 할 것은 우리가 무엇을 구해야 할지를 제대로 모른다는 사실이다. 로마서 8장에서 뭐라고 말하는가? 우리가 기도할 바를 알지 못할 때 성령께서 말할 수 없는 탄식으로 기도하신다고 한다. 우리는 정말 우리에게 필요한 것이 무엇이며 구해야 할 것이 무엇인지 잘 알지 못한다. 우리는 그것을 잘 알지 못하기 때문에 우리가 구하는 바의 대부분은 우리 삶에 대한 어리석은 처방전일 가능성이 높다. 더 큰 곤경을 만들어내는 간구일 수 있다. 그렇기 때문에 우리의 기도에 대한 응답이 하나님의 침묵일 때가 많고 우리가 구한 것과는 전혀 다른 형태로 주어질 때도 많다. 많은 경우 응답의 형태는 매우 경이롭고 낯선 형태로 주어진다. 하나님은 우리가 구하는 대로 응답하지 않으시고 우리도 잘 모르는 "크고 비밀한 것"으로 응답하신다. 주기도문은 바로 이런 맥락에서 주어진다. 예수님이 주기도문을 가르치기 직전에 말씀하신 기도에 대한 가장 중요한 전제는 이렇다. "구하기 전에 너희에게 있어야 할 것을 하나님 너희 아버지께서 아시느니라. 그러므로 너희는 이렇게 기도하라"(마 6:8-9). 예수님은 우리가 구하기 전에 우리에게 필요한 것이 무엇인지 우리의 아버지이신 하나님께서 다 아신다고 말씀하신다. 우리가 구하기 전에 우리에게 필요한 것이 무엇인지 우리의 아버지이신 하나님께서 다 아시기 때문에 주기도문을 하라고 말씀하신다. 따라서 주기도문은 "하나님께서 다 아신다는 것"을 고백하는 사람만이 할 수 있다.

그럼 하나님께서 다 아시니 우리는 그분께 우리의 필요를 구할 필요가 없는가? 아니다. "프로슈케"만 있는 것이 아니라 "간구"도 있다. 간구는 그리스어로 "데에시스"(deesis)다. 이것은 특정한 문제에 대해 구체적으로 도움을 요청하는 것이다. 여기서 중요한 것이 순서다. 기도와 간구이지 간구와 기도가 아니다. 프로슈케가 우선되어야 한다. 하나님과 우리의 영적 교제를 통한 친밀함이 형성되었을 때에 데에시스는 능력의 기도가 된다. 항상 기도에 힘쓰는가? 그럼 간구하라. 마태복음 7장에서 주님은 분명하게 말씀하신다. "구하라! 그리하면 너희에게 주실 것이요. 찾으라! 그리하면 찾아낼 것이요. 문을 두드리라! 그리하면 너희에게 열릴 것이니. 구하는 이마다 받을 것이요, 찾는 이는 찾아낼 것이요, 두드리는 이에게는 열릴 것이니라"(마 7:7-8). 기도의 차원에서 구하고 찾고 두드린다는 것은 무엇인가? 주기도문이 실린 마태복음 6장의 끝부분에서 예수님은 이렇게 말씀하신다. "그러므로 염려하여 이르기를 '무엇을 먹을까 무엇을 마실까 무엇을 입을까' 하지 말라. 이는 다 이방인들이 구하는 것이라. 너희 하늘 아버지께서 이 모든 것이 너희에게 있어야 할 줄을 아시느니라. 그런즉 너희는 먼저 그의 나라와 그의 의를 구하라. 그리하면 이 모든 것을 너희에게 더하시리라"(마 6:31-33). 우리는 하나님 나라와 의를 위해 구하고 찾고 두드려야 한다. 나의 구체적인 간구가 하나님 나라와 그분의 의를 이루는 것이어야 한다. 그러면 우리에게 있어야 할 것을 아시는 하나님께서 모든 것을 더하여주신다. 그리스도인의 기도는 간구하지 않는 것까지 모든 것을 더하여주시는 것을 경험하는 기도다.

다음으로 빌립보서에 의하면 기도는 우리의 구할 것을 감사함으로써 구하는 것이다. 예수 믿는 사람들의 특징은 감사다. 이에 대해서는 다음에 자세히 나누게 될 것이다. 여기서는 기도에 관한 것만 나누도록 하자. 왜 우리는 감사 기도를 해야 할까? 감사 기도가 응답의 비결이기 때문이다. 왜 우리는 그렇게 기도를 많이 하는데 응답을 받지 못할까? 그것은 응답의 씨앗을 뿌리지 않고 거절의 씨앗을 뿌리기 때문이다. 신뢰하는 마음으로 응답이라는 열매를 맺게 하는 "있음"의 씨앗을 뿌리지 않고 불신하는 마음으로 거절이라는 열매를 맺게 하는 "결핍"의 씨앗을 심기 때문이다. 영적인 법칙은 심은 대로 거두는 것이다. 우리가 "있음"을 심으면 "응답"의 열매를 맺고 "결핍"을 심으면 "거절"의 열매가 맺힌다. 간구한다면서 실상은 "결핍"을 하늘로 올려드릴 때가 많다. 간구 기도는 하나님께 무언가를 원한다고 알리는 것인데 무언가를 원한다는 것은 실상 자신이 결핍되었음을 의미한다. Want라는 영어는 "원함"과 "결핍"이라는 두 가지 뜻을 동시에 갖고 있다. "나는 너를 원해"라는 말은 "내게는 네가 없어"라는 뜻이 된다. 없으니 갖기를 바란다는 뜻이다. 하지만 이것은 사랑하지 않는다는 말이 될 수도 있다. 사랑하면 이미 내 안에 그가 있다. 그런데 그는 네가 없다고 말하고 있으니 사랑하지 않는다고 고백하는 셈이 된다. 우리가 간구하면서 무언가를 원한다고 주님께 말하는 것도 이와 같다. 무엇을 원한다는 것은 그것이 결핍되어 있다는 말이다. 따라서 하나님께 무엇을 원한다고 말하는 것은 "결핍"의 씨앗을 심는 것이다. 우리는 하나님께 기도하면서 마치 하나님이 지금까지 역사하지 않은 것처럼 기도한다. 지금까지는 역사하지 않았으니 이제 제발 나의 기도에 응답하라고 하나님께 떼를 쓴다. 이것이 진정한 기도일까? 혹 불신을 드러낸 말이 아닐까? 간구 기도는 하나님을 믿고 드리는 것인데 실상은 하나님을 믿지 않고 있음을 드러내는 기도가 되어 버릴 수 있다. 진정한 기도는 하나님이 항상 이미 일하고 계신다는 사실을 고백하는 것이다. 우리에게 있어야 할 것을 잘 알고 계신 하나님은 자신의 마음속에 우리가 간구할 것을 이미 품고 계신다. 그래서 주님은 이렇게 말씀하셨다. "그러므로 내가 너희에게 말하노니 '무엇이든지 기도하고 구하는 것은 받은 줄로 믿으라. 그리하면 너희에게 그대로 되리라'"(막 11:24). 정말 이상하다. 없어서 구하는 것인데 "받을 줄"이 아니라 "받은 줄"로 믿으라니. 그런데 이것이 기도의 세계다. 현실 세계에서는 기도가 원인이고 응답이 결과다. 하지만 영의 세계에서는 응답이 원인이고 기도가 결과다. 응답이 먼저 있고 기도가 나중에 온다. 하나님의 마음에 우리에게 있어야 할 것이 다 있기 때문이다. 이것을 믿고 기도하면 그대로 된다. 따라서 우리의 기도는 전적으로 감사의 기도여야 한다. 감사는 있는 것을 있다고 인정하는 것이다. 감사는 이미 받았다는 확약이다. 이미 있기에 감사할 수 있다. 우리가 항상 하나님께서 이미 일하고 계시다는 것을 인정할 때만 우리는 그분께 감사할 수 있다. 감사는 하나님이 이미 일하고 계신다는 고백이며 항상 주고 계신다는 신뢰이며 구한 것을 이미 주셨다는 확신이다. 이미 주신 줄로 믿으면 감사할 수밖에 없다. 받았다고 믿으니 그것은 그대로 된다.

마가복음 11:22-24과 관련된 경험이 하나 있다. 안산동산교회에서 교구 사역을 했을 때 교구의 집사님 한 분이 불의의 사고를 당한 적이 있다. 그분은 왼쪽 팔이 완전히 절단되어 접합 수술을 받으셨다. 다행히 접합에는 성공했지만 왼쪽 팔의 신경이 죽어 그분은 손가락을 움직일 수 없었다. 안타까운 마음에 혼자 심방을 가서 그분을 위해 기도해드렸다. "예수 이름으로 명하노니 팔의 신경은 살아나고 손가락은 움직이게 될지어다." 담대하게 외쳤지만 그 즉시 무슨 일이 일어나진 않았다. 그런데 기도에는 믿음의 행동이 따라야 한다. 베드로가 걷지 못하는 이를 향해 기도했을 때 바로 역사가 일어난 것이 아니다. "나사렛 예수 이름으로 걸으라"라고 선포하고 나서 베드로는 믿음으로 걷지 못하는 이의 손을 붙잡고 일으켰고 성경을 보면 바로 그때 발과 발목이 곧 힘을 얻고 걷기도 하고 뛰기도 했다. 베드로에게 믿음이 없었다면 절대로 손을 잡아 일으키지 못했을 것이다. 선포 기도만 하고 아무 일이 일어나지 않으면 그건 하나님의 뜻이거나 상대가 믿음이 부족해서 그런 결과가 나왔다고 생각하면 그만이었다. 하지만 베드로는 믿음의 행동을 했다. 믿었기 때문에 손을 잡고 일으켰다. 만약 역사가 일어나지 않으면 얼마나 무안한 상황인가? 하지만 그는 믿었고 행동했으며 역사는 일어났다. 이 원리대로라면 나도 기도하고서 이렇게 말했어야 했다. "집사님 손가락을 움직여보세요. 움직일 거예요." 하지만 나는 그 말을 하지 못했다. 손가락을 움직여보라고 했는데 안 움직이면 무슨 창피인가 말이다.

그러고 나서 얼마 후 마가복음 11장을 묵상을 하는데 깜짝 놀랐다. 마가복음 11:23은 유명한 구절이다. "내가 진실로 너희에게 이르노니 누구든지 이 산더러 들리어 '바다에 던지우라' 하며 그 말하는 것이 이룰 줄 믿고 마음에 의심치 아니하면 그대로 되리라." 그대로 되리라. 말한 그대로 되는 역사, 이것이 믿음의 역사다. 그런데 나의 기도는 그대로 되지 않았다. 더 충격이었던 것은 11:23의 바로 앞에 있는 구절 때문이었다. "예수께서 그들에게 대답하여 이르시되 '하나님을 믿으라'"(막 11:22). 우리가 요절 암송으로 외우는 23절 바로 앞이 "하나님을 믿으라"였다. 이에 따르면 그대로 되는 역사가 일어나지 않는다는 것은 하나님을 믿지 않았기 때문이라는 말이 된다. 나는 하나님을 믿지 않는 사람이었다. 이론적으로는 유신론자였으나 실천적으로는 무신론자였다. 간구 기도를 하지만 실상은 결핍을 올려드리고 그동안 하나님이 역사하지 않았다는 고백을 올려드리는 사람들과 다를 바가 하나도 없었다. 나는 이미 받았다고 확약하는 감사의 기도를 드릴 수 없는 사람이었다. 너무나 부끄러운 마음이 들어 하나님께 회개했다.

그러다가 그 주 토요일 날 심방을 하게 되었는데 이전 교구 권사님의 어머님께서 내가 섬기는 교구로 이사를 오셨다. 그분은 여러 가지 질병이 있었고 왼쪽 귀가 몇 년 전부터 전혀 들리지 않았다. 설교를 마치고 기도

하는 시간에 안수하며 기도했다. 이번만큼은 하나님을 믿지 않는 자가 아니라 믿는 자로서 기도하고 싶었다. 구하고 나서 "받은 줄"로 믿어 그대로 되는 역사를 경험하고 싶었다. 이미 받았으므로 감사함으로 기도하는 자가 되고 싶었다. 담대히 믿음으로 안수하며 외쳤다. "예수 그리스도 이름으로 명하노니 들리지 않는 왼쪽 귀는 정상적으로 돌아올지어다. 왼쪽 귀는 들리게 될지어다." 이번에는 기도하고 나서 믿음의 행동을 했다. 그분의 왼쪽 귀에 가까이 대고 물었다. "어머니, 왼쪽 귀가 들리세요?" 뭐라고 대답했을까? "안 들리는데요." 오른쪽 귀를 통해 겨우 알아듣고 대답한 말이었다. 참 담했다. 그리고 창피했다. 하지만 이대로 포기할 수는 없는 노릇이다. 속으로 주님께 기도했다. "하나님, 더 이상 제가 믿음이 없어 하나님의 영광을 가리는 일이 없도록 해주세요." 속으로 기도하는데 문득 예수님이 사역하셨던 모습이 떠올랐다. 나는 다시 한번 기도하겠다고 말했다. 심방 중 두 번 기도하는 경우는 이제까지 없었을 것이다. 다시 기도하겠다고 말하고 나서 내 손가락을 그분의 왼쪽 귀에 꽂고 기도했다. "예수 그리스도 이름으로 명하노니 들리지 않는 왼쪽 귀는 정상적으로 돌아올지어다. 왼쪽 귀는 들리게 될지어다." 또다시 믿음의 행동을 했다. 이번에도 왼쪽 귀에 가까이 대고 물었다. "어머니, 왼쪽 귀가 들리세요?" 놀랍게도 이번에는 대답이 달랐다. "들려요, 목사님. 정말 신기하네요?" 모두 놀랐고 그중 누구보다 놀란 건 나였다.

4장

늘봄,
성령 안에서 깨어 기도하기

"아무것도 염려하지 말고 다만 모든 일에 기도와 간구로 너희 구할 것을 감사함으로 하나님께 아뢰라. 그리하면 모든 지각에 뛰어난 하나님의 평강이 그리스도 예수 안에서 너희 마음과 생각을 지키시리라"(빌 4:6-7). 앞장에서 빌립보서 4:6에 대해 나누었는데 4:7도 매우 중요하다. 우리의 마음과 생각을 지키는 기도 말이다. 이는 에베소서 6:18의 말씀과 관련이 있다. "모든 기도와 간구를 하되 항상 성령 안에서 기도하고 이를 위하여 깨어 구하기를 항상 힘쓰며 여러 성도를 위하여 구하라." 마음과 생각을 지키는 기도는 성령 안에서 깨어 기도하는 것과 관련이 있다. 또한 데살로니가전서 5:17의 쉬지 않고 기도하는 것과도 관련이 있다. 쉬지 않고 기도하는 것은 물리적인 의미가 아니다. 쉬지 않고 기도하는 것은 하나님만 생각하라는 것도 아니며 쉬지 않고 중얼거리라는 것도 아니다. 어떻게 쉬지 않고 기도하겠는가? 잘 때도? 식사할 때도? 사랑을 나눌 때도? 하루 종일? 그건 불가능하다. 하루 종일 기도하는 것이 용이한 목회자들이 자꾸 이런 식으로 설교하는데 그것은 옳지 않다. 한 사제가 어느 농부에게 하루 얼마나 기도하는지 묻자 농부는 식사 때 세 번 기도한다고 대답한다. 대답을 들은 사제는 성경에 보면 쉬지 말고 기도하라고 했는데 겨우 세 번 기도하면 되겠느냐며 호통을 친다. 그날 밤 주님께서 사제에게 나타나셔서 이렇게 말씀하셨다. "네게 과제를 내어주겠노라. 대야에 물을 담은 다음 그 물을 들고 물한 방울도 흘리지 말고 마을을 한 바퀴 돌고 오너라." 사제가 과제를 수행하고 들어오자 주님이 묻는다. "너는 한 바퀴 도는 동안 몇 번이나 기도했느냐?" 사제는 정색을 하고 답한다. "아이고 하나님, 물이 흘러 넘칠까봐 온통 거기에 신경 쓰고 있는데 어떻게 기도를 합니까?" 주님이 말씀하신다. "너는 그것에 신경 쓰느라고 한 번도 기도하지 않았지만 농부는 온통 농사일에 신경 쓰는 와중도 세 번이나 기도했는데 너는 그런 농부를 비판했구나." 쉬지 않고 기도하는 것은 기도의 시간을 별도로 내는 것이 아니라 일상을 살아가면서 성령 안에서 깨어 있는 것을 말한다. 그것은 무엇을 하든간에 하나님의 임재 안에 거한다는 것을 의미한다. 하나님의 임재 안에 거한다는 것은 성령의 빛 안에 거하는 것이다. 항상 기도한다는 것은 하나님의 임재 안에서 성령의 빛으로 인해 항상 깨어 있는 것이다. 항상 깨어서 모든 것을 하는 상태가 쉬지 않고 기도하는 것이다.

많은 사람이 깨어 있는 것 같아도 실상은 잠들어 있다. 그들 모두가 몽유병 환자다. 여전히 꿈속에 있다. 무의식 속에 살아간다. 마치 기계 장치처럼 조건 반사의 삶을 산다. 학습을 통해 형성되어 특정 자극에 대해 무의식적으로 반응하는 조건 반사가 이제는 툭 건드리면 무조건 반사처럼 자동적으로 일어난다. 누구든 상대방을 마음껏 조정할 수 있다. 비난 한마디면 그를 화나게 만들 수 있다. 칭찬 한마디면 그를 행복하게 살도록 만들수 있다. 많은 이들이 상대의 자극에 기계처럼 반응한다. 자극과 반응 사이에 전혀 틈이 없다. 그들은 자유인이 아니라 자극의 노예다. 그들은 기계처럼 반응하고 무의식 속에 사는 것처럼 생활한다. 어떤 일을 저지르고 나서 자기 뜻이 아니었다고 말한다. 그들은 자기가 왜 그렇게 행동했는지 모르겠다고 말한다. 주체적으로 보거나 행동하지 못한다. 그들은 깨어서 보지 못하기 때문에 이것저것에 한눈판다. 공부할 때 호떡 생각하면 호떡에 정신이 팔리는 것이다. 한눈파는 것에 에너지를 다 빼앗긴다. 누구를 미워하는 것이나 무엇인가를 소유하고 싶어 하는 것 또는 근심하고 염려하는 것도 한눈파는 것이다. 한눈파는 것은 그것에 조정당하는 것이고 그것에 팔리는 것이며 그것에 에너지를 모두 빼앗기는 것이다. 그것은 가시떨기에 뿌려진 씨앗과 같다. 한눈파는 사람은 세상의 염려와 재물의 유혹에 말씀이 막혀 결실치 못하는 사람과 같다. 그는 이렇게 다 빼앗기니까 마음이 어둡고 차갑다. 영이 어둡고 냉랭하니까 그는 보지 못하고 보지 못하니까 여러 가지 시험에 걸려 넘어진다. 시각장애인처럼 눈이 어두워져서 보지 못하니까 자주 걸려 넘어진다. 그러면서도 자기가 보지 못해서 넘어진 탓을 남에게 돌린다. 자기를 보지 못하기 때문에 완고하고 남을 정죄한다. 예를 들어 돌부리에 걸려 넘어진 사람이 있다고 하자. 누가 그를 넘어뜨렸는가? 자신이 보지 못해서 넘어진 거다. 자기가 걸려 넘어져 놓고 돌부리를 탓하고 누가 돌부리를 가져다 놓았느냐며 남을 탓하며 분노를 쏟는다. 하지만 돌부리는 항상 그 자리에 있었다. 돌부리는 잘못하지 않았다. 돌부리는 책임이 없다. 돌부리는 항상 옳다. 돌부리는 묵묵히 자기 자리에서 그저 자기 역할을 할 뿐이다. 우리 삶에 돌부리 같은 역할을 하는 것이 많다. 남편이나 아내에게서 보이는 단점이나 내가 그토록 싫어하는데도 사라지지 않고 내 눈앞에 존재하는 것들 말이다. 그것들은 언제나 그 자리에 있었다. 그런데 내가 보지 못하고 그것에 걸려 넘어진 것이다. 자기를 바로 보지 못하고 남을 정죄한 것이다.

항상 깨어 있어서 잘 보면 넘어지지 않는다. 항상 깨어 있는 것은 빛 안에서 거한다는 뜻이다. 우리 안에 성령이 계신다. 성령은 우리를 깨닫게 하는 빛이다. 성령의 조명하심 없이는 영적인 것을 볼 수 없고 말씀을 깨달을 수도 없다. "오직 하나님이 성령으로 이것을 우리에게 보이셨으니 성령은 모든 것 곧 하나님의 깊은 것까지도 통달하시느니라"(고전 2:10). 성령은 모든 것을 깨닫도록 보여주는 빛이다. 곧 지혜의 빛, "슬빛"이다. 참고로 "슬빛"은 막내딸의 이름이다. 하나님의 말씀은 빛이다. "주의 말씀은 내 발에 등이요 내 길에 빛이니이다"(시 119:105). 예수님은 빛이시다. "그 안에 생명이 있었으니 이 생명은 사람들의 빛이라"(요 1:4). 하나님도 빛이시다. "하나님은 빛이시라"(요일 1:5). 이 책 초반에 간증한 것처럼 수련회 중에 폭죽처럼 터지는 기쁨으로 찾아오신 하나님의 실체도 빛이었다. 하나님은 우리가 이 빛 안으로 들어가기를 원하신다. "그러나 너희는 택하신 족속이요 왕 같은 제사장들이요 거룩한 나라요 그의 소유가 된 백성이니 이는 너희를 어두운 데서 불러내어 그의 기이한 빛에 들어가게 하신 이의 아름다운 덕을 선포하게 하려 하심이라"(벧전 2:9). 이재철 목사가 『회복의 신앙』(홍성사, 2002)에서 이 구절과 관련된 간증을 한다. 간증을 거의 그대로 옮겨본다. "저희 어머니께서는 오래 자리에 누워 계셨다. 그 이후로 몇 달 동안 저에게 베드로전서 2:9을 매일 외우라고 하셨다. 어머니 앞에만 가면 베드로전서 2:9 말씀을 외우게 하신 것이다. 몇 달이 지난 어느 날이었다. 어머니는 그날도 저한테 이 구절을 외우라고 하셨다. 그래서 그 구절을 외우고 났더니, 그제야 비로소 이 구절을 외우게 하신 이유를 말씀하셨다. 이 구절을 보면 하나님께서 분명히 '그의 기이한 빛' 속으로 우리를 들어가게 하셨다고 했는데 당신은 팔십 평생 예수를 믿으면서 하나님, 왜 저에게는 이 구원의 빛을 안 보여 주십니까? 저는 구원을 못 받았습니까? 하나님께서 분명히 기이한 빛에 들어가게 하셨다면 제가 이것을 좀 봐야 하지 않겠습니까? 그래야 구원받은 기쁨과 감격을 누리지 않겠습니까? 하고 기도했는데, 마침내 그 빛을 보셨다는 것이다. 그러면서 이렇게 말씀하셨다. '그 빛은 햇빛 같은 빛도 아니고 섬광 같은 빛도 아니더라. 내가 예수 그리스도 안에 있을 때 이 세상이 전부 다 빛이더라. 내가 이미 빛 속에 앉아 있더라.'"

이렇게 하나님은 우리가 기이한 빛에 들어가기를 원하신다. 빛 가운데 있는 방법은 성령 안에서 깨어 있는 것이다. 성령 안에 있으면 성령께서 우리 안에서 빛을 비춰주신다. 빛 가운데 존재하는 것을 항상 깨어 기도하는 것이라고 말할 수 있다. 빛 안에 있으면 깨어 있게 되고 깨어서 보면 영이 밝게 된다. 심지어 아가서 5:2처럼 잘지라도 마음은 깨어 있게 된다. 졸지도 주무시지도 않는 하나님처럼 항상 깨어 있기 때문에 빛을 잃지 않아 잘 보고 돌부리에 걸려 넘어지지 않는다. 그뿐만 아니라 깨어 있으면 항상 빛 안에 있기 때문에 빛의 온기를 잃지 않는다. 항상 깨어서 보면 영적 에너지가 모이고 모아지면 따뜻해지고 따뜻해지면 영혼의 꽃이 핀다. 이렇게 꽃이 피는 계절이 바로 봄이다. "늘 깨어서 보면 늘 봄이다." Always awaking is always spring! 우리 아들 "늘봄"의 뜻이 바로 이것이다. 하나님은 우리가 쉬지 않고 기도해야 한다고 말씀하신다. 그것은 성령 안에서 깨어 기도하는 것이다. 성령 안에서 깨어 기도해야 영혼의 꽃을 피울 수 있고 꽃이 피어나야 영혼의 열매를 맺을 수 있다.

내가 "성령 안에서 깨어 기도하기"를 강조하는 이유 중 하나는 최근 한국교회에서 인기를 끌고 있는 "24시간 예수 바라보기" 운동 때문이다. 조금 비판적인 얘기를 하게 될 텐데 오해 없기를 바라는 것은 이 운동을 주도하는 분의 근본적인 동기를 나는 충분히 이해하고 지지한다는 점이다. 근본적인 동기조차 동의하지 못하는 것으로 오해할 소지가 있기에 내 간증을 먼저 하겠다. 앞서 자기 입증이 필요 없는 삶에 대해 말하면서 "생수의 강"이라는 수련회에서 폭죽처럼 터지는 기쁨으로 찾아오신 하나님을 만난 이야기를 했다. 그것은 마지막 날의 체험이었는데 그 전날 만난 예수님에 대한 이야기는 건너뛰었다. 이제 여기서 그 얘기를 하고자 한다. 셋째 날 오전 첫 번째 강의를 듣고 기도하는 시간이었다. 나는 정말 절박했다. 목사로서 너무나 치욕스러운 죄에 굴복하면서 사는 내 자신이 너무나 싫었다. 반드시 죄의 문제를 해결하고 싶었다. 죄의 문제를 해결하지 못하면 목회를 하지 못할 것 같았다. 나는 목마른 사슴이 시냇물을 찾듯, 물에 빠진 자가 산소를 찾듯, 사막에 횡단하는 자가 물을 찾듯 주님께 매달렸다. "더 이상 이렇게 사는 것은 무의미하오니 주여, 제가 죄를 이기게 하소서." 그런 기도를 드리고 있는데 주님께서 내게 찾아오셨다. 그분이 내게 찾아와 말씀하셨다. 살아 운동력이 있어서 혼과 영과 및 관절과 골수를 찔러 쪼개기까지 하며 내 마음의 생각과 뜻을 감찰하시는 하나님의 말씀이 내 마음속으로 꿈틀거리며 헤집고 들어와 내 영혼을 수술하는 것 같았다. 주님이 찾아오시니 눈에서 눈물이 비 오듯 쏟아졌고 내 영혼은 깊은 곳에서부터 터져 나오는 절규로 인해 전율했다. 완전히 그분의 존전 앞에 굴복하는 시간이었다. 그분께 순복하는 의미로 의자에서 내려앉아 가슴을 바닥에 대고 엎드렸다. 그 와중에 하나님의 말씀이 계시처럼 내게 주어졌다. 물론 성경 이후 시대에는 성령의 감동을 통해 깨닫게 된 그 어떤 지식도 성경을 대신할 수 없으며 오직 성경을 더 잘 이해하도록 하는 깨달음에 불과하다. 나에게 하신 말씀도 마찬가지다.

죄를 이기지 못하는 것 때문에 절규하는 내게 주님께서 이렇게 말씀하셨다. "죄를 이기지 못하는 "너(ego)" 때문에 절망하느냐? 그것으로 인해 슬퍼하고 있는 "나(예수님)"로 인해 절망하거라. 죄를 이기지 못하는 "너(ego)" 때문에 절망한다면 너는 여전히 "너(ego)"에 갇혀 있는 것이다." 인간이 얼마나 이기적인 존재인가? 거룩한 일마저도 자기중심적으로 한다. 경건한 자아도 자아는 자아였다. 그것은 해체되어야 할 자아였고 죽어야 할 자아였다. 죄를 이기고 싶은 것도 나로 인해 슬퍼하실 예수님 때문이 아니라 죄를 이기지 못하는 나 자신의 슬픔 때문이다. 죄와 피 흘리기까지 싸우는 나의 분투는 내 경건한 자아를 강화하기 위한 몸부림이었다. "그래서 죄를 이기지 못한 것이구나. 내가 여전히 "나"(ego)에 갇혀 있었구나. 내가 죄를 이기든 죄에 지든 "나"(ego)에 갇혀 있다면 그것은 그리스도께서 원하시는 것이 아니구나." 이런 깨달음을 얻게 되자 나는 주님께 이렇게 고백했다. "주여, 여전히 나에 갇혀 있는 저를 불쌍히 여기소서. 이제 저는 죽었습니다. 저는 없고 그리스도만 있습니다. 제 생애 동안 제가 아니라 오직 그리스도에게만 집중하며 살겠습니다."

주님께서 성령의 소욕에 대한 깨달음도 주셨다. 나는 죄를 이기는 방법이 육신의 소욕과 싸우는 것이 아니라 육신의 소욕은 피하고 성령의 소욕을 좇는 것임을 잘 알고 있었다. 육체의 소욕은 대적할 것이 아니라 피해야 한다. 육체의 소욕과 싸우는 것은 중력과 싸우는 것과 같다. 중력과 싸워서 이길 수 있을까? 아무리 중력을 벗어나려고 발버둥을 쳐도 벗어날 수 없듯이 죄를 붙들고 싸우면 패배할 수밖에 없다. 죄의 법칙은 죄를 붙들고 싸우는 데 들었던 모든 에너지를 고스란히 간직하고 있다가―눌러놨던 스프링이 한계점에 이르면 튀어 오르듯이―한순간에 나를 사로잡아 버린다. 죄는 붙들고 싸울 것이 아니라 피해야 할 대상이다. 죄와 싸우되 피 흘리기까지 싸우는 것은 죄에 대한 자세이지 죄를 이기는 방법이 아니다. 육체 안에 있는 죄의 중력을 이기는 것은 그것보다 더 강한 상위의 법칙이 작용할 때 가능하다. 연이 중력을 이기는 것은 중력과 싸워서가 아니라 바람과 저항의 법칙을 이용하기 때문이다. 바람과 저항의 법칙이 성령의 법이다. 마음의 법으로 싸우지 말고 성령의 법으로 싸워야 한다. 성령의 소욕을 좇아 행해야 한다. 그런데 그때까지 나는 성령의 소욕을 성령의 열매들을 맺고자 하는 열망으로 생각했었다. 갈라디아서에서 성령의 소욕에 대한 이야기를 한 후 바로 성령의 열매를 이야기하고 있었기 때문이다. 나는 자연스럽게 사랑하고 기뻐하며 화평하고 오래 참으며 자비를 베풀고, 양선하며, 충성하고, 온유하며 그리고 절제하는 마음을 성령의 소욕으로 생각했다. 그런데 주님께서 이렇게 말씀하셨다. "성령의 소욕은 나(예수)를 더 사랑하고 나(예수)를 더 높이며 나(예수)를 온전히 드러내는 것이다. 그러면 열매는 자연스럽게 맺힌다. 열매 자체에 관심을 갖지 마라. 오직 "나(예수)"에 관심을 가져라. 열매 맺는 "너(ego)"에 관심 갖지 말고 열매 맺게 하는 "나(예수)"를 더 사랑하고 높이고 드러내라." 나는 열매를 맺는 데 관심을 가졌지만, 성령께서는 오직 주님을 더 사랑하고 주님을 더 높이며 주님을 더 드러내는 마음으로 가득 차 있었다. 나의 욕망은 더 좋은 내가 되는 것, 즉 성령의 열매를 맺는 내가 되는 것이었지만 성령의 갈망은 오직 예수였다. 나는 그때 깨달았다. 예수를 "위해" 사는 삶이 성령의 열매를 맺는 비결이 아니라 예수 "안에" 사는 삶이 비결이라는 것을. 내 욕망이 바뀌어 성령의 갈망이 될 때만 성령의 열매를 맺을 수 있다는 것을. 나는 주님께 고백했다. "그렇습니다, 주님. 이제 제 삶이 성령의 소욕으로 죄를 이기는 삶이 될 것입니다. 오직 그리스도만을 높이고 그리스도만을 드러내는 삶을 살겠습니다. 당신 앞에 완전히 자복합니다. 이제 나는 없고 당신만 있습니다."

해야 한다는 당위가 좋아하는 것을 이길 수 없다. 언제나 욕망이 당위를 이긴다. 인간은 자신이 좋아하는 것을 행하게 되어 있다. 왜 죄를 짓는가? 죄가 좋기 때문이다. 죄가 주는 달콤한 유익 앞에 굴복했기 때문이다. 욕망을 없애는 것이 아니라 욕망의 구조와 방향이 바뀌어야 죄를 이길 수 있다. 주님이 더 좋아야 죄를 이길 수 있다. 주님을 욕망해야 죄를 이길 수 있다. 주님을 더 사랑하고 주님을 더 높이며 주님을 온전히 드러내는 것이 내게 더 큰 기쁨이 될 때 죄를 이길 수 있다. 성령의 소욕을 좇을 때만 죄를 이길 수 있다. 내 욕망이 성령의 욕망으로 바뀌지 않으면 죄를 이길 수 없다. 예수님은 나를 찾아오셔서 말씀을 주셨고 그 말씀을 통해 나로 하여금 내가 나 자신(ego) 안에 갇혀 있음을 깨닫게 하셨으며 열매에만 관심 갖는 나(ego)의 죄를 철저히 회개케 하셨다. 그렇게 기도하는 나에게 주님의 음성이 들려왔다. "너는 이제 죄를 이기었다." 정말 평생 잊을 수 없는 말씀이었다. 내가 그토록 이기고 싶어도 이길 수 없어 치욕스러웠던 바로 그 죄를 이겼다고 주님은 나에게 말씀해주셨다. 승리의 확신이 주는 기쁨의 감격은 더욱더 큰 통곡과 눈물을 쏟아내게 했다. 그 음성을 듣고 나서부터 정말 기적처럼 그 죄를 이길 수 있었다. 이 일 후 내 삶의 근본적인 동기는 오직 예수를 더 사랑하고 예수를 더 높이며 예수를 온전히 드러내는 욕망으로 바뀌었다.

이제 내가 "24시간 예수 바라보기" 운동을 주도하는 분의 근본적인 동기를 충분히 이해하고 있다는 말에 동의할 것이다. 예수님을 24시간 바라보는 예수의 사람이 되려는 그분의 순수함에 진심으로 존경을 표한다. 하지만 이상하게 그분의 글을 읽으면서 은혜를 받다가도 찜찜한 느낌을 버릴 수 없었다. 그러던 중 그분이 페이스북에 올린 글 하나를 우연히 읽게 되면서 그 찜찜함의 정체를 알게 되었다. 대충 내용은 이렇다. 후쿠시마 원전 사고가 나서 신문이 온통 그 내용으로 도배하던 때, 그분이 신문을 읽다보니 자꾸 마음이 산란해지고 우려가 커지면서 예수님을 묵상하기 힘들어졌다고 한다. 그래서 그분은 예수님을 24시간 묵상하기 위해 신문을 읽지 않기로 했다는 내용이었다. 그 후 그분은 후쿠시마가 아닌 예수님만을 바라봄을 통해 은혜 받은 내용을 올렸다. 그것을 읽으면서 나는 이분의 영성을 혁명가적 영성이 결여된 경건주의 영성의 전형이라고 판단했다. 그러한 영성은 "복음이 전부다", "예수로 충분하다", "예수가 답이다"라고 말하지만 사람들로 하여금 예수가 던진 "질문"에 대해 사고하지 못하게 만들며 하나님 나라의 복음을 총체적으로 이해하지 못하게 만든다. 그런 영성은 자기가 고민하는 질문에 대한 답을 제시할 뿐이지, 이 사회와 시대의 질문에 답을 제시하진 못한다. 개인의 내면적 갈등을 해결해줄 뿐, 사회의 갈등을 해결해줄 총체적 복음을 실체화하지 못한다.

나뿐 아니라 많은 사람이 이분의 영성 운동에 대해 우려를 표명했다. 그중 한 교수가 공개적으로 이분이 펼치는 영성 운동의 문제점을 지적하면서 지면상으로 공개 토론이 이루어졌다. 이를 지켜보면서 아쉬웠던 점이 몇 가지 있었다. 그 목사는 교수에게 이런 질문을 던졌다. "교수님은 어떻게 주님과 동행하고 있습니까?" "주님과 인격적으로 친밀히 동행하는 데 어떤 방법이 가장 유익했습니까?" "어떻게 했을 때 삶의 변화를 체험하셨습니까?" 학자로서 성경을 연구할 뿐 진정으로 기도하고 있지는 않지 않느냐는 무언의 비판으로 읽힌다. 그분은 자신의 영성을 비판하는 사람들이 기도도 하지 않는 사람인 줄 아는 모양이다. 그것은 종종 지나치게 내면적이거나 경건을 강조하는 사람들에게서 나타나는 전형적인 현상이다. 학문적이고 지적인 비판을 하면 기도는 좀 하느냐고 문제 제기 하는 것 말이다. 또 그 목사는 교수에게 이렇게 말하기도 했다. "우리가 선하거나 의로운 행동을 할 수 있는 것은 오직 우리 안에 오셔서 우리의 생명이 되시고 주님이고 왕이신 주님께서 우리를 통해 역사하실 때만 주님께서 맺으시는 열매가 되는 것입니다. 우리에게는 선하고 의로운 행동이라는 삶의 실천이 필요합니다. 그러나 그것이 우리 자신에게서 나온 것이라면 하나님께서 받으실 만한 것이 되지 못합니다. 그러므로 선한 일도 의로운 일도 오직 주님을 바라보는 태도에서 나와야 한다는 것입니다." 이 글을 읽는 순간 딱 한마디가 떠올랐다. "누가 아니랍니까?" 왜 하나같이 "개인적이고 내면적이며 이원론적 영성"을 추구하는 분들은 이런 말만 반복하는 걸까? 그리스도인이라면 그 말에 동의하지 않는 사람이 누가 있을까? 사회적 영성을 말하고 공평과 정의를 외치며 역사변혁적 실천을 하는 사람들에게 왜 하나같이 "인간적 행위" 혹은 "자기 의로움" 혹은 "자기 자신에게서 나온 행위" 등의 표현을 쓰는 걸까? 나는 이것이 왜곡된 "이신칭의" 신앙을 가진 보수적 복음주의자들이 보이는 아주 못된 행태라고 생각하고 있었기에 그분의 반응에서 답답함을 느꼈다. 사회적 실천을 강조하면 자기 의를 추구하는 인간적인 행위이고 종교적인 행위를 강조하면 하나님의 은혜로 인한 경건한 행위인가? 예수님이 이런 용어를 사용하셨을 때, 우리는 그분이 사회적 영성을 말하고 공평과 정의를 외치며 역사변혁적 실천을 하는 사람들을 향해 말씀하신 것이 아니라 "개인적이고 내면적이며 이원론적 영성"을 추구하면서 종교적인 수행을 하는 바리새인들 같은 무리를 향해 말씀하신 것이라는 사실을 기억해야 한다. 사회적 영성을 말하고 공평과 정의를 외치며 역사변혁적 실천을 하는 것도 전적인 하나님의 은혜로 하는 것이라는 사실을 제발 좀 깨달았으면 좋겠다. 그분은 또 이런 이야기를 했다. "몸에 암만 생겨도 24시간 암을 묵상하고 삽니다. 사랑하는 사람이 생기면 24시간 그 사람을 생각하고 삽니다. 그런데 어떻게 24시간 예수님을 바라보고 사는 것이 불가능하다고 할 수 있습니까?" 이런 현상이 특정 기간 동안에 나타나는 것이라면 이해할 수 있다. 혹은 그것을 저변에 깔려 있는 심성으로 받아들일 수 있다. 하지만 이것이 항구적인 상태라면 그것을 정상적인 사랑이라고 말할 수 있을까? 혹 "병적인 사랑의 관계"가 아닐까? 암이 생겼는데 암만 24시간 묵상하면 곧 죽는다. 암을 치료하기 위해서도 암에 대한 강박에서 벗어나 일상을 행복하게 살아가는 것이 중요하다. 사랑하는 사람이 생겨 24시간 그 사람만 생각하면 회사에서 쫓겨난다. 사랑하는 사람이 생기면 그 사랑의 힘으로 일상을 충실하게 살아가야 정상이다.

이런 영성의 한계에 대해 여러 얘기를 할 수 있지만 이번 장의 주제와 관련해서 한 가지만 말하자면 그분의 영성의 문제점은 예수님을 대상화하고 있다는 데 있다. 진짜 영성은 예수님을 대상화하는 것이 아니라 예수님과 일치하는 것이다. 하나님이 예수님 안에서, 예수님이 하나님 안에서 하나 되었던 삼위일체의 신비를 누리는 것이 영성이다. "내 살을 먹고 내 피를 마시는 자는 내 안에 거하고 나도 그의 안에 거하나니"(요 6:56). "그날에는 내가 아버지 안에, 너희가 내 안에, 내가 너희 안에 있는 것을 너희가 알리라"(요 14:20). "내 안에 거하라, 나도 너희 안에 거하리라. 가지가 포도나무에 붙어 있지 아니하면 스스로 열매를 맺을 수 없음 같이 너희도 내 안에 있지 아니하면 그러하리라. 나는 포도나무요 너희는 가지라. 그가 내 안에, 내가 그 안에 거하면 사람이 열매를 많이 맺나니 나를 떠나서는 너희가 아무것도 할 수 없음이라"(요 15:4-5). 내가 그리스도 안에 그리스도가 내 안에 있는 신비를 통해 삼위일체의 신비를 누리는 것이 기독교 영성이다. 진정한 영성은 후쿠시마냐 예수님이냐 둘 중 하나를 선택하는 것이 아니다. 그런 영성은 비교 대상과 동등한 차원에서 예수님을 대상화하는 잘못된 영성이다. 보다 바른 영성은 일치의 신비 속에서 예수님의 마음과 눈으로 후쿠시마를 바라보는 것이다. 후쿠시마를 바라보는 예수님의 마음과 눈을 경험하는 것이 기독교 영성이다. 나의 마음과 예수님의 마음이 일치해서 그분의 마음으로 세상을 바라보는 것, 나의 시선이 예수님의 시선과 일치해서 그분이 보는 시선으로 세상을 바라보는 것이 기독교 영성이다. 그분이 보고 있는 곳을 향해 그분의 손과 발이 되어 나아가서 섬기는 것이 기독교 영성이다. 아브라함 J. 헤셸이었던가? "온 세상이 눈을 감고 있을 때 오직 하나님과 예언자만이 잠들지 못하고 눈을 뜨고 있다"라고 말한 사람이. 하나님은 이 땅의 상처 입은 영혼들의 고통 소리에 귀를 기울이느라 잠들지 못하는 분이시다. 그분은 이 땅의 가장 소외된 사람들의 눈물을 닦아 주시고 그들을 회복하게 하느라 쉬지 않는 분이시다. 그 하나님의 파토스에 사로잡혀 똑같이 잠들지 못하는 사람들이 예언자들이다. 나는 그 목사에게서 이러한 하나님의 파토스를 보지 못했다. 그 목사는 오직 예수를 대상화하고 주님만을 바라볼 뿐 주님이 바라보는 것을 보지 않는다.

예수님을 대상화한다는 것은 사랑의 배타성을 의미한다. 사랑의 배타성이란 그 대상 이외의 다른 대상을 배제하고 오직 한 대상만을 사랑하는 것을 말한다. 변화산의 베드로처럼 말이다. 사랑의 배타성은 "여기가 좋사오니"처럼 다른 모든 곳과의 소통을 끊고 고립을 추구하는 것이고 "오직 예수 외에는"처럼 오직 사랑의 대상 외에는 다른 타자를 인정하지 않는 것이다. "여기가 좋사오니"라는 결론에 멈추는 신앙은 진정한 기독교의 영성이 아니다. 변화산의 결론은 "여기가 좋사오니"가 아니라 "산 아래로 내려가자"이다. 내려가서 십자가에서 죽고 삼 일만에 부활하는 것이 중요하다. 그것 없이는 변화산 체험도 무의미하다. 그래서 예수님은 자신이 십자가에서 죽으시고 부활하시기 전에는 절대로 이 사건을 아무에게도 얘기하지 말라고 하신다. "오직 예수 외에는"이라는 사랑의 배타성도 주님이 원하시는 것이 아니다. 물론 "오직 예수 외에는"이라는 단계를 반드시 거쳐야 한다. 하지만 진정한 사랑은 사랑의 대상을 넘어서게 한다. 사랑의 대상과 일치하며 사랑 자체가 되도록 한다. 사랑 자체가 되면 사랑이 흘러넘치게 되고 모든 대상을 사랑하게 된다. 사랑 안에 거하여 그 사랑의 대상이 사랑하는 모든 것을 사랑하게 된다. 우리는 오직 예수 안에서만 예수를 넘어 모든 대상을 사랑할 수 있다. 나는 예수님이 십자가에서 죽으시고 부활하신 후 왜 승천하셨을까 하는 생각을 해본 적이 있다. 십자가와 부활을 통해 구원을 이루셨다면 남아 계셔서 우리 곁에 있는 것이 더 좋지 않았을까? 그런데 주님은 자신이 이 세상을 떠나는 것이 제자들에게 더 유익하다고 말씀하신다. "내가 너희에게 실상을 말하노니 내가 떠나가는 것이 너희에게 유익이라. 내가 떠나가지 아니하면 보혜사가 너희에게로 오시지 아니할 것이요, 가면 내가 그를 너희에게로 보내리니"(요 16:7). 주님은 우리로 하여금 성령을 통해 자신의 임재 속에서 살게 하시려고 떠나신다. 동시에 그분은 우리가 그분을 대상화하는 것이 아니라 성령을 통해 그분과 일치하는 것을 가능하게 하신다. 24시간 예수만 바라보는 것이 아니라 성령 안에서 깨어 기도하며 쉬지 않고 기도하는 것이 중요한 이유가 여기에 있다. 우리는 예수님만 보는 것이 아니라 작은 예수가 되어 성령 안에서 자유롭게 하는 사랑을 실천해야 한다. 성령은 우리로 하여금 예수님과 일치함으로써 예수님 안에 내가 살고 내 안에 예수님이 살도록 하신다.

5장

범사에 감사,
구나·겠지·감사

한때 『물은 답을 알고 있다』(더난출판사, 2002)라는 책이 선풍적인 인기를 끈 적이 있었다. 이 책의 핵심적인 내용은 물이 초의식 차원에서 의식을 갖고 있다는 것이다. 물이 의식을 갖고 있기 때문에 선한 말이나 칭찬하는 말을 물통에 적으면 아름다운 결정을 만들어내고 악한 말이나 비난하는 말을 적으면 파괴적인 물의 결정을 보여준다고 한다. 생명이 없는 물질이라고 생각했던 물이 글을 읽고 생각을 하며 반응을 보인다는 사실에 놀라지 않을 수 없었다. 내가 가장 놀랐던 것은 가장 아름다운 결정을 보이는 단어였다. 난 당연히 "사랑"이라고 생각했다. 그런데 그 책에서 말하는 가장 아름다운 결정은 "감사"라는 단어를 통해 나타났다. 의외의 결과이지만 어쩌면 이것이 매우 상식적인 결론일지도 모르겠다. 사랑은 본능 같은 것이라고 할 수 있다. 자식을 사랑하라고 법으로 규정하지 않아도 대부분의 사람은 자기가 낳은 자식을 사랑한다. 서로 사랑하라고 하지 않아도 때가 되면 남자는 여자를 사랑하고 여자는 남자를 사랑한다. 하지만 감사는 본능 같은 것이 아니라 도리어 본능에 역행하는 것이다. 인간은 가만히 놔두면 불평하는 존재다. 이스라엘 백성을 보라. 그렇게 많은 기적을 경험하고도 끊임없이 불평한다. 이런 본능을 역행해 감사하는 것은 육적 본능을 초월해 영적인 영역에 속하는 것이기에 아마도 가장 아름다운 결정을 보이는 것이라 추측해본다. 그만큼 감사가 위대하다. 오죽하면 그리스도 예수 안에서 너희를 향한 하나님의 뜻이라고 했겠는가. 감사는 하나님 나라에 들어가는 여권이다. 시편 100편에서 시편 저자는 "감사함으로 그의 문에 들어가며 찬송함으로 그의 궁정에 들어가서 그에게 감사하며 그의 이름을 송축할지어다"(시 100:4)라고 노래한다. 감사와 찬송만이 하나님의 전에 들어갈 수 있는 열쇠를 제공한다는 말일 것이다. 궁극적으로 감사하는 것은 하나님을 향한 영적 행동이다.

감사하는 것은 받은 것을 받았다고 인정하는 행동이다. 받은 것을 받았다고 인정하는 것이 감사이고 주님이 우리에게 범사에 감사하라고 말씀하셨으니 이를 연결하면 주님은 항상 우리에게 감사할 만한 것을 주셨고 지금도 주고 계시며, 그분이 모든 일 가운데 역사하고 있기 때문에 우리는 그분에게 감사해야 한다고 말할 수 있겠다. 우리가 감사하지 못하는 이유는 감사할 만한 것을 갖고 있지 않기 때문이 아니라 감사할 만한 것을 보지 못하기 때문이다. 하나님은 우리에게 감사할 만한 것을 주셨으니, 우리는 받은 것을 받았다고 인정하며 살아야 하는데 그것을 보지 못하니 감사하지 못한다. 따라서 우리가 감사하는 삶을 살기 위해서는 받은 것을 보는 눈이 우리에게 있어야 한다. 눈이 열리지 않으면 받은 것을 받았다고 인정할 수 없다. 눈이 열린 사람은 보고 감사할 수 있다. 그럼, 왜 똑같은 상황에서 어떤 사람은 보고 어떤 사람은 보지 못하는 걸까? 그 이유 중 하나를 밝혀내는 실험이 있었다. 하버드 대학교 심리학 교수인 대니얼 사이먼스가 30초짜리 동영상을 찍은 다음에 실험을 했다. 동영상에는 흰색 티셔츠를 입은 세 사람과 검정색 티셔츠를 입은 세 사람이 나온다. 흰색 티셔츠를 입은 세 사람과 검정색 티셔츠를 입은 세 사람은 각각 자기들끼리 공을 주고받는다. 이 동영상을 보는 사람에게 과제가 주어진다. 흰색 티셔츠를 입은 사람들이 몇 번 공을 주고받는지 세어야 한다. 주고받은 횟수를 맞추는 사람에게 큰 상품이 주어진다. 너무 쉬운 과제이기에 대부분 쉽게 과제를 수행한다. 동영상이 끝나고 나서 실험자가 묻는다. "혹시 이 동영상에서 고릴라가 나타나 가슴을 치고 나서 들어가는 것을 보신 분 계십니까?" 거의 대부분의 사람이 고릴라를 보지 못했다. 간혹 고릴라를 보았다는 사람이 나타나면 그들은 그 사람이 거짓말을 하는 거라고 우긴다. 그러면 동영상을 다시 틀어준다. 고릴라를 찾아보라는 과제를 주고 말이다. 다시 볼 때는 모두가 고릴라를 발견한다. 대부분 깜짝 놀란다. 너무나 버젓이 나타나서 가슴을 치고 들어가는 고릴라를 어떻게 보지 못할 수 있단 말인가. 어떤 사람은 다른 동영상을 튼 거라고 우긴다. 하지만 동일한 동영상이다. 나 역시 주일 예배 때 이 동영상을 보여주면서 동일한 과제를 내본 적이 있다. 당시 100명 정도의 성도들이 앉아 있었는데 고릴라를 본 사람은 딱 한 명이었다. 모두 자기들이 보지 못한 고릴라가 등장했다는 사실에 경악을 금치 못했다. 도대체 왜 보지 못한 걸까? 그것은 우리 모두 내가 보고 싶은 것만 보기 때문이다. 특정한 시각과 관심에 갇힌 사람은 다른 것을 보지 못한다. 이 실험을 통해 알 수 있는 것은 우리가 감사하지 못하는 이유가 자기의 욕망이 추구하는 특정한 대상에 대한 관심에 사로잡혀 있거나 부정적인 시각을 가지고 있어서 감사해야 할 내 인생의 고릴라를 보지 못하기 때문이라는 사실이다. 진정으로 감사하려면 우리 안의 고정관념과 부정적인 시각을 내려놓고 진정한 기쁨과 깨어 있음의 상태에 있어야 한다. 그런 사람은 어떤 것에도 집착하지 아니하고 모든 것을 수용하는 마음이 있기 때문에 내 인생의 고릴라를 발견할 수 있다. 항상 기뻐하고 쉬지 않고 기도해야 내 인생의 고릴라를 발견하고 감사할 수 있다.

　이제 일상에서 감사하며 사는 효과적인 방법을 소개하겠다. 바로 "구나·겠지·감사"다. "구나·겠지·감사"는 지금은 제목도 기억나지 않는 신학대학원 시절 읽었던 치유 관련 책자에 소개된 감사 공식이었다. 나는 이것을 기독교적으로 재해석해서 받아들였다. 가장 먼저는 "구나"다. "구나"는 사실을 있는 그대로 받아들이는 것을 말한다. "구나"의 세계를 경험하려면 하나님을 철저히 신뢰해야 한다. 신뢰의 감정을 가진 자만이 모든 상황에 대해 수용성을 갖게 되고 수용성을 가진 자만이 사실을 있는 그대로 볼 줄 알기 때문이다. "구나"의 세계는 신뢰의 관계 속에서 모든 것을 있는 그대로 바라보는 것을 의미한다. 신뢰의 관계를 맺는 사람은 부정적이지 않을 뿐만 아니라 굳이 긍정적일 필요조차도 느끼지 않는다. 예전에 『광수생각』이라는 만화를 본 적이 있다. 주인공 신뽀리가 입시를 앞두고 있다. 한국의 미신 중에 입시생은 "떨어졌다" 혹은 "미끄러졌다" 같은 단어를 들으면 안 된다. 입시생이 그런 말을 듣는 날에는 시험에 미끄러지고 대학에 떨어지게 된다. 그런데 뽀리가 빙판길을 가다가 미끄러져 넘어졌다. 그것을 본 뽀리의 친구가 실수로 "너 미끄러졌구나?"라고 말해버렸다. 해서는 안 되는 말을 한 것이다. 이에 뽀리는 화가 나서 친구를 쥐어박는다. 또 다른 상황이 연출된다. 길을 가다가 뽀리가 들고 있던 연필을 실수로 땅에 떨어뜨렸다. 그것을 본 친구가 자기도 모르게 "연필이 떨어졌구나?"라고 말하려다가 가까스로 발설을 멈추고 스스로 입을 막았다. 연필이 떨어졌다는 말을 했다가는 무슨 봉변을 당할지 모르는 노릇이다. 뽀리는 그 상황에서 가만히 생각하다가 이렇게 말했다. "연필이 땅에 붙었네!" 기가 막히지 않은가? 이것이 세상에서 말하는 적극적 사고방식이다. 이것이 광수생각의 한계이고 세상적 사고방식의 한계다. 굳이 땅에 붙었다고 말하는 이유가 무엇일까? "연필이 땅에 붙었네"는 단지 "연필이 땅에 떨어졌네"에 대한 반작용일 뿐이다. "연필이 땅에 붙었네"라고 하든 "연필이 땅에 떨어졌네"라고 하든 거기에는 동일하게 "두려움"이 숨어 있다. 두렵기 때문에 땅에 떨어졌다고 하면 안 되고 두렵기 때문에 땅에 붙었다고 해야 한다. 적극적 사고방식은 두려움의 산물이다. 두려움이 없었다면 굳이 땅에 붙었다고 말하지 않아도 된다. 두려움을 내어쫓는 사랑을 경험한 사람은 굳이 그렇게 할 필요가 없다. 사랑을 경험한 사람은 사랑의 대상에 대한 신뢰를 갖게 되고 신뢰를 가진 자는 사실을 있는 그대로 받아들인다. 신뢰를 가진 사람은 이렇게 이야기한다. "연필이 손에서 땅으로 이동했구나!" 떨어졌거나 붙은 것은 특정한 기준을 갖고 바라본 해석이다. 하지만 이동했다는 것은 사실을 있는 그대로 본 것이다. "구나"의 세계는 상대가 어떻게 반응하던 사실을 있는 그대로 보는 것을 말한다.

하나님을 절대적으로 신뢰하는 사람은 부정적일 필요도 없고 긍정적일 필요도 없다. 다만 사실을 있는 그대로 바라본다. 하나님을 전적으로 신뢰하는 사람은 소유가 아니라 존재로 살아가는 사람이며 그런 사람만이 "구나"의 세계를 살아갈 수 있다. 한 가지 질문을 해보자. "당신은 내일 날씨를 알아맞힐 수 있는가?" 나는 이렇게 답하겠다. 내일 날씨를 알아맞힐 수 있다고. 내일은 반드시 내가 좋아하는 날씨가 될 것이다. 그걸 어떻게 아느냐고 반박할지 모르겠다. 당연히 안다. 왜냐하면 나는 모든 날씨를 좋아하기 때문이다. 좋은 날씨라는 것이 있을까? 반대로 나쁜 날씨라는 것이 있을까? 비가 오는 날씨는 좋은 날씨인가 아니면 나쁜 날씨인가? 비가 오는 날씨는 좋은 날씨도 아니고 나쁜 날씨도 아니다. 비가 오는 날씨는 그냥 비가 오는 날씨다. 비가 오는 날씨가 가뭄 가운데 있는 농부에게는 좋은 날씨이고 호수에서 배를 타기로 한 연인에게는 나쁜 날씨가 될 뿐이다. 그가 어떤 이름을 붙이느냐에 따라 달라질 뿐이다. 비가 오는 날씨를 좋은 날씨로 볼 것인지 나쁜 날씨로 볼 것인지는 나의 선택에 달려 있다. 좋은 날씨라는 것은 존재하지 않는다. 나쁜 날씨라는 것도 존재하지 않는다. 다만 눈 오는 날씨, 비 오는 날씨, 화창한 날씨, 흐린 날씨 등이 존재할 뿐이다. 그것을 내가 싫어할 수 있고 좋아할 수 있을 뿐이다. 싫음과 좋음은 내가 붙인 딱지에 불과하다. 좋고 싫음은 나의 선택에 달려 있다. 내가 그것을 좋아하기로 하면 그것은 나에게 좋은 날씨가 되는 것이고 내가 그것을 싫어하기로 하면 나쁜 날씨가 될 뿐이다. 하지만 내가 좋아하든 싫어하든 온갖 날씨는 그저 내 기대와 상관없이 찾아온다. 내가 좋아하는 것만 오지 않는다. 그러니 내가 좋아하지 않는 것이 왔다고 해서 실망하거나 화를 낼 필요도 없다. 내 기대와 상관없이 찾아오는 날씨를 모두 좋아해버리면 되지 않겠는가? 그럼 내일 날씨는 항상 내가 좋아하는 날씨가 되지 않겠는가? 이것을 이렇게 바꾸어보자. "당신은 내일 일을 알아맞힐 수 있는가?" 물론 알아맞힐 수 있다. 내일은 내가 좋아하는 일만 일어날 것이다. 내가 어떤 일을 좋아한다고 해서 그 일만 일어나는 것도 아니고 내가 어떤 일을 싫어한다고 해서 일어나지 않는 것도 아니다. 그러니 어떤 일이 와도 저항하지 않고 "지금은 이래야 할 순간"이라고 생각하고 그 일을 좋아하며 받아들이면 그뿐이다. 우리가 하나님을 절대적으로 신뢰하며 합력해 선을 이루실 것임을 믿으면 사실을 있는 그대로 받아들일 수 있다. 그러면 우리는 "다 좋음의 세계"를 누리며 소유가 아닌 존재로 살아갈 수 있다. 이것이 "구나"의 세계다.

　다음으로 "겠지"다. "구나" 하였으면 이제는 "겠지"다. "겠지"는 "그럴 수도 있겠지" 하며 상대와 상황을 이해하는 것이다. "구나"가 사실을 사실 그대로 보는 눈이라면 "겠지"는 상대와 상황을 "이해"하는 것이다. "겠지"가 가능하려면 상대의 입장에서 보아야 한다. 우리는 우리 자신의 입장에서 상대의 행동을 판단하는 경향이 있다. 더 나아가 상대가 하는 행동을 절대로 해서는 안 되는 행동이라고 정죄하는 경향이 있다. 하지만 상대가 그런 일을 할 수 있고 없고를 판단하는 것은 내가 일어나는 모든 일의 이유를 알 수 있다는 교만에서 나오는 행동이다. 우리는 상대가 왜 그런 일을 하는지 그 이유를 다 알 수 없다. 우리는 세상에서 일어나는 일에 대한 이유를 다 알 수 없다. 모든 것은 거미줄처럼 얽혀 있기 때문에 그 복잡함을 단순화시켜 그럴 수 있느니 없느니 말 하는 것은 어불성설이다. 우리는 우리 자신의 한계를 분명히 알아야 한다. 그래야 상대를 이해할 마음이 우리에게 생긴다. 내가 다 안다고 판단하는 순간 상대를 정죄하게 되어 있다. "겠지"의 세계는 모든 것을 내가 다 알 수 없다는 겸손의 행동이고 상대가 그렇게 행동하는 것은 그렇게 행동할 만한 이유가 있기 때문임을 이해하려는 사랑의 행동이다. 그냥 보이는 대로 판단하는 것이 아니라 상대의 속마음을 읽는 것이고 심지어는 상대조차 알지 못하는 이유를 발견하는 일이다. 나처럼 상대 역시 자기가 왜 그런 일을 하는지 모르면서 그런 일을 할 수도 있기 때문이다. 온전히 상대를 이해하면 예수님처럼 말할 수도 있으리라. "아버지, 저들을 용서하여 주십시오. 저들이 알지 못하고 저 일을 행하기 때문입니다"(참조. 눅 23:34).

내가 상대와 상황의 모든 이유를 판단할 수 없다는 고백은 어떤 상황에서도 하나님께서 섭리 가운데 행하고 계신다는 고백과 한 쌍이다. 하나님의 섭리를 믿는 사람은 상대를 이해할 발판을 갖춘 셈이다. 요셉이 형제들을 용서할 수 있었던 이유가 무엇일까? 성품이 뛰어났기 때문일까? 그가 당한 일이 억울한 일이 아니었거나 사사로운 일이었기 때문일까? 그렇지 않다. 그가 감사할 수 있고 상대를 용서할 수 있었던 것은 그는 자신이 당한 일이 하나님의 섭리와 관련이 있음을 알았기 때문이다. 창세기 45장에서 요셉이 한 말을 보라. "당신들이 나를 이곳에 팔았다고 해서 근심하지 마소서. 한탄하지 마소서. 하나님이 생명을 구원하시려고 나를 당신들보다 먼저 보내셨나이다. 이 땅에 이 년 동안 흉년이 들었으나 아직 오 년은 밭갈이도 못하고 추수도 못할지라. 하나님이 큰 구원으로 당신들의 생명을 보존하고 당신들의 후손을 세상에 두시려고 나를 당신들보다 먼저 보내셨나이다. 그런즉 나를 이리로 보낸 이는 당신들이 아니요 하나님이시라. 하나님이 나를 바로에게 아버지로 삼으시고 그 온 집의 주로 삼으시며 애굽 온 땅의 통치자로 삼으셨나이다"(창 45:5-8). 이것은 하나님이 자신과 언약을 맺은 언약 공동체를 살리시기 위해 자신과 형제들을 사용하셨다는 말이다. 자신에게 일어난 모든 일이 하나님의 섭리 가운데 일어났다는 것을 안 요셉은 형제들이 자신을 죽이려고 했고 노예로 팔아버린 사건에 대해서 "그럴 수도 있겠지" 하며 받아들였다. 그렇다고 해서 형제를 노예로 판 일이 잘한 일이라고 말하는 게 아니다. 잘못한 일이라고 판단할 수 있을 때 "그럴 수도 있겠지"라고 해야 그것이 진짜 "겠지"다. 잘못한 일이라고 판단하지만 그 이유를 다 안다고 판단하지는 않는 것이 "겠지"다. 우리는 그 이면에 있는 하나님의 섭리를 읽을 뿐이다. 실상 세상의 모든 일은 일어날 수 있기 때문에 일어났고 그럴 수 있기 때문에 그런 것이다. 따라서 모든 일의 이유를 다 알 수 없다는 겸손의 마음과 상대를 이해하려는 사랑의 마음과 하나님의 섭리 가운데 있다는 지혜의 마음으로 무장하면 "그럴 수도 있겠지" 하며 모든 것을 받아들이게 된다.

심리상담가 정혜신은 『당신이 옳다』(해냄, 2018)에서 우리가 서로에게 주어야 할 가장 중요한 메시지는 "당신이 옳다"라는 것이라고 말한다. 이 말뜻은 "네가 그럴 때는 분명 그럴 만한 이유가 있을 것이다"라는 것이다. 우리가 상대방에게 이 메시지를 줄 때 그의 존재 자체를 있는 그대로 수용하고 있음을 전하는 것이 중요하다. 인간은 모두 존재 자체로 인정받지 못한 데서 오는 허기와 외로움에 처해 있다. 그것을 극복하게 해주는 것이 바로 "공감"이다. 공감이란 그 사람을 존재 자체로 인정하고 그와 함께 머무르는 것이다. 판단과 정죄 없이 그 사람의 고통의 자리에 내려와서 그와 함께하는 것이다. "구나"와 "겠지"를 잘 하는 사람은 잘 공감한다. 반면 이 땅에 "갑질"이 존재하는 이유는 공감 능력이 부재하기 때문이다. "그녀생각"이라는 유명 블로거(2014.03.10.)는 갑질이 "승리 효과" 때문에 나타난다고 말한다. 권력자들은 승리를 경험한 자들이다. 권력이 승리를 가져오기 때문에 권력을 맛본 사람들은 더 승리하려는 경향이 있다. 그래서 그들이 더 잘 승리한다. 권력자들은 승리 효과의 선순환으로 처음에는 나름대로 잘해나가곤 한다. 하지만 그 승리 효과는 부작용이 있을 수 있다. 하나는 사건들을 다른 사람들의 관점으로 바라보는 경향성이 줄어드는 것이고 다른 하나는 통제할 수 없을 정도로 광대하고 복잡한 사건들을 자기가 통제할 수 있다는 환상에 쉽게 빠져드는 것이다. 재미있는 분석이다. 권력을 가진 자에게 권력은 자기 존재의 근거다. 타인은 공감해야 할 대상이 아니다. 나의 권력으로 다스리고 통제해야 할 대상일 뿐이다. 타인은 오직 이 권력 앞에 복종해야 할 존재다. 그런데 권력에 복종하지 않는 자가 있다? 그것은 곧 반역이며 권력을 가진 자를 고통스럽게 하는 셈이다. 권력을 가진 자는 자기에게 이러한 고통을 안겨주는 존재를 결코 용납하지 못한다. 그는 그런 고통을 안겨주는 존재에게 분노와 증오가 걷잡을 수 없이 치밀어올라 그 존재를 파괴하려 한다. 이것이 "갑질"이다. 갑질이 사라지고 서로 존중하는 세상이 되기 위해서는 "구나"와 "겠지"를 잘해야 한다. 그래야 상대방에게 공감할 수 있기 때문이다.

마지막은 "감사"다. "구나"하고 "겠지"했으면 그다음은 "감사"다. "구나"가 사실의 세계를 의미하는 것이고 "겠지"가 상대를 이해하는 것이라면, "감사"는 내가 처한 상황의 다른 면을 보는 것이다. "감사"는 아무리 어떤 것이 나빠도 더 나쁜 것보다는 그것이 좋다는 표현이기도 하다. "감사"는 새로운 가능성을 보는 것이다. 특히 "감사"는 "없는 것"이 아니라 "있는 것"을 보는 것이다. 베드로가 걷지 못하는 이를 일으킬 때 했던 말을 들어보라. "은과 금은 내게 없거니와 내게 있는 것을 네게 주노니"(행 3:6). 베드로는 자신에게 없는 것을 보고 살지 않았다. 그는 자신 안에 있는 것을 보고 살았다. 만약에 그가 자신에게 있는 것을 보지 않고 없는 것을 보고 살았다고 생각해보라. 만약 그가 왜 내게는 금도 없고 은도 없냐며 한탄하고 살았다면 그는 얼마나 불행한 사람이겠는가? 하지만 그는 있음을 바라보았다. 누가 진정으로 부자이고 누가 진정으로 가난한 자인가? 없는 것을 보는 자가 가난한 자고 있는 것을 보는 자가 부자다. 두 팔이 없고 한쪽 다리가 없는 여성인 레나 마리아는 이렇게 말했다. "사람들은 내게 없는 것 때문에 무엇이 불편한지를 질문합니다. 그러나 저는 늘 내가 갖고 있는 것으로 무엇을 할 수 있는지를 생각합니다." 똑같이 처한 상황을 전혀 다른 시각에서 보는 눈이 그녀에게는 있었던 것이다. 그녀는 "있음"을 볼 줄 알았다.

"있음"을 볼 줄 아는 눈을 갖게 되면 좋지 않은 상황임에도 불구하고 감사하다고 말할 수 있게 된다. 어느 모임에서 한 분이 감사에 대해서 이렇게 말했다. 사랑에는 "때문에의 사랑"이 있고 "불구하고의 사랑"이 있듯이 감사에도 "때문에의 감사"가 있고 "불구하고의 감사"가 있다. 좋은 것을 주셔서 감사할 만하기 때문에 감사하는 것은 조건적인 감사다. 하지만 불구하고의 감사는 불행한 것이 있고 부족한 것이 있고 감사할 만한 것이 전혀 없는데도 감사하는 것이기 때문에 진짜 감사다. 그분은 이렇게 말씀하시면서 우리가 실제로 감사한 것을 나누어보자고 말씀하셨다. 다른 한 분이 농담조로 이렇게 말했다. "머리가 큼에도 불구하고 감사합니다." 모두 파안대소했다. 왜냐하면 그분의 머리가 매우 컸기 때문이다. 그러자 한 분이 이렇게 말했다. "여자임에도 불구하고 감사합니다." 다시 웃음이 터졌다. 그것을 시작으로 다양한 "~임에도 불구하고 감사한 것"을 나누기 시작했다. 그 상황을 지켜보며 곰곰이 생각해보았다. 혹 진정한 감사는 "불구하고의 감사"가 아니라 "때문에의 감사"가 아닐까? 예를 들어 머리가 큼에도 불구하고 감사하다는 말에는 머리 큰 것이 마음에 안 든다는 의미가 내포되어 있고 여자임에도 불구하고 감사하다는 말에는 여자인 것이 마음에 안 든다는 의미가 내포되어 있다고 할 수 있다. 다시 말해서 마음에 안 들지만 감사하다는 말이 된다. 이 말은 머리가 크거나 여자인 것이 감사하지 않은데도 감사하다고 말하는 것과 다를 바 없다. 앞뒤가 맞지 않는다. 진짜 감사가 아니라는 말이다. 어떤 면에서 보면 오직 "때문에의 감사"만이 진짜다. "내가 머리가 크기 때문에 감사합니다", "내가 여자이기 때문에 감사합니다", "내 자녀가 공부 못하는 것 때문에 감사합니다"라고 말하는 것이 진정한 감사 일 것이다. 모든 상황을 그 자체로 감사할 수 있는 것이 진정한 감사다.

이제 "구나·겠지·감사"의 원리를 구체적으로 적용해보자. 내가 적용 해본 사례를 소개한다. 공군 군목 시절 첫 번째로 섬겼던 황병산 교회의 반 주자 집사님에게는 두 자녀가 있었는데 사람들의 표현으로는 정말 극성맞 은 아이들이었다. 그 아이들은 엄마가 반주하고 있으면 예배 중에도 뛰어 나가 엄마의 반주와 예배를 방해한다. 그 반주자에게는 이것 이외에도 눈 물 없이는 들을 수 없는 사연들이 참 많아서, 어느 날 나는 그분을 위해 "구 나·겠지·감사"에 대해 설교를 했다. 대충 이렇게 설교했다. "아이들이 예 배 시간에 떠들면서 뛰어다니는 상황을 상상해봅시다. 우리는 어떻게 합니 까? 아이들에게 소리를 지르거나 아이들에게 제재를 가하지 않는 부모를 욕할 것입니다. 왜요? 아이들이 예배를 방해한다고 생각하기 때문입니다. '아이들이 시끄럽게 떠들면서 예배를 방해하는구나.' 아니요. 아이들은 시 끄럽게 떠드는 게 아니라 엄마가 필요했기에 그냥 엄마를 찾아가 힘 있게 자신의 의견을 개진했을 뿐입니다. 아이들은 예배를 방해할 생각이 추호도 없습니다. 그냥 엄마와 놀고 싶은 겁니다. '구나'의 세계에서는 '아이들이 힘 있게 이야기하며 이쪽에서 저쪽으로 뛰어다니는구나'가 정확합니다. 어 떤 판단이나 해석 혹은 정죄 없이 있는 그대로를 먼저 봅니다. 다음은 '겠 지'입니다. '얼마나 답답하고 놀고 싶으면 저럴까. 그럴 수도 있겠지.' 이렇 게 아이들을 이해하는 겁니다. 이렇게 아이들을 이해한다고 해서 아이들 이 그렇게 해도 좋다고 생각하는 사람은 아무도 없을 겁니다. 이해와 의견 은 엄연히 다른 차원입니다. 또한 그 아이들로 인해 힘들어 할 엄마를 이해합니다. 왜 아이들을 제재하지 않는지 모르겠다고 불평하기보다 엄마를 이해하는 것이 좋습니다. '아이들 때문에 가장 힘든 사람이 엄마겠지. 아이들 때문에 반주를 그만두고 싶어도 대안이 없고 하나님의 사명이기에 저렇게 묵묵히 섬기는 거겠지. 아니면 우리가 모르는 어떤 이유로 저렇게 하는 거겠지. 그럴 수도 있겠지.' 마지막으로 '감사'입니다. '뛰다가 넘어져 다치면 진짜 예배가 엉망이 되는데 그런 일이 일어나지 않아서 감사하다.' '아이들이 중환자실에 누워 있지 않고 저렇게 씩씩하니 얼마나 감사한가.' 아이들이 예배 시간에 뛰어놀아도 된다는 말이 아닙니다. 예배 시간에 뛰어놀지 말 것에 대한 것은 '나 전달법'을 통해 아이들에게 제안해야 할 일이지요. 그것은 함께 의논하고 배치를 바꾸며 상황을 조정해야 할 일이지요. 하지만 그런 상황에서도 화를 내고 불평하는 것이 아니라 감사할 수도 있다는 것을 깨닫는 것이 중요합니다. 그래야 차분히 상황을 처리할 수 있기 때문입니다." 나는 반주하시는 집사님이 이 설교를 통해 위로받아 마음이 참 좋았다.

6장

순례의 길,
기억과 기대의 여정

신명기는 모세가 자신의 인생을 마무리하면서 모압에서 가나안 진군을 앞에 두고 있는 이스라엘 백성과 언약을 갱신하는 내용이다. 새롭게 갱신되는 언약에서 모세가 강조한 것은 두 가지다. "기억"과 "기대"다. 모세는 영적 싸움이란 잘 기억하고 잘 기대하는 것이라고 말한다. 여기서 사용하는 "기억"과 "기대"라는 개념은 "기쁨, 시간·공간 초월" 장에서 사용한 개념과 다르다. 그때는 "생각"이 작동하는 구조를 설명하는 용어로서 사용했지만 여기서는 신앙의 본질적인 요소를 설명하는 용도로 사용한다. 신앙의 본질적인 요소가 "기억"과 "기대"다. 신앙이란 기본적으로 "이미"와 "아직" 사이에서 살아가는 삶을 말한다. "이미"의 세계를 누리려면 "기억"을 잘해야 하고 "아직"의 세계를 살아가려면 "기대"를 잘해야 한다. "이미"와 "아직" 사이에서 순례의 길을 가는 동안 잘 기억하고 잘 기대하는 영적 싸움을 싸워야 한다. 신명기에서 모세가 하는 권면에 이 두 가지 요소가 잘 드러나 있다. 먼저 영적 싸움에서 가장 중요한 것은 잘 기억하는 것이다. 출애굽 제1세대들이 가나안에 들어가지 못하고 광야에서 멸절된 이유가 무엇일까? 그들이 불평하고 원망했기 때문이다. 그들은 왜 불평하고 원망했을까? 잘 기억하지 못해서 그렇다. 그들이 기억의 싸움에서 실패했기 때문이다. 그래서 모세가 가장 많이 하는 말이 "기억하라"는 말이다. "네 하나님 여호와를 기억하라.…네가 만일 네 하나님 여호와를 잊어버리고 …절하면 너희가 반드시 멸망할 것이라"(신 8:18-19).

　　우리의 기억은 정확하지 않다. 우리가 기억하고 있는 것은 대부분 "해석과 편집"이 가미된 것이다. 우리는 우리가 기억하고 싶은 대로 해석하고 편집해서 기억하기 때문에 우리가 기억하고 있는 것은 사실 자체가 아니다. 우리가 기억을 해석하고 편집하기 때문에 정확하게 기억하지 않을 뿐 아니라 심지어 조작하기도 한다. 자기도 모르게 기억을 조작하기 때문에 실제 일어나지 않은 일들을 진짜로 일어난 일로 착각하기조차 한다. 한 심리학자 그룹이 이런 실험을 했다. 우선 실험에 참가한 이들에게 그들의 어린 시절 경험이 적힌 종이를 나누어준다. 피험자들이 쇼핑몰에서 길을 잃은 사건이다. 그러나 그 일은 사실이 아니었다. 피험자들이 믿게 하기 위해 친척들의 증언까지 덧붙여 그럴듯하게 꾸몄을 뿐이다. 하지만 피험자들에게 그때의 느낌과 기억에 대해서 상세하게 설명하게 하자 그들 중 일부는 진짜 일어난 사건인 양 상세하게 증언했다. 그들은 바로 어제 일어난 일인 듯 아주 생생하게 묘사했을 뿐만 아니라 또 다른 기억까지 보태 설명했다. 실험이 끝난 후 심리학자가 이것은 지어낸 것일 뿐이라고 말해주자 그들은 자신들이 실제로 경험했다고 강변했다. 친척들이 꾸며낸 이야기라고 해도 그들은 믿으려 하지 않았다. 이처럼 기억이라는 것은 정확하지 않다. 조작한 기억조차 사실로 믿는 것이 우리다. 그러니 잘 기억하는 것이 얼마나 어렵겠는가? 더욱 큰 문제는 우리가 기억을 편집하고 조작하면서 긍정적으로 기억하는 것이 아니라 부정적으로 기억하는 경향이 있다는 점이다. 하나님께 감사할 만하도록 기억하는 것이 아니라 불평할 만하도록 기억하는 것이다. "선택적 기억"이라는 말이 있다. 그것은 불평할 만한 기억을 선택적으로 기억한다는 의미다. 우리의 수많은 일상적 사건과 경험들은 결국 기억의 형태로 머릿속에 남는다. 그런데 공교롭게도 사람들은 일이 잘 안 풀리는 경우나 재수가 없다고 느끼는 것들을 아주 또렷하게 기억하고 결국 시간이 지나면 재수 없었던 기억들이 상대적으로 많아진다. 우리가 기억을 하되 선택적으로 기억하며 긍정적인 것보다는 부정적인 것을 선택해서 기억하는 경향이 있기 때문에 머릿속에 남는 것은 주로 부정적인 기억들이라는 말이다. 그러니 불평하고 원망할 수밖에 없다. 만약 영적 싸움에서 승리하기를 원한다면 우리는 부정적인 기억이 아니라 긍정적인 기억을 하기 위해 분투해야 한다. 잘 기억하는 것은 그냥 저절로 이루어지는 것이 아니다. 영적 싸움은 어떤 것을 기억할 것인지 선택하는 것이며 부정적인 기억들을 선택하게 만드는 강력한 힘과의 끊임없는 싸움이다. 그것은 기억과의 투쟁이다. 하나님과 그분이 주신 은혜에 대한 기억과 사탄과 그가 준 불행에 대한 기억과의 투쟁이다. 영적 싸움은 하나님과 그분이 주신 은혜를 기억하는 싸움이다. 그 싸움에 실패하면 우리는 불평하고 원망하게 되어 결국 가나안에 들어가지 못하게 된다.

선택적 기억보다 더 안 좋은 것은 단지 기분 나빴던 경험을 더 많이 기억하는 정도로 끝나지 않고 그 기억을 왜곡하기까지 하는 경향이다. 이스라엘 백성은 광야에서 하나님께 계속해서 원망한다. 그들은 뒤에서 이집트 군인들이 쫓아올 때도 마실 물이 없을 때도 먹을 것이 없을 때도 정탐꾼의 보고를 들을 때도 계속해서 원망한다. 그러면서 그들이 뭐라고 말하는가? 이스라엘 백성은 차라리 이집트에서 종살이 하는 것이 더 나았다고 말한다. 자기들이 고역으로 인해 탄식하며 부르짖어 그 소리를 하나님께서 들으시고 그들을 이집트의 손에서 건져내셨는데도 이제 와서 이집트가 더 좋았다고 불평한다. 이스라엘 백성은 지금의 어려움에 대한 불평을 정당화하기 위해 과거의 기억을 왜곡하는 전형을 보여주고 있다. 그들은 이집트의 압제로 인한 고통의 기억은 축소하고 이집트에서 고기와 떡을 먹었을 때의 즐거움에 대한 기억은 증폭한다. 그 결과로 "광야는 곧 고통"이며 "이집트는 곧 기쁨"이라는 공식이 성립된다. 이러니 불평과 원망이 나올 수밖에 없다. 기억을 왜곡하지 말고 바로잡아야 한다. 이스라엘 백성이 "광야는 곧 고통"이며 "이집트는 곧 기쁨"이라는 공식을 "이집트는 곧 고통"이며 "광야는 곧 기쁨"이라는 공식으로 바로잡지 않는 한 불평과 원망을 끊을 수 없다. 그들이 선택적 기억과 기억의 왜곡을 통해 "광야의 어려움"과 "이집트의 고기 가마"를 비교하는 한 싸움에서 승리할 수 없다. 이집트에서의 절규는 축소하고 고기 가마의 즐거움은 증폭하는 한 그들은 이길 수 없다. 이집트는 곧 기쁨이며 광야는 곧 고통이라는 등식을 갖고 있는데 어떻게 그들이 전쟁에서 이집트를 이기겠는가? 여기서 기억의 투쟁을 벌여야 한다. 이스라엘 백성은 이집트가 그들에게는 고통이었다는 것을 기억해내야 한다. 그들이 이집트의 압제로 인해 절규했던 사실을 기억해내야 한다. 그리고 그 절규를 들으시고 하나님께서 그들을 이집트에서 건지신 사건을 기억해내야 한다. 10가지의 재앙 사건과 홍해를 가르신 사건을 기억해내야 한다. 광야에서 만나와 메추라기로 먹이신 일을 기억해내야 한다. 구름 기둥과 불 기둥으로 그들을 인도하신 것을 기억해내야 한다. 하나님이 얼마나 신실한 분이시며 얼마나 능력이 있는 분이신지를 기억해내야 한다. "광야의 어려움"과 "이집트의 고기 가마"를 비교하는 것이 아니라 기억과의 투쟁을 통해 "이집트의 압제"와 "광야의 은혜"를 비교할 줄 알아야 한다. 프레임이 바뀌지 않으면 승리할 수 없다. 이렇게 기억과의 싸움에서 승리할 때 우리는 영적 싸움에서 승리할 수 있고 어떠한 어려움에서도 하나님을 찬양할 수 있다. "네 하나님 여호와께서 이 사십 년 동안에 네게 광야 길을 걷게 하신 것을 기억하라. 이는 너를 낮추시며 너를 시험하사 네 마음이 어떠한지 그 명령을 지키는지 지키지 않는지 알려 하심이라"(신 8:2). "이는 다 너를 낮추시며 너를 시험하사 마침내 네게 복을 주려 하심이었느니라"(신 8:16). 우리가 기억과의 싸움에서 승리하면 광야를 통해 이루시기를 원하시는 하나님의 목적에 집중할 수 있다. 모세는 이스라엘 백성들에게 기억과의 싸움에서 승리해 오직 하나님만을 찬양하며 하나님의 목적을 이루는 삶을 살도록 도전한다.

성령이 주로 하시는 일도 "기억"하게 하시는 것이다. "보혜사 곧 아버지께서 내 이름으로 보내실 성령 그가 너희에게 모든 것을 가르치고 내가 너희에게 말한 모든 것을 생각나게 하리라"(요 14:26). 예수님이 모든 것을 기억나게 하셔서 그들을 고아와 같이 버려둔 것이 아니라 성령 안에서 함께하심을 알게 하신다. "그는 진리의 영이라. 세상은 능히 그를 받지 못하나니. 이는 그를 보지도 못하고 알지도 못함이라. 그러나 너희는 그를 아나니 그는 너희와 함께 거하심이요. 또 너희 속에 계시겠음이라. 내가 너희를 고아와 같이 버려두지 아니하고 너희에게로 오리라"(요 14:17-18). 제자들은 기억을 통해 예수님과 하나가 된다. 기억(remember)은 다시 하나 되게 하는 것(re-member)이다. 또한 성령은 예수 그리스도가 하신 말씀을 잘 기억하게 하여 핍박 가운데서도 변론할 수 있는 담대함을 우리에게 주신다. 그렇게 함으로써 핍박 가운데서도 즐거워할 수 있는 힘을 주신다. 성령은 기억과의 싸움에서 승리케 하는 분이시다.

둘째로 영적 싸움에서 중요한 것은 잘 기대하는 것이다. 신명기 9:1-3의 말씀에서 하나님은 이스라엘 백성이 요단을 건너 그들보다 강대한 나라들로 들어가서 그것을 차지할 것이라고 말씀하신다. 그분은 자신이 직접 맹렬한 불과 같이 먼저 이스라엘 앞에 나아가서 그들을 멸해주실 것이라고 말씀하신다. 하나님은 이스라엘 백성에게 그것을 기대하고 소망하며 그분이 반드시 일하실 것임을 믿으라고 도전을 주신다. 이와 같이 영적 싸움은 잘 기대하는 것이다. 도저히 불가능할 것 같은 하나님의 비전을 기대하는 것이다. 잘 기대하기 위해서는 잘 기억해야 한다. 잘 기억하는 사람이 잘 기대할 수 있다. 기억과 기대는 동전의 양면처럼 한 쌍으로 온다. "네가 혹시 심중에 이르기를, '이 민족들이 나보다 많으니 내가 어찌 그를 쫓아낼 수 있으리요' 하리라마는 그들을 두려워하지 말고 네 하나님 여호와께서 바로와 온 애굽에 행하신 것을 잘 기억하되, 네 하나님 여호와께서 너를 인도하여 내실 때에 네가 본 큰 시험과 이적과 기사와 강한 손과 편 팔을 기억하라. 네 하나님 여호와께서 네가 두려워하는 모든 민족에게 그와 같이 행하실 것이요. 네 하나님 여호와께서 또 왕벌을 그들 중에 보내어 그들의 남은 자와 너를 피하여 숨은 자를 멸하시리니, 너는 그들을 두려워하지 말라. 너희의 하나님 여호와 곧 크고 두려운 하나님이 너희 중에 계심이니라"(신 7:17-21). 하나님은 이스라엘 백성에게 "두려워하지 말고 네 하나님 여호와께서 바로와 온 애굽에 행하신 것을 잘 기억하되 네 하나님 여호와께서 네가 두려워하는 모든 민족에게 그와 같이 행하실 것을 기대하라고" 말씀하신다. 하지만 이스라엘 백성은 기억하는 데 실패했기 때문에 기대하는 것도 실패한다. 정탐꾼들은 가나안의 족속들에 비하면 자기들은

"메뚜기"와 같다고 보고한다. 그 보고를 들은 이스라엘 백성은 통곡을 하며 자신들이 망하게 되었다고 말한다. 그들은 차라리 이집트나 광야에서 죽는 것이 좋았을 것이라고 말한다. 그들은 이집트로 돌아가는 것이 낫지 않겠 냐고 말한다. 기억하는 일에 실패하니까 기대하는 일에도 실패한다. 열 가지 재앙과 홍해 사건, 만나와 메추라기, 구름 기둥과 불 기둥, 바산 왕 옥과 아모리 왕 시혼을 이기심을 기억했더라면 가나안의 견고한 요새나 아낙 자손이라 할지라도 하나님이 이기게 하시고 그들에게 그 땅을 선물로 줄 것을 기대했을 텐데 그들은 그렇게 하지 못한다. 그들이 잘 기억하고 잘 기대했더라면 "네게 주리라 맹세하신 땅으로 너를 들어가게 하시고 네가 건축하지 아니한 크고 아름다운 성읍을 얻게 하시며 네가 채우지 아니한 아름다운 물건이 가득한 집을 얻게 하시며 네가 파지 아니한 우물을 차지하게 하시며 네가 심지 아니한 포도원과 감람나무를 차지하게 하사 네게 배불리 먹게 하실"(신 6:10-11) 하나님을 경험했을 것이다. 잘 기억하는 사람은 잘 기대하며 진정한 소망을 품는다. 그는 하나님의 소원을 가슴에 품고 살아간다. 그리고 그는 그 소망대로 하나님께서 성취하실 것을 믿는다. 그는 그 믿음 때문에 지금 여기서 소망의 싸움을 포기하지 않는다. 광야 한가운데 있는 것처럼 보여도 소망을 품고 영적 싸움을 포기하지 않는다. 그는 기대하기 때문에 끝까지 버틴다. 믿음은 곧 버티는 것이다.

성령이 하시는 일도 기대하게 하는 것이다. "그러나 진리의 성령이 오시면 그가 너희를 모든 진리 가운데로 인도하시리니, 그가 스스로 말하지 않고 오직 들은 것을 말하며 장래 일을 너희에게 알리시리라. 그가 내 영광을 나타내리니 내 것을 가지고 너희에게 알리시겠음이라"(요 16:13-14). 또한 성령이 임하면 "너희의 자녀들은 예언할 것이요, 젊은이들은 환상을 보고 너희의 늙은이들은 꿈을 꿀 것이다"(행 2:17). 성령은 예언하고 환상을 보고 꿈을 꾸게 하신다. 우리는 이런 기대를 하기 때문에 환난 중에도 즐거워할 수 있다. 이 기대가 있기 때문에 인내하고 연단하여 소망을 이루게 된다. "다만 이뿐 아니라 우리가 환난 중에도 즐거워하나니, 이는 환난은 인내를, 인내는 연단을, 연단은 소망을 이루는 줄 앎이로다"(롬 5:3-4) "우리가 소망으로 구원을 얻었으매 보이는 소망이 소망이 아니니 보는 것을 누가 바라리요? 만일 우리가 보지 못하는 것을 바라면 참음으로 기다릴지니라"(롬 8:24-24). 그렇다. 바랄 수 없는 중에 바라고 보지 못하는 것을 바라고 있다면 우리는 참음으로 기다려야 한다. 포기하면 "실패"지만 참고 기다리면 "과정"이다. 참고 기다리는 과정 없이는 소망을 이룰 수 없다. 이것을 역으로 적용하면 우리가 참고 기다릴 수 있는 것은 소망 때문이다. 참고 기다리면 하나님의 약속이 반드시 이루어진다는 소망이 있기 때문에 우리는 견딜 수 있다. 그래서 믿음은 "역사"와 짝이고 사랑은 "수고"와 짝이지만 소망은 "인내"와 짝이다. "너희의 믿음의 역사와 사랑의 수고와 우리 주 예수 그리스도에 대한 소망의 인내를 우리 하나님 아버지 앞에서 끊임없이 기억함이니"(살전 1:3).

바울은 로마서에서 "이신칭의" 교리를 설명하면서 하박국의 말씀을 인용한다. "의인은 그의 믿음으로 말미암아 살리라"(합 2:4). 이 의미를 바로 이해하려면 우리는 하박국의 말씀을 제대로 보아야 한다. "이 묵시는 정한 때가 있나니 그 종말이 속히 이르겠고 결코 거짓되지 아니하리라. 비록 더딜지라도 기다리라. 지체되지 않고 반드시 응하리라. 보라! 그의 마음은 교만하며 그 속에서 정직하지 못하나 의인은 그의 믿음으로 말미암아 살리라"(합 2:3-4). 하나님은 묵시에 정한 때가 있다고 말씀하신다. "정한 때"란 "여자의 임신 기간의 마지막 때"를 지시할 때 사용된다고 한다. 한마디로 정한 때란 뱃속의 아기가 충분히 자라기 위해 필요한 시간이라는 말이다. 아기는 하나님께서 이 땅에 이루기를 원하시는 뜻의 성취를 상징한다. 육신의 눈으로는 잘 보이지 않지만 산모의 뱃속에서 자라고 있는 아기처럼 우리의 눈에는 악인이 형통하고 악이 승리하는 것처럼 보이지만 보이지 않는 가운데 하나님의 뜻이 성취되고 있다는 말이다. 그러다가 때가 차면 "그 종말"이 속히 이르게 된다. 여기서 말하는 "종말"이란 세상의 끝을 말하는 것이 아니라 "근접한 미래"에 이루어질 성취의 시간이다. 그것이 이루어질 때는 속히 이루어진다. 그러니 우리는 기다려야 한다. 조급한 마음에 기다리지 못하고 아기를 밖으로 끄집어낸다면 "미숙아"가 나올 뿐이다. 비록 더딜지라도 기다려야 한다. 지체되지 않고 반드시 응할 것이기 때문이다. 기다림은 의인에게 요구되는 가장 중요한 특징이다. 하나님은 이렇게 말씀하신다. "의인은 그의 믿음으로 말미암아 살리라"(합 2:4). 여기서 말하는 믿음은 단순히 어떤 교리적인 것을 인지적으로 이해하거나 동의하는 것을 뜻하지 않는다. 성경에서 말하는 믿음은 "Faith"를 의미하기보다는 "Faithfulness", 즉 신실함을 의미한다. 믿음에 해당하는 "에무나"(emunah)라는 히브리어 단어는 구약성경에서 모두 49번이 사용되었는데 오직 이곳에서만 "믿음"으로 번역되었다. 다른 모든 구절은 "에무나"를 "신실함"으로 번역하고 있다. "신실함"이란 관계가 요구하는 것에 충실한 것을 의미한다. 하나님과 맺는 관계에서 우리에게 요구되는 것은 무엇인가? 바로 "기다림"이다.

로마서보다는 히브리서가 하박국의 의미에 맞게 이 문장을 사용했다. "너희에게 인내가 필요함은 너희가 하나님의 뜻을 행한 후에 약속하신 것을 받기 위함이라. 잠시 잠깐 후면 오실 이가 오시리니 지체하지 아니하시리라. 나의 의인은 믿음으로 말미암아 살리라"(히 10:36-38). 믿음이란 어느 한순간에 어떤 사실을 인지적으로 받아들이는 것을 말하는 것이 아니라 "정한 때"가 이루어질 때까지 공평과 정의의 하나님, 인애와 긍휼의 하나님, 진실하시고 신실하신 하나님께서 반드시 이룰 줄 믿고 어떤 환난과 핍박 가운데도 끝까지 버텨내고 인내하며 기다리는 삶의 방식을 말하는 것이다. 믿음이란 이 세상이 아무리 불합리하게 보여도 만왕의 왕이신 하나님께서 통치하고 계신다는 것을 신뢰하는 것이며 선하시고 전능하신 하나님께서 반드시 공평과 정의가 이루어지는 세상 그리고 정의와 평화가 입맞춤하는 세상을 이루실 것이라는 것을 신뢰하고 인내하며 기다리는 것이다. 인내하고 기다리는 것은 어떤 수동적인 태도나 상태를 말하는 게 아니다. 히브리서 저자는 이렇게 말한다. "나의 의인은 믿음으로 말미암아 살리라. 또한 뒤로 물러가면 내 마음이 그를 기뻐하지 아니하리라 하셨느니라"(히 10:38). 뒤로 물러서는 것은 기다림과 인내가 아니다. 불의가 판치는 데도 수수방관하는 것과 침묵으로 동조하는 것은 인내와 기다림이 아니다. 그것들은 악인들이 자신들의 기득권을 유지하기 위해 고통받는 사람들에게 요구하는 거짓 기다림일 뿐이다. 진정한 기다림과 인내는 선하시고 전능하신 하나님을 신뢰하기 때문에 아무리 패배한 것처럼 보여도 눈으로 보이는 것에 굴복하지 않고 싸움의 전선에서 뒤로 물러서지 않는 것을 말한다. 그것은 보이지 않는 곳에서 정한 때를 향해 일하고 계신 하나님을 신뢰하고 그분께 모든 것을 맡기는 것이고, 조급해하거나 불안해하지 않고 때를 기다리고 사모하는 것이며, 고통 가운데 머물면서 때가 이를 때까지 끝까지 선한 싸움을 함께 싸워나가는 것이다.

더불어숲동산교회가 얼마 전에 분립 개척을 했다. 성장과 공동체성을 유지하기 위해서다. 오른쪽 날개인 성자적 영성과 왼쪽 날개인 혁명가적 영성을 지탱해주는 몸통이 공동체성이다. 공동체성은 포기할 수 없는 이상이다. 처음 분립 개척을 생각했을 때는 절대적인 것은 아니지만 출석 성도 200-300명 정도 될 때에야 가능하다고 생각했다. 300명이 넘지 않아야 공동체성을 유지하기 좋고 인적·재정적 자원을 충분히 지원하려면 200명 이상은 되어야 한다고 생각했기 때문이다. 하지만 우리는 장년 출석 150명과 주일학교 출석 100명일 때인 2017년 하반기부터 준비해서 2018년 1월부로 분립 개척을 했다. 오랫동안 함께했던 부목사의 나이도 찼고 운영위원들의 생각도 분립 개척이 가능하다고 판단했기 때문이다. 하지만 분립 개척을 하려 할 때 주위에서 대부분이 반대했다. 장년 출석 150명으로는 양쪽 교회 모두가 큰 부담이라는 이유에서다. 지금 개척을 하면 양쪽 교회 모두 망하는 수가 있다며 대부분의 벗들이 우려를 표했다. 충분히 이해가 됐다. 사실 분립 개척을 준비하는 우리도 불안한 건 매한가지였다. 이미 운영위 회의에서 분립 개척하기로 결정된 상황이었지만 나 역시 불안했고 결정 사항을 재고해야 하지 않을까 하는 생각까지 했다. 실제로 분립 개척 이후 우리가 감당해야 하는 이러저러한 부담이 너무 커서 감당하기 어려운 수준이었고 요즘은 개척교회의 성공률이 낮아도 너무 낮았기 때문이다. 주위의 염려에 근거가 없지 않다. 그래서 나는 작정 기도를 했고 감사하게도 특별저녁기도회 중에 응답을 받았다. 기도 중에 갑자기 떠오르게 하신 성경 구절이 하나님의 응답이었다. 예상치 못한 구절이었고 너무나 분명한 말씀이었다. 오해의 소지가 있어 여기에는 밝히지 않지만 나는 이 응답을 받고 모든 염려를 이길 수 있었고 담대하게 개척을 추진했다. 지금까지 불가능한 것처럼 보이는 수많은 상황 가운데서도 하나님께서는 약속대로 역사하셨다. 그렇다면 그분은 또다시 약속대로 역사하실 것이다. 다윗의 고백처럼 "건져내셨은즉 건져내실 것이다"(참조. 삼상 17:37). 제대로 기억하면 긍정적으로 기대할 수 있다.

저성장의 경제 사정으로 인해 우리도 어려운 형편이지만 매월 생활비 200만원을 1년 단위로 2년 정도 지원하기로 결정했고 "분립 개척기금"으로 돈을 모았을 뿐 아니라 "분립 개척을 위한 특별헌금"도 했다. 모두의 예상을 두 배 이상 초과하는 금액이 나왔다. 우리 교회에서 처음 신앙생활을 시작한 한 성도님이 남편도 믿지 않고 그리 부유하지 않은 분인데도 불구하고 가장 많은 액수의 헌금을 하셔서 진한 감동을 줬다. 문제는 몇 명이나 개척에 동참할지였다. 나도 개척을 해보니까 개척에 동참하는 사람의 수가 가장 중요했다. 초대형 교회의 부목사였던 내가 안산동산교회 교인 15명과 더불어숲동산교회 개척을 준비하기 시작했으니 이 작은 교회에 얼마나 많은 사람이 더 참여할지 걱정이 되었다. 놀랍게도 첫 개척준비기도회에 15명이 모였다. 부목사가 너무 놀랐고 교회에 누를 끼치는 건 아닌가 걱정할 정도였다고 한다. 최종적으로는 20여명이 개척에 동참하게 되었다. 대부분 중직과 리더급들이었고 십일조를 하는 교인들이었다. 모든 것이 완벽하게 준비되었다. 더군다나 개척 장소도 완벽했다. 테라스와 주차장까지 완비한 단독 건물이었다. 함께 기도하기 위해 간 우리 성도님들이 모(母)교회와 장소를 바꾸자고 농담할 정도로 좋았다. 정말 주님이 하셨다고 밖에 할 수 없는 일들이 일어났다.

분립 개척 과정에서 느낀 점이 있다. 분립 개척에는 씨를 뿌리는 개척이 있고 꺾꽂이로 심는 개척이 있는 것 같다. 대형 교회에서 하는 분립 개척은 씨를 뿌리는 개척에 가깝다. 잘 자랄 만한 땅에 씨를 뿌리듯이 분립 개척을 하면 또 하나의 교회가 그곳에 뿌리를 내리고 자라게 된다. 반면 작은 교회의 개척은 꺾꽂이로 심는 개척에 가깝다. 가지를 잘라 심는 방법이기 때문에 많은 아픔을 겪게 된다. 한 가족처럼 지내던 사람들이 분립 개척을 하기 때문에 그 과정에서 몸의 일부가 떨어져 나가는 아픔을 겪게 된다. 부모가 자녀를 분가시키는 과정에서도 얼마나 많은 아픔이 있는가? 부모는 자녀에게 괜히 섭섭하고 자녀는 부모에게 괜히 섭섭하다. 하물며 부모 공동체로부터 자녀 공동체가 떨어져 나가는 것 같은 작은 교회의 분립 개척 과정에 그러한 섭섭함이 없을 수 없다. 나 역시 마음 아픈 일이 참 많았다. 하지만 아픔이나 어려움이 아닌 유익에 귀를 기울여야만 하나님이 가장 기뻐하는 분립 개척의 영광을 경험할 것이다. 꺾꽂이의 유익이 무엇일까? 내가 개척할 때는 대형 교회에서 전혀 다른 배경과 동기를 가진 각기 흩어져 있던 사람들이 모였기에 하나 되기 위해 개척 초반에 힘든 내홍을 겪어야만 했다. 하지만 작은 교회의 개척은 많게는 7-8년 적게는 3-4년을 함께했던 사람들이 동참하는 것이기에 훨씬 더 팀워크가 좋다. 불필요한 내홍을 겪지 않아도 된다. 꺾꽂이의 유익은 가지를 꺾는 과정을 겪어야 하기에 아프지만 씨앗이 아닌 가지 채 심는 것이기에 훨씬 더 안전하고 건강하게 자랄 수 있다는 장점이 있다. 얼마나 멋진 개척인지 모른다.

하지만 우리가 치러야 할 대가가 너무 컸다. 우선은 재정적인 부담이 만만치 않았다. 매달 생활비 지원뿐 아니라 분립 개척에 동참한 분들이 했던 헌금이 상당했기 때문에 이전과 대비해서 추가적으로 지출되는 양이 매우 컸다. 2018년부터 마이너스 재정 상황 때문에 계속해서 심장이 쫄깃쫄깃해지는 시간을 보내야 했다. 믿음의 역사가 없었다면 버텨내지 못했을 것이다. 또한 개척에 참여한 분들이 대부분 중직과 리더급들이었기에 그분들이 빠져나갔다는 것은 일꾼이 빠져나갔다는 걸 의미했다. 빠져나간 일꾼을 메우는 일은 보통 힘든 일이 아니었다. 일꾼을 메운다 해도 새 일꾼들의 적응 과정과 신구의 갈등 과정을 고스란히 겪어야 했다. 또한 "제2의 개척"과 같은 상황이라 불평, 자기 의, 정죄, 갈등, 떠남 등 개척 초반에나 겪는 일을 다시 겪어야 했다. 더군다나 기성 모임이나 사역이 유지되기가 훨씬 더 어려운 선교적인 상황에서 말이다. 하지만 이 모든 것은 주님의 명령에 순종하는 자들이 치르는 대가다. 그들은 그것을 견뎌내고 인내하며 더 많은 유익을 바라보고 소망 중에 주님께서 영광 받으실 것만 생각해야 한다. 우리는 그렇게 했고 하나님께서 놀랍게 일하심을 목도할 수 있었다. 하나님은 사람을 채워주셨고 재정을 채워주셨다. 우리는 기억과 기대의 싸움에서 승리했다.

7장

밀봉과 승압,
봄·여름·가을·겨울

학창 시절 목숨처럼 사랑했던 공동체가 있었다. 그 공동체에서 거의 8년
동안 공동 리더를 했다. 그 공동체에서 보낸 삶을 내 삶에서 빼버리면 대학
생활 중반과 군목으로 군대를 가기 전까지의 나의 삶을 기억할 수 있는 것
은 아무것도 없을 정도였다. 그만큼 사랑했고 헌신했던 공동체였다. 공동체
의 수련회를 인도하다가 실제로 눈에서 피눈물이 흐르는 것을 경험할 정도
로 헌신했던 공동체였다. 군목으로 임관하기 위해 대구의 3사관학교 훈련
소에 있던 중 그런 공동체로부터 결별을 통보받았다. 그 공동체와의 결별
은 내 전 존재가 무너지는 것 같은 경험이었다. 공동체와 결별하고 나니 정
말 말 그대로 아무것도 남은 것이 없었다. 젊은 날 방황하며 자살하려 했을
때와는 결이 다른, 하지만 그에 못지않은 강도로 절망과 외로움을 겪어야
했다. 훈련소에서 힘들게 훈련하는 시간이 아니었다면 어쩌면 견디지 못했
을지도 모른다. 도대체 왜 나에게 이런 일이 일어나야 하는가? 어떻게 나에
게 이럴 수 있을까? 군목으로 첫 부임지에 가서도 새벽마다 울며 기도했다.
어떻게 기도해야 할지도 몰라 그저 우물거리며 탄식하는 "한나의 기도"를
드릴 수밖에 없었다. 이때 잊고 있던 방언이 다시 터졌다. 그렇게 기도할

때 하나님께서 요셉의 모습을 떠올리게 하셨다. 이렇게 말씀하시는 것 같았다. "너의 인생이 요셉과 같은 인생이 될 것이다." 그런 응답을 통해 전부를 잃고 아무런 목적도, 삶의 이유도 없이 살아가야 할 군목 생활에 의미가 생겼다. 군목 생활이 마치 가족과 결별하고 이집트로 팔려간 요셉의 삶처럼 여겨졌다. 그때부터 요셉은 내 인생을 돌아보는 거울과 같은 존재가 되었다.

요셉의 인생을 깊이 묵상해보면 고난에는 "차가운 고난"과 "뜨거운 고난"이 있는 것 같다. 요셉은 형제들이 자신을 구덩이에 던지고 노예로 파는 사건을 통해 "차가운 고난"을 경험한다. 차가운 고난은 자신의 존재의 기반이 무너지는 고난이다. 그것은 본토 친척 아비 집을 떠나는 것과 같은 체험이다. 관계의 단절과 존재의 지반을 상실하는 경험을 통해 절망적 아픔을 겪게 되는 것이 차가운 고난이다. 이것을 "차가운 고난"이라고 표현한 이유는 그것이 마치 인생의 겨울에 해당하는 고난처럼 느껴지기 때문이다. 하지만 인생의 끝처럼 보이는 겨울은 사실 끝이 아니라 인생의 시작이다. 이 밀봉의 시간을 통해 새로운 인생을 살아갈 성품이 빚어지기 때문이다. 반면 "뜨거운 고난"은 잘 나가던 자가 쌓아놓은 업적과 공로와 명성을 한꺼번에 잃는, 그것도 자신의 능력 부족이나 실수만이 아니라 억울한 모함이나 외부 환경에 의해 모든 것이 무너지는 것과 같은 체험이다. "뜨거운 고난"이라고 표현한 것은 그것이 마치 사망의 음침한 골짜기를 지나는 것 같은 광야의 시간이고 여름의 시절처럼 느껴지기 때문이다. 바로의 친위대장 보디발의 집과 모든 소유물을 주관하는 축복을 누리던 요셉은 보디발의 아내의 모함으로 감옥에 갇힌다. 결국 요셉은 구덩이에 빠지는 인생에서 감옥에 갇히는 인생이 되었다. 구덩이에서 감옥으로. 이것이 요셉의 인생 테

마였다. 차가운 고난이 "단절"을 의미한다면 뜨거운 고난은 "추락"을 의미한다. 높은 곳에서의 추락은 우리를 분노하게 만들고 상처를 주지만 이 낙차 큰 추락을 통해 우리는 철저한 겸손을 배우게 되고 전적으로 하나님을 의지하게 된다. 이 낙차 큰 추락으로 형성된 신적 겸손과 의존이야말로 진정한 능력의 근원이다. 거대한 댐을 상상해보라. 높은 위치에서 떨어진 물이 전기를 만들어내지 않는가. 물리학적으로 말하면 위치 에너지가 운동 에너지를 만들어낸다. 더 높은 위치에서 떨어진 물이 더 큰 에너지를 만들어낸다. 이처럼 낙차 큰 추락은 보통 사람보다 편차 큰 능력을 만들어낸다. 요셉은 감옥에 갇히는 사건을 통해 이 뜨거운 고난을 경험했고 여름의 시간을 보내고 나서야 이집트의 총리가 될 수 있었다. 요셉뿐만 아니라 우리도 열매를 맺기 위해서는 차가운 고난과 뜨거운 고난 같은 인생의 사계절을 거쳐야 한다. 인생의 사계절이 어떤 의미를 갖는지 살펴보자.

처음은 겨울의 시간이다. 일 년 중 사계절이 있듯이 우리 인생에도 사계절이 반복적으로 나선형을 그리며 순환하는 것 같다. 일 년 중 사계절이 봄·여름·가을·겨울 순으로 순환한다면 인생의 사계절은 겨울부터 시작한다는 특징을 가진다. 인생의 사계절은 겨울·봄·여름·가을 순으로 흐른다. 진정한 인생은 겨울부터 시작한다. 인생의 겨울을 겪어보지 않았다면 아직 인생을 산 것이 아니다. 겨울을 겪어봐야 인생을 산 것이라고 할 수 있다. 그래서인지 나무의 나이테는 겨울에 생긴다. 인생의 나이테가 하나도 없는 사람은 살았으나 죽은 자다. 그는 양적으로 성장했는지는 몰라도 질적으로는 성숙하지 않은 사람이다. 질적 성숙은 인생의 겨울을 통해 생긴다. 겨울은 참혹한 고난의 계절이다. 많이 아프다. 상실과 단절의 아픔이 견디기가 너무 힘들다. 더군다나 겨울은 매우 길다. 우리 모두 겪어보지 않왔던가. 견디기 힘든 그 길고 긴 겨울을. 겨울은 어떤 시간인가? 겨울이라는 말은 "겨슬"이라는 말에서 나왔다고 한다. 겨슬은 "집에 계실"이라는 뜻이다. 겨울이란 "칩거의 시간"을 의미한다. 차가운 고난은 우리를 칩거의 시간으로 몰고 간다.

요셉의 인생은 인생의 사계절을 이해하는 데 많은 도움을 준다. 요셉은 어렸을 때 철없이 살았다. 아버지의 편애 속에서 형제들의 잘못을 고자질하기도 하고 형제만이 아니라 아버지조차 화나게 만든 자신의 꿈을 서슴없이 자랑했다. 그러다가 그는 겨울을 만난다. 시기에 빠진 형제들이 그를 죽이려고 한 것이다. 형제들이 그를 구덩이에 던져버린다. 그는 구덩이에서 상실과 절망의 시간을 보낸다. 요셉은 비로소 인생의 겨울을 만난다. 그는 겨울과도 같은 "차가운 고난"을 겪는다. 그는 폭력적으로 본토 친척 아비집을 떠나게 된다. 그는 원치 않게 관계의 단절과 존재 지반의 상실을 통해 절망적 아픔을 겪는다. 요셉은 채색옷이 벗겨진 채 "구덩이"에 던져졌다. 그 구덩이는 모든 과거가 끝장이 나는 장소다. 그것은 이전의 모든 삶의 족적이 말소되는 자리다. 그 구덩이는 죽음의 장소요, 두려움의 장소요, 절망의 장소다. 그곳은 실패의 장소이고, 고통의 장소이며, 비탄의 장소다. 요셉은 인생의 가장 밑바닥에 떨어졌다. 그는 구덩이에 던져져서 배신의 고통과 죽음의 공포로 치를 떨어야 했다. 그가 살려달라고 애걸할 때조차 외면하고 웃으며 밥을 먹는 형제들의 모습으로 인해 인간에 대한 절망과 철없던 자신의 모습에 대한 뼈아픈 후회가 그의 온몸에 사무쳤다. 광야 한가운데의 구덩이에서 그는 칩거의 시간을 보낸다. 이 침묵의 시간에 구덩이에서 요셉은 단순히 꿈을 꾸는 자나 꿈을 자랑하는 자가 아니라 꿈을 이룰 만한 자로 변신한다. 철모르는 소년 요셉의 인격은 화학 반응을 일으키며 완전히 새로운 인격체로 생성된다. 형제들은 요셉의 꿈을 파괴하기 위해 요셉을 구덩이에 던졌지만 하나님은 던져진 구덩이에서 요셉을 빚으셔서 꿈을 이룰 만한 자로 만드셨다.

"이는 환난은 인내를 인내는 연단을 연단은 소망을 이루는 줄 앎이로다"(롬 5:3-4). 환난이라는 단어의 원뜻이 "압력"이라는 것이 참 재미있다. 이 환난이 우리에게 압력으로 작용한다는 뜻일 게다. 환난이 곧 압력이다. 산 위에서 밥을 해본 적이 있는가? 우리 때는 그것이 가능했는데 대부분 설익은 밥이 되거나 삼층밥이 돼버리곤 한다. 왜 산 정상에서는 설익은 밥이 될까? "압력" 때문이다. 산 정상은 낮은 압력 때문에 설익은 밥이 된다. 잘 익은 밥이 만들어지려면 반드시 압력이 필요하다. 다음으로 환난은 인내를 낳는다. 환난을 통해 우리에게 압력이 가해지게 되는데 밥이 잘 익으려면 그 압력을 견뎌내는 과정이 필요하다. 압력이 가해지는 것을 견디지 못하고 압력을 배출해내면 연단이 이루어지지 않는다. 압력 밥솥에 압력이 가해지기 시작하자마자 배출구를 통해 압력을 빼낸다면 밥은 설익을 수밖에 없다. 고난을 통해 압력이 가해지면 그것을 견디지 못하고 압력을 분출해내는 사람들이 있다. 뚜껑이 열려 화풀이를 한다든지 원망하고 불평하는 데 에너지를 분출해버리면 설익은 사람이 된다. 따라서 압력이 제대로 이루어지려면 "밀봉"을 해야 한다. 밀봉을 제대로 해야 압력이 제대로 가해지고 압력을 통해 숙성이 일어난다. 똑같은 포도도 밀봉하지 않으면 부패하고 밀봉하면 발효된다. 이 밀봉이 인내다. 인내하지 않으면 신앙 인격은 성숙할 수 없다. 신앙 인격이 성숙하기 위해서는 에너지를 방출하지 않고 그것을 견뎌내는 인고의 과정을 거쳐야 한다. 내가 그 공동체와 결별하고 나서 겪은 인고의 시간들이 바로 "칩거"의 시간이었고 또한 "밀봉"

의 시간이었다.

다음은 봄의 시간이다. 혹독한 겨울의 시간을 견디면 꽃이 피는 시간이 찾아온다. 봄이란 꽃이 피는 것을 본다고 해서 봄이다. 황홀한 시간들이다. 얼마나 감격스럽고 아름다운 시간인지 모른다. 이 봄의 시간을 통해 요셉이 이집트에 버려진 것이 아니라 보냄 받았음이 드러난다. 그가 인식하지 못했을 뿐, 그는 하나님께 버림받은 것이 아니라 보냄 받은 것이다. 그는 하나님의 꿈, 즉 하나님의 백성을 생육하고 번성하게 하려는 하나님의 계획대로 이집트 땅으로 보내진 것이다. 그는 암흑의 땅에 내팽개쳐진 것이 아니라 하나님의 꿈이 이루어지는 땅에 심어진 것이다. 버려진 것처럼 보일 때 우리가 반드시 기억해야 한다. 우리는 버려진 것이 아니라 보냄 받은 것이고 내팽개쳐진 것이 아니라 심어진 것이라는 사실을. 버려진 것 같은 땅에 심어져 뿌리를 내리고 줄기가 자라 꽃을 피우며 열매를 맺을 것이다. 옷이 벗겨지고 구덩이에 던져지며 약속의 땅으로 돌아가지 못하고 낯선 이방 땅 이집트에 버려진 것 같을 때 기억해야 한다. 버려진 것이 아니라 보내진 것이며 내팽개쳐진 것이 아니라 심어진 것이라는 사실을. 이렇게 요셉은 이집트에 심어졌고 심어진 곳에서 꽃의 계절을 맞는다. 요셉은 보디발의 집에서 가정 총무를 하며 승승장구한다. 꽃의 계절이다. 노예 신분으로서는 최고의 대우를 받는다. 그러나 이런 꽃의 계절에 머물러 있어서는 안 된다. 이런 것만 좋아하는 사람은 겉멋 든 사람이다. 꽃의 계절은 아름다울지 몰라도 아직 열매의 시간은 아니다. 나무의 목적은 꽃을 피우는 데 있지 않다. 나무의 목적은 열매를 맺는 데 있다. 나무가 열매를 맺기 위해서는 아름다운 꽃일지라도 버려야 한다. 꽃을 버리지 않으면 열매를 맺을 수 없다. 열매를 맺기 위해서는 꽃을 버리고 뜨거운 여름의 시간을 지나야 한다.

세 번째 인생의 시간은 여름이다. 나무는 꽃이 떨어지고 잎이 무성한 시간을 거쳐 여름을 맞이해야 한다. 여름은 "열음"에서 온 말인데, 열음은 열매를 의미한다. 여름은 열매가 익어가는 계절이다. 열매가 익기 위해서는 뜨거운 열기가 필요하다. 근심 우(憂)자는 여름 하(夏)와 마음 심(心)자가 합쳐져 만들어진 글자다. 여름의 마음이란 바로 근심하는 마음이고 뜨거워지는 마음이라는 말이다. 뜨거운 계절을 지나지 않고 열매를 맺을 순 없다. 겨울의 시간을 보내면서 "차가운 고난"을 겪었지만 이번에는 "뜨거운 고난"을 겪어야 한다. 겨울을 이기는 "밀봉의 시간"을 보냈다면 이제는 "승압의 시간"을 보내야 한다. 개척 초기의 힘든 과정을 거치면서 하나님께서 우리에게 깨닫게 하셨던 것은 우리 모두가 승압의 과정을 거치고 있다는 것이었다. 처음 개척했던 이원타워 3층에서 예배드리는 중 전기가 나가는 일이 발생했다. 전기 공사를 하면서 깨달은 두 가지가 있었다. 그중 하나는 압력이 분산되어야 한다는 것이었다. 하나의 선에 모든 압력이 집중되어 있다 보니 정전이 발생했고 선을 여러 가닥으로 나누어 압력을 분산하니까 문제가 해결되었다. 우리에게는 특정한 사람에게 압력이 편중되지 않게 하는 지혜가 필요하다. 이를 위해서는 사역을 위임하고 각 담당자가 책임을 지는 시스템을 갖추어야 한다. 압력의 과잉이 일어나지 않도록 하는 법은 분산이다. 하지만 전기기술자는 이것도 잠깐이고 교회가 성장하고 전기 사용량이 더 커지면 결국 정전이 또 발생할 수밖에 없으므로 정전을 막는 길은 승압하는 길밖에 없다고 말한다. 참 놀라운 깨달음이었다. 우리 역시 더 큰 전압을 견딜 수 있도록 승압해야 한다. 승압의 과정이란 연단의 과정이다. 로마서 말씀으로 표현하자면 "인내의 시간"을 보냈다면 이제 필요한 것은

"연단의 시간"이다. "이는 환난은 인내를 인내는 연단을 연단은 소망을 이루는 줄 앎이로다"(롬 5:3-4). 승압의 시간인 연단의 시간을 보내야 잘 익은 열매를 맺을 수 있다. 환난 다음이 인내이며 인내 다음이 연단이다. 연단은 성품이 형성된다는 뜻이다. 영어로 Character가 형성된다는 말이다. 연단은 "환난과 인내의 과정을 거친 인격"이라고 할 수 있다. 인내의 열매는 성공이 아니라 성품이다. 하나님이 우리를 승압의 시간으로 몰고 갈 때 반드시 기억해야 한다. 승압의 과정을 거치는 것은 더 큰 압력을 견딜 수 있는 성품을 통해 하나님의 놀라운 역사를 경험하기 위한 것이다.

히말라야를 오르는 등반객 중 빨리 걷는 사람들은 대부분 한국인이라고 한다. 한국에서 산 꽤나 올랐다는 사람들은 하루 8-9km 남짓 걷고 반나절 이상 쉬는 히말라야의 느린 트레킹이 도무지 성에 차질 않나보다. 그리 높지 않은 산을 오르려면 이렇게 해도 좋다. 한국의 보통 산들을 오르려면 이런 속도로 오를 수 있고 정상에도 단번에 다다를 수 있다. 그러나 히말라야는 이렇게 할 수 없다. 히말라야에서는 히말라야를 조망할 수 있는 전망대 역할을 하는 푼힐의 고도만 해도 3,600m이고 그곳까지 이르는 것만도 2박3일이 걸린다. 더군다나 정상(Submit)은 5,000m 이상의 높이를 가진 수많은 산들로 이루어져 있기에 직선으로 등정할 수 없을 뿐만 아니라 단지 한 바퀴를 도는 것만을 위해서도 최소 20일 동안 5,000m 고도를 오르내려야 한다. 그런 산을 한국인들은 지리산이나 설악산처럼 정복하고 싶은 것이다. 이렇게는 절대로 히말라야를 오를 수 없다. 네팔 사람들의 방식으로 히말라야를 올라야 한다. 네팔 사람들은 산행을 할 때 "거리"가 아니라 "고도"를 등산의 기준으로 삼는다고 한다. 하루에 일정 고도 이상 산행을 하면 몸이 고도에 적응할 시간을 가질 수 없어서 더 높은 곳에 이를 수 없기 때문이다. 하늘과 맞닿아 있는 히말라야 같은 높은 산은 얼마나 많은 거리를 돌파했느냐가 중요한 것이 아니라 얼마나 알맞은 속도로 고도를 오르느냐가 중요한 것이다. 그런데 한국 사람들은 거리와 속도를 기준으로 산행을 하는 것 같다. 낮은 산에서는 그것이 가능한 일이지만 높고 큰 산을 오르려면 마음을 절제해 몸을 산의 고도에 맞출 줄 알아야 한다. "거리"의 패러다임을 가진 사람은 얼마나 멀리 나아가고 얼마나 많은 것을 성취했느냐가 중요한 사람들이다. 이렇게 되면 그는 마음이 분주해지고 근심이 많으며 남들과 비교 경쟁하게 되고 남을 정죄하게 된다. 그는 자기 힘으로 무엇인가를 이루어보려고 애쓰다가 더 깊은 절망에 빠진다. 반면 "고도"의 패러다임을 가진 사람은 얼마나 많이 나아갔고 얼마나 많이 이루었느냐가 아니라 장기적이고 높은 시각에서 적절하게 속도를 조절하며 고도를 높여간다. 그는 느리게 긴 호흡으로 그러나 진실하고 성실하게 남과 비교하지 않으면서 묵묵히 주의 길을 간다. 하나님이 우리를 혹독한 승압의 과정을 겪게 하시는 이유는 "거리"의 패러다임으로 사역을 하는 것이 아니라 "고도"의 패러다임으로 사역을 하게 하기 위함이다. 작은 산을 오르는 사람이 아니라 히말라야를 오르는 사람이 되도록 하기 위함이다.

요셉도 여름의 시간을 보내야 했다. 하나님은 요셉이 보디발의 가정 총무가 아니라 바로의 국가 총무가 되게 하기 위해 그에게 감옥의 시간을 허락하셨다. 요셉은 감옥에서 세 가지 훈련을 받아야 했다. 첫째는 억울함을 다루는 훈련이다. 요셉은 그가 하지 않은 일로 인해 감옥에 갔다. 그의 내면을 괴롭히는 문제는 아마 "억울함"이었을 것이다. 개척을 해보니까 제일 힘든 것 중 하나가 억울함이었다. 교회를 떠나는 사람들은 자기 관점으로 채색된 온갖 이야기를 남아 있는 다른 성도들에게 쏟아놓고 간다. 떠나는 마당에 누가 자기 안에 있는 강렬한 역동에 대한 이야기를 하겠는가? 그런 자기객관화 능력이 있다면 그렇게 행동하고 떠나지도 않는다. 하지만 목회자나 다른 영적 리더들은 떠난 사람을 향해 욕할 수 없다. 떠난 사람을 나쁜 사람이라고 욕하는 것은 덕스러운 행동이 아니기 때문이다. 심지어는 해명할 수도 없다. 해명을 하다 보면 이해관계에 얽힌 사람들에 대해 이야기하는 데까지 이르기 때문에 그들을 보호하려면 비밀을 지켜야 할 때가 대부분이다. 그러다 보면 나만 나쁜 사람이 되는 경우가 태반이다. 그런 일이 반복되면 나를 좋아하던 사람들조차 이상한 눈으로 날 바라보게 된다. 자신의 존경을 철회하는 경우도 비일비재하다. 이때 느끼는 감정이 억울함이다. 사람들의 내면에 가장 많은 문제를 일으키는 것이 바로 이 억울함이다. 억울함 때문에 공격과 방어를 놓지 않고 자신의 정당함을 입증하기 위해 격하게 행동하게 되어 공동체를 어렵게 만든다. 억울함을 다루는 훈련을 해야 하나님이 심어놓은 자리에서 문제를 일으키지 않는다. 리더는 억울함을 자기 성찰의 계기로 삼고 하나님의 뜻을 이해하는 계기로 삼아야 한다. 그는 "구나·겠지·감사"의 원리를 정확하게 터득해야 한다.

둘째는 하나님만 의지하는 훈련이다. 하나님의 사람은 사람을 의지해서는 안 되고 오직 하나님만을 의지해야 한다. 그래야 하나님께서 그를 통해 일하실 수 있다. 그런데 요셉은 고난이 길어지자 사람을 의지했던 것 같다. 술 맡은 관원장에게 이렇게 말한다. "당신이 잘 되시거든 나를 생각하고 내게 은혜를 베풀어서 내 사정을 바로에게 아뢰어 이 집에서 나를 건져 주소서"(창 40:14). 하나님은 이것을 극복하는 기간으로 요셉에게 감옥의 시간을 허락하셨다. 나 역시 이것을 배워야 했다. 개척을 위한 첫 번째 준비기도회 때의 일이었다. 안산동산교회의 11월 당회 때 더불어숲동산교회의 개척 허가가 났고 12월 한 달 준비해서 개척을 시작해야 했다. 사실 12월은 이미 다음 해에 교회를 섬길 사람들이 다 확정된 때이기 때문에 개척에 동참할 수 있는 사람들을 모으기가 아주 어려운 시기였다. 하지만 개척에 동참하는 사람들이 가장 중요했기 때문에 개척준비기도회를 사람들이 쉽게 올 수 있는 안산동산교회 교육관에서 진행했다. 예상보다 훨씬 적은 사람들이 모였다. 개척에 동참하기로 한 사람도 단 4명이었다. 개척지원금도 기존 금액의 1/6로 줄었다는 것을 잘 알고 있는 집사님 한 분은 하나님께서 개척 과정을 너무 힘들게 하시는 것 같아 내가 너무 불쌍하게 느껴져서 기도회 내내 울었다고 한다. 나도 너무 힘들었다. 정말 하나님께 간절히 기도했다. 기도하는데 하나님께서 이런 마음을 주셨다. "지금 이런 상황으로 몰고 가시는 이유는 사람을 의지하지 말고 하나님만 의지하라는 뜻이구나." 그런 마음의 감동이 오자 담대함이 생겼다. 다음 주부터 안산동산교회에서 모이지 않고 개척하는 장소에서 모이겠다고 그 자리에서 바로 광고해버렸다. 이미 주보에 5주 동안 교육관에서 개척준비기도회를 한다고 광고를 했고 개척할 장소는 인테리어 초기 상태라 모일 수 없는 상태였는데도 말이다. 안산동산교회에서 모여도 이렇게 적게 오는데 개척할 장소에서 모인다면 얼마나 더 적은 사람이 오겠는가. 하지만 사람을 의지하지 말고 하나님만 의지하라는 하나님의 뜻을 알았기에 담대하게 선포할 수 있었다. "내 영혼아, 네가 어찌하여 낙심하며 어찌하여 내 속에서 불안해 하는가? 너는 하나님께 소망을 두라! 나는 그가 나타나 도우심으로 말미암아 내 하나님을 여전히 찬송하리로다"(시 42:11). 사람을 의지하지 않으니까 그때 비로소 하나님은 사람을 보내주셨다.

　셋째는 하나님의 타이밍을 기다리는 훈련이다. 사람을 의지하지 않고 하나님을 의지하는 사람도 때를 기다리는 법을 배우지 못할 수 있다. 그는 하나님께서 빨리 일을 이루길 바란다. 하지만 그렇게 되면 그는 일 자체가 성취되는 것보다 더 중요한 목적이 있음을 놓치게 된다. 시편 105편에는 요셉이 감옥에 갇힌 상황이 이렇게 묘사되어 있다. "그의 발은 차꼬를 차고 그의 몸은 쇠사슬에 매였으니"(시 105:18). 여기서 "몸"에 해당하는 히브리어 단어는 "영혼"이다. 그 몸이 쇠사슬에 매였다는 말은 그 영혼이 쇠사슬에 꿰뚫렸다는 의미다. 요셉의 영혼이 고통을 견디지 못하고 얼마나 도망가려고 하는지 하나님께서 쇠사슬로 꽉 묶어놓았다는 뜻이다. 언제까지 그렇게 하셨을까? 시편 105:19은 이렇게 말한다. "곧 여호와의 말씀이 응할 때까지라. 그의 말씀이 그를 단련하였도다." 언제까지? 하나님의 말씀이 응할 때까지다. 이것이 하나님의 타임 테이블이다. 내가 아무리 발버둥을 쳐도 안 되는 일이 있다. 아무리 산을 옮길 만한 믿음이 있어도 이루어지지 않는 일이 있다. 하나님의 타이밍이 아니면, 안 되는 일은 안 되는 것이다. 가장 좋은 때는 하나님의 말씀이 응하는 때다. 내가 아무리 원하고 주위 사람들이 아무리 좋은 때라고 해도 그때가 좋은 때가 아니라 하나님의 말씀이 응하는 때가 가장 좋은 때다. 우리가 허송세월하는 것 같아도 하나님의 섭리 가운데 어떤 일이 이루어지고 있음을 알아야 한다. 하나님의 말씀이 응하는 때까지 어떤 일이 이루어지고 있다. 어떤 일이 이루어지고 있는가? "하나님의 말씀이 그를 단련하였도다"(시 105:19). 하나님의 말씀이 그를 단련하는 일이 이루어지고 있다. 시간이 우리를 단련하는 것이 아니다. 하나님의 말씀이 우리를 단련한다. 자기 안에 하나님의 말씀이 없는 사람은 10년이 지나도 단련되지 않는다. 우리의 삶에서 외적인 어떤 결과가 이루어지는 것이 궁극적 목적이 아니다. 말씀이 우리를 단련하는 것이 궁극적 목적이다. 우리가 승압의 시간에 붙들어야 하는 것이 말씀이다. 그 말씀이 응하는 것이 목적이기 때문이다. 말씀이 응할 때까지 시련에서 벗어나지 마라. 이 목적이 이루어지지 않았는데 자리를 옮기면 다시 동일한 시련을 겪게 된다. 반복적인 시련이 오는 이유는 말씀이 응하는 목적을 이루지 않았기 때문이다.

마지막은 가을의 시간이다. 뜨거운 여름의 시간을 지나고 나면 가을이 찾아온다. 가을은 추수하는 계절이다. 옛말에 "가을하다"라는 말이 "추수하다"라는 뜻이었다고 한다. 드디어 때가 되었다. 열매가 익어 따먹히는 계절이다. 우리는 잘 익고 숙성해야 남을 살릴 수 있다. 요셉은 "차가운 고난"뿐 아니라 "뜨거운 고난"을 거치고 "구덩이"의 시간뿐 아니라 "감옥"의 시간을 보내며 밀봉의 시간뿐 아니라 승압의 과정을 지나 이집트의 총리가 되었다. 추수의 계절이 찾아왔다. 이런 시간을 보낸 요셉이기에 그는 국가의 큰 문제를 해결할 수 있었고 식량을 구하기 위해 이집트에 찾아온 형제들을 용서할 수 있었다. 겨울, 봄, 여름의 시간을 지난 사람들은 가을의 시간을 맞이할 것이다. 이런 순환은 인생에서 한 번이 아니라 여러 번 반복된다. 순환의 주기를 돌 때마다 더 성숙해지며 하나님의 역사는 새로워진다.

8장

능력과 활력,
습관이 영성이다

내가 성도님들에게 종종 하는 말이 있다. "영적인 분들은 좀 합리적일 필요가 있고 합리적인 분들은 좀 영적일 필요가 있습니다." 절대적인 것은 아니나 일반적으로 기도 많이 하는 분들은 합리적이거나 논리적이지 못한 경우가 많고 합리적인 분들은 기도를 많이 하지 않는 경우가 많아서 이 얘기를 종종 하게 된다. 내가 이런 얘기하면 영적인 분들과 합리적인 분들 양쪽 모두 화를 내곤 한다. 합리적인 분들은 왜 영성을 꼭 기도의 여부로 판단하느냐고 하고 기도 많이 하는 분들은 하나님의 일은 인간의 힘으로 하는 것이 아니라고 반박하곤 한다. 내가 그분들의 반박에 동의하지 않는 바는 아니지만 양쪽을 겸비하고 균형을 잡는 것이 매우 중요하기 때문에 그렇게 말하는 것이다. 기도를 조금 적게 해도 영적인 경우가 있고 지적이지 않아도 영적인 경우가 있음을 인정한다. 하지만 경험상 기도를 많이 하지 않고 영적인 경우는 매우 드물고, 지적이지 않으면서 통전적인 영성을 갖추는 경우 역시 매우 드물다. "종교적인 것"을 "영적인 것"으로 착각하지 말아야 한다. 특별한 종교적 체험이 아니라 일상을 하나님 나라의 원리로 살아가는 것이 영적인 것이다. 잘 먹고 잘 싸며 잘 놀고 잘 일하며 잘 자고 잘 깨는 것이 영성의 궁극이다. 반대로 통전적인 영성을 지적인 것으로 대체해서도 안 된다. 더군다나 그냥 일상을 살아가는 것을 무조건 영적이라고 치부해서도 안 된다. 세게 기도해 성령의 능력을 경험하는 것도 필요하고, 깊이 기도하며 세미한 음성을 듣는 것도 필요하며, 무엇보다 삶 한가운데서 일하시는 하나님의 역사를 분별하기 위해서도 영적인 촉수를 예민하게 벼려야 한다. 우리에겐 영적인 것과 세속적인 것 모두 필요하다. 영적인 것이 세속적인 것을 통해 드러나야 하고 세속적인 것은 영적인 것으로 성화되어야 한다. 이 두 가지가 한 사건 안에 잘 드러나고 있는 사건이 사사기 15장에 나온다.

사사기 15장의 주인공은 삼손이다. 삼손은 여호와의 영이 임하여 권능을 받고 나귀의 턱뼈로 천 명을 죽였다. 삼손 자신이 힘이 세다기보다는 성령의 능력으로 전쟁을 치른 것이다. 성령의 능력이 그에게 임하니까 그는 나귀의 새 턱뼈로도 무장한 군인 천 명을 죽인다. "라맛 레히"(Ramath-lehi)의 역사가 일어난다. 우리의 가진 것이 "나귀의 새 턱뼈"처럼 보잘 것 없어 보여도 성령이 임하면 우리는 그것으로 영적 전쟁에서 승리할 수 있다. 그렇기 때문에 우리가 세상 한가운데서 하나님 나라를 세워가는 영적 전쟁에서 승리하기 위해서는 반드시 성령의 능력을 받아야 한다. 제자들도 성령의 권능을 받고서야 사명자로 쓰임 받을 수 있었다. 주님께서 말씀하셨다. "위로부터 능력을 입을 때까지 예루살렘을 떠나지 말고 기다리라"(참조. 눅 24:49). 성령의 능력을 입어야 "라맛 레히"의 역사를 이룰 수 있다.

능력에 대해 말할 때 어떤 은사를 가졌느냐를 이야기하는 것보다 하나님의 주권을 인정하는 것이 더 중요하다. 인간이 은사를 받아 능력을 행사하는 것이 아니라 그것을 통해 하나님이 자신의 주권을 행사하실 것임을 인정하는 것이 더 중요하다. 내 믿음이 얼마나 크냐가 중요한 것이 아니라 그 믿음의 내용이 무엇이냐가 중요한 것이다. 우리에게 필요한 것은 "하나님에 대한 큰 믿음"이 아니라 "크신 하나님에 대한 믿음"이다. 내가 얼마나 큰 믿음을 가졌는가에 집중하지 말고 내가 믿고 있는 하나님이 얼마나 크신 분인가에 집중하라. 주님은 겨자씨만 한 믿음만 있어도 이 산을 들어 바다에 던져지라 하면 그대로 된다고 말씀하셨다. 내 믿음이 겨자씨만큼 작을지라도 크신 하나님을 믿고 산을 던지는 데 사용하면 그대로 된다. 내 믿음이 얼마나 크냐보다 그 믿음을 어디에 사용하느냐가 더 중요하다. 또한 믿음을 말할 때, 자신의 믿음이 좋은 상태에 있느냐 그렇지 않느냐가 아니라 내 상태와 상관없이 하나님의 말씀에 무엇이라 기록되었는지를 붙드는 것이 더 중요하다. 내 믿음이 얼마나 좋은 상태인가 하는 점이 아니라 말씀을 단순하게 받아들이는 점이 더 중요하다. 예전에 교구 사역을 할 때 한양대 교수 한 분이 등록해 새신자 심방을 간 적이 있다. 기도 제목이 허리 디스크 치유였다. 그 당시 난 영적으로 침체된 상황이었다. 내면의 상태가 말이 아니었다. "내가 무슨 자격으로 치유를 위해 기도를 할 수 있다는 말인가?" 이런 생각부터 들었다. 하지만 하나님이 전혀 다른 마음을 주셨다. "아니다. 내 상태, 내 믿음의 크기, 내 간절한 열망이 아니라 주님의 말씀이 더 중요하다. 하나님은 겨자씨만 한 믿음으로 기도해도 기도한 그대로 된다고 말씀하셨다. 내 상태는 엉망이지만 나는 단지 하나님의 말씀을 붙들기만 하면 된다. 나는 하나님의 말씀에 의지하여 그저 선포할 뿐이다." 그런 마음이 들자 마음을 고쳐먹고 그분의 허리에 손을 대고 기도했다. "예수 이름으로 명하노니 허리 디스크는 치유될지어다." 마음을 고쳐

먹고 기도는 했지만 자신은 없었다. 그렇게 심방을 마친 다음 날 그분에게 전화가 왔다. "목사님, 디스크가 치유되었어요." 얼마나 감격스러웠는지 모른다. 그 경험을 통해 나는 내 상태와 상관없이 주님의 말씀을 의지하는 것이 중요하다는 것을 깨달았다.

또한 능력의 문제를 성화의 문제로만 접근해서는 안 된다. 물론 기적이 일어나지 않아도 하나님을 믿는 것에 아무런 문제가 되지 않는 성숙한 신앙 인격을 갖추는 것은 매우 중요하다. 하지만 성경은 성화의 차원과는 별개로 하나님 나라를 이 땅에 이루는 영적 전쟁이라는 차원도 있음을 보여준다. 70명의 제자가 사역을 마치고 돌아와 기뻐하며 "주의 이름이면 귀신들도 우리에게 항복하더이다"(눅 10:17)라고 보고할 때 주님께서는 이렇게 말씀하셨다. "사탄이 하늘로부터 번개 같이 떨어지는 것을 내가 보았노라"(눅 10:18). 이것은 제자들의 신앙 인격의 문제와는 차원이 다른 문제다. 예수께서 귀신 들려 눈 멀고 말 못하는 사람을 치유하자 바리새인들이 "그가 귀신의 왕 바알세불을 힘입어 귀신을 쫓아낸다"(눅 11:15)라고 비난했다. 그때 이렇게 말씀하셨다. "내가 만일 하나님의 손을 힘입어 귀신을 쫓아낸다면 하나님의 나라가 이미 너희에게 임하였느니라"(눅 11:20). 우리의 싸움은 혈과 육의 싸움이 아니다. 그것은 정사와 권세와 어둠의 세상 주관자들과 하늘에 있는 악한 영들과의 싸움이다. 이 영적 전쟁에서 승리하기 위해 반드시 필요한 것이 바로 성령의 능력이다. 하나님의 선교에 동참하는 운동에 반드시 필요한 것이 성령의 기름 부음이다. 하나님의 일을 할 때는 "탁월"이 아니라 먼저 "초월"이 필요하다. 하나님의 "초월"이 임하지 않으면 이길 수 없다. 하나님은 우리가 먼저 "탁월"이 아니라 "초월"을 붙들기를 원하신다. 우리가 초월을 붙들어야만 하나님의 역사가 임한다. 이 초월을 붙드는 것을 "믿음"이라고 부른다. 믿음은 "탁월"이 아닌 "초월"을 붙드는 것이다. 하나님은 하나님의 사람을 선택해서 성령의 기름 부음을 주신다. 그분은 선택한 이에게 "초월"을 경험하게 하신다.

기름 부음을 받기 전까지 다윗은 그저 향촌 유벽한 고장의 이름 없는 가정의 막내였고 익명의 사내에 불과했다. 그러나 기름 부음이 임하자 그는 역사상 가장 위대한 지도자가 되었다. 나는 사무엘상 16장을 묵상하다가 처음 다윗의 이름이 언급되고 있는 시점이 매우 중요하다는 것을 깨닫게 되었다. 이새의 아들들에 대한 면접이 다 끝나고 나서 사무엘이 이렇게 묻는다. "네 아들들이 다 여기 있느냐?"(삼상 16:11) 이 물음에 대한 답을 하면서 처음 다윗에 대한 언급이 시작된다. 그런데 이름으로 언급하지 않고 지시대명사로 언급하는 식이다. (다윗에 해당하는 단어에 밑줄을 그었다.) "또 사무엘이 이새에게 이르되, '네 아들들이 다 여기 있느냐?' 이새가 이르되, '아직 막내가 남았는데 그는 양을 지키나이다.' 사무엘이 이새에게 이르되, '사람을 보내어 그를 데려오라. 그가 여기 오기까지는 우리가 식사 자리에 앉지 아니하겠노라.' 이에 사람을 보내어 그를 데려오매 그의 빛이 붉고 눈이 빼어나고 얼굴이 아름답더라. 여호와께서 이르시되, '이가 그니 일어나 기름을 부으라' 하시는지라. 사무엘이 기름 뿔병을 가져다가 그의 형제 중에서 그에게 부었더니, 이날 이후로 (자, 이제 드디어 처음 다윗이라는 이름이 나온다.) 다윗이 여호와의 영에게 크게 감동되니라. 사무엘이 떠나서 라마로 가니라"(삼상 16:11-13). 다윗이 다윗 될 수 있었던 것은 기름 부음 때문임을 암시하는 대목이다. 기름 부음이 없었을 때 그는 한갓 "그"에 지나지 않았다. 기름 부음이 임하자 그는 역사상 가장 위대한 "다윗"이 되었다. 그를 위대하게 만드는 것은 그의 개인적인 능력이 아니라 바로 기름 부음이었다. 그럼 하나님은 왜 다윗을 선택해 기름을 부으셨을까? 분명 그의 개인적인 역량 때문은 아니었을 것이다. 그렇다면 그는 분명 왕을 심사하는 자리에 불려왔을 것이다. 하지만 형제들이 모두 사무엘 앞에 불려왔을 때조차 그는 그저 양을 치고 있었다. 외적인 기준으로 보면 도리어 엘리압이 왕의 재목이었다. 영적인 사람인 사무엘조차도 엘리압을 왕의 재목으로 지목했다. 하지만 하나님은 말씀하셨다. "사람은 외모를 보거니와 나 여호와는 중심을 보느니라"(삼상 16:7). 그분은 외적인 조건이 아니라 마음의 중심을 보신다. "여호와의 눈은 온 땅을 두루 감찰하사 전심으로 자기에게 향하는 자들을 위하여 능력을 베푸시나니"(대하 16:9). 다윗은 전심으로 하나님을 향하는 자였을 것이다.

"스토리가 스펙을 이긴다"라는 말이 유행한 적이 있다. 가수 오디션 프로그램인 〈슈스케2〉에서 존박과 허각의 결승전을 치르면서 유행했다. 존박은 핸섬한 외모에 노스웨스트 대학교 경제학과를 졸업한 엘리트이고 허각은 볼품이 없는 에어컨 수리공이지만 사람들은 허각의 손을 들어주었다. 스토리가 스펙을 이긴 것이다. 김정태는 『스토리가 스펙을 이긴다』(갤리온, 2010)에서 스펙은 "감탄"을 불러일으키지만 스토리는 "감동"을 불러일으키고, 스펙은 "환호"를 자아내지만 스토리는 "눈물"을 흘리게 하며, 스펙은 범접할 수 없는 "거리감"을 주지만 스토리는 더 알고 싶은 "친밀감"을 주고, 스펙은 사람을 밀어내지만 스토리는 사람들을 끌어당기며, 스펙은 누군가의 필요에 의해 움직이지만 스토리는 내 내면의 욕구에 따라 움직인다고 말한다. 스펙은 살다보면 필요한 시점이 있을 뿐이지만 스토리는 살면서 두고두고 불태울 연료와 같은 것이며, 스펙이 없으면 가끔 불리할 때가 있을 뿐이지만 스토리가 없으면 삶의 목표와 재미가 사라진다. 하나님이 우리를 쓰실 때 스펙을 보지 않으신다. 그분은 스펙이 부족한 우리를 통해 스토리를 쓰기 원하신다. 콤플렉스를 가질 일이 아니다. 김정태에 의하면, 비교를 멈추면 구별되기 시작하고, 상품임을 거부하면 작품으로 변해가며, 경쟁을 피하면 진정한 승리를 맛보게 되고, 업(業)에 주목하면 직(職)이 손 내민다. 그러나 스토리 자체에 주목하면 안 된다. 스토리는 무엇이 만드는가? "스토리"는 "스피릿"이 만든다. 스펙보다 중요한 것은 스토리지만 스토리를 만드는 것은 스피릿이다. 김정태는 이것을 다루지 못했다. 하나님은 전심으로 하나님을 향한 다윗의 스피릿을 보시고 기름을 부어 스토리를 만드셨다. 신앙생활을 할 때 "수준"보다 "표준"을 먼저 붙들어야 한다. 우리가 집중해야 할 것은 "내가 어떤 사람인가?"보다 "하나님은 어떤 분이신가?"이다. "내가 얼마나 뛰어난 사람인가?"보다 "하나님께 얼마나 가까운가?"이다. 하나님은 우리가 자신에게 쓰임받기 위해서는 먼저 "더 나아지라"고 말씀하지 않으시고 먼저 하나님께 "더 나아오라"고 말씀하신다. "수준"은 지금의 나보다 더 나아지는 것이지만 "표준"은 하나님께 보다 더 나아가는 것이다. 신앙생활에서 승리하는 비결은 "하나님과의 거리"다. 하나님과 가까우면 이기고 멀면 진다. 이 표준이 스피릿이다. 스펙이나 스토리보다 스피릿이 중요하다. 하나님은 중심을 보신다.

삼손이 우리에게 던져주는 도전은 하나님의 일에 반드시 성령의 능력이 필요하다는 사실만이 아니다. 놀랍게도 성령의 권능이 임하여 나귀 턱뼈로 천 명을 죽인 삼손이 목이 말라 죽게 되었다고 야웨께 부르짖는 장면이 사사기 15장에 나온다. 하나님은 그 소리를 들으시고 레히에서 한 우묵한 곳을 터트려 물이 솟아나게 하신다. 삼손이 그것을 마시고 정신이 회복되고 소생한다. 이 일로 그 샘의 이름을 "엔학고레"(En-hakkore)라 불렀다. 상식적으로 생각하면 하나님의 능력을 받은 삼손이 어떻게 지칠 수 있는지, 그리고 새롭게 다시 능력을 부어주시면 되지 왜 물을 터트려 먹게 하셨는 지에 대한 의문이 생긴다. 하나님은 초자연적인 역사를 통해 영적 전쟁에 서 승리하게 하시지만 창조 질서를 통해서도 역사하기를 원하신다. 이 두 가지 사이의 균형이 매우 중요하다. 영적 차원의 역사를 경험했다고 해서 육체적 차원을 무시하면 안 된다. 아니, 어쩌면 더 중요한 것이 바로 육체적 차원일지 모르겠다. 삼손이 영적인 능력이 없어서 목이 말라 부르짖은 것 도 아니고 성령의 능력이 부족한 사람이어서 들릴라의 유혹에 넘어간 것도 아니다. 그는 육적인 차원에서 무너졌다. 우리에게 영력만 필요한 것이 아 니라 체력도 필요하다. 삼손은 라맛 레히의 기적을 체험했지만 육체의 피 로로 말미암아 주님께 부르짖었을 때 하나님께서는 샘을 터트려 샘물을 먹 게 하셨다. 우리에게도 라맛 레히의 역사뿐만 아니라 엔학고레의 역사가 필요하다. "능력"만이 아니라 "활력"도 필요하다.

앤서니 라빈스(Anthony Robbins)가 『네 안에 잠든 거인을 깨워라』(씨앗 을뿌리는사람, 2002)에서 재미있는 이야기를 하나 한다. 동의하기 어려운 내 용도 많으나 그의 주장에는 참고할 만한 부분도 많다. 그에 의하면 인생에 서 성공할 수 있는 유일한 방법은 인생에서 가치 있다고 여기는 것이 무엇 인지 생각하는 것, 또 제일 중요한 것이 무엇인지 알아내는 것 그리고 매 일 그 가치관을 위해 살아가는 것이다. 어떤 가치를 갖고 있으며 어떤 가 치를 위해 살고 있는가 하는 것이 인생의 성패를 좌우한다. 라빈스는 가치 관의 목록을 갖고 있었다. 1. 열정, 2. 사랑, 3. 자유, 4. 봉사, 5. 능력, 6. 발 전, 7. 성취, 8. 행복, 9. 즐거움, 10. 건강, 11. 창의력. 그는 이 가치관대로 최선을 다했다. 그는 어떤 일에 강렬한 에너지를 쏟아야 하는지 잘 알고 있었다. 그는 일에 대한 열정을 통해 가족과 친구들에게 사랑을 나누고 싶었고, 그들이 진정한 자유를 누릴 수 있도록 그들을 도와주고 그들에게 봉사한다면, 자신이 능력이 있다는 느낌을 받을 것이고, 발전하고 성취하면서 즐거움을 느낄 것이고, 몸도 건강하고 창의력도 한층 계발될 것이라고 생각했다. 그는 열심히 일을 했고 1년에 270일을 집 밖에서 보냈다. 회사는 다른 동료에게 맡겼다. 그런데 그 동료가 25만 달러 상당의 공금을 횡령했고 회사를 75만 8천 달러의 빚더미에 오르게 만들었다. 피곤과 낙담이 동시에 몰려오자 그는 모든 흥미와 열정을 잃어버리고 말았다. 그는 한적한 곳에서 자신의 삶을 돌아보게 되었다. 그는 자신의 가치관 목록을 재점검했다. 그리고 그는 근본적인 질문부터 다시 했다. "내 궁극적 운명에 따라 최고의 사람이 되려면, 또한 내 인생에서 가장 큰 영향을 끼치려면 어떤 가치관을 가져야 하는가? 더하거나 빼야 할 가치관은 없는가? 가치관의 우선순위는 제대로 되어 있는가? 무엇을 가장 상위에 놓아야 할까?" 그는 고민에 고민을 거듭하다가 새로운 가치 목록을 만들었고 완전히 새로운 인생을 살게 되었다. 그가 새롭게 작성한 가치 목록에서 제일 상위에 놓은 가치가 무엇인지 아는가? 바로 "활력"이다. 1. 활력, 2. 사랑, 3. 지성, 4. 쾌활함, 5. 정직, 6. 열정, 7. 감사, 8. 즐거움, 9. 발전, 10. 성장, 11. 성취, 12. 최고가 되는 것, 13. 투자, 14. 봉사, 15. 창의력. 그는 "활력"이 무너지면 모든 것이 무너진다는 것을 깨달았다. 그는 활력이 다운되어 있으면 다른 모든 가치관이 무기력하게 되고, 자신을 피폐하게 한다는 사실을 깨달았다. 그는 자신이 이제 행복하기 위해 무엇을 성취하는 인생이 아니라 행복하게 일을 성취하는 사람이 되었다고 말한다. 참 중요한 이야기다.

삼손이 하나님께 부르짖을 때에 하나님께서 성령의 능력을 새롭게 부어주신 것이 아니라 물을 터뜨려 먹게 하신 이유가 분명해졌다. 바로 "활력"을 회복케 하시려는 하나님의 섬세한 배려였다. 엘리야가 로뎀나무 아래서 낙담해 잠들었을 때, 하나님이 그의 몸을 마사지해주시고 먹을 것을 제공해주신 이유 역시 동일하다. "활력"을 회복시키신 것이다. 우리 삶에 필요한 두 가지가 능력과 활력이다. 십자가에서 죽을 수 있는 것도 능력이고 죽은 자 가운데서 살리시는 것도 능력이다. 기적을 경험하게 하는 것도 능력이고 아무 기적이 일어나지 않아도 하나님만을 바라보고 그분의 절대적인 주권을 인정하는 것도 능력이다. 우리는 이러한 능력을 받아야 한다. 동시에 우리는 활력 있는 삶을 살아야 한다. 활력이 죽으면 나머지도 죽어가게 되어 있다. 활력이 떨어지면 부르짖어 기도할 것이 아니라 잘 먹고 잘 쉬며 잘 자야 한다. 우리에겐 라맛 레히의 역사만이 아니라 엔학고레의 역사도 필요하다. "능력"과 "활력" 모두 필요하다. 아니 어쩌면, 진정한 영성은 내 의지와 상관없이 위로부터 주시는 능력을 입는 것보다 나의 노력을 통해 "활력"을 회복하는 것이라고 말해야 할지도 모르겠다. 더 정확하게 말하자면, 지속적인 노력을 통해 능력과 활력을 유지하는 "습관"을 만들어가는 것이 진정한 영성이라고 말해야 할지도 모르겠다. 물론 그 노력 역시 새 생명의 효력이지만 말이다.

"생각이 행동을 낳고 행동이 습관을 낳으며 습관이 인격을 낳고 인격이 성공을 낳는다"라는 격언처럼 어떤 실천이 습관이 되지 않으면, 그것은 내 것, 즉 내 인격이 될 수 없다. 그런데 습관은 지속성에 의해 만들어진다. 지속성은 반복과 집중을 의미한다. 가장 기초적인 것에 집중하고 반복을 통해 습관으로 만들면 굉장한 파워를 낼 수 있다. 반복과 집중은 때로 지루하고 힘이 들지만 그것을 감내하는 사람에게는 큰 유익을 준다. 이것은 영적인 것도 마찬가지다. "망령되고 허탄한 신화를 버리고 경건에 이르도록 네 자신을 연단하라! 육체의 연단은 약간의 유익이 있으나 경건은 범사에 유익하니 금생과 내생에 약속이 있느니라"(딤전 4:7-8). 경건을 단련하라는 말이다. 일천 번이고 일만 번이고 경건을 훈련하라는 말이다. 이 말을 다르게 표현하면 경건이 습관이 되도록 하라는 말이다. 습관이 영성이다. 영성은 무슨 신비한 체험을 좇는 것이 아니라 우리의 습관이다. 『습관이 영성이다』(비아토르, 2018)에서 제임스 K. A. 스미스(James K. A. Smith)는 우리의 삶과 성품이 우리로 하여금 반복적인 실천을 하도록 강제하는 제도와 문화에 의해서 형성된다고 말한다. 이것은 의식적 차원에서 이루어지는 것이 아니다. 제도와 문화는 무의식적 차원에서 반복적 실천을 통해 우리를 욕망하는 인간으로 만든다. 욕망의 힘은 타고나는 것이지만 욕망의 내용은 형성되는 것이다. 욕망은 반복적 실천, 즉 습관이 만들어낸다. 우리가 무엇을 욕망한다는 것은 그것을 욕망하도록 반복적 실천을 했다는 것을 의미한다.

쉬운 예를 하나 들면, 군산 비행장에서 군목 사역을 할 때 본격적으로 헬스를 한 적이 있다. 나는 그때까지 몸무게가 65kg을 넘어본 적이 없다. 아무리 먹어도 마찬가지다. 하지만 그 당시 체력이 너무 딸리기도 하고 한 집사님께 도전을 받기도 해서 헬스를 하기로 결심했다. 안 하던 운동을 하려니 처음에는 너무나 힘들었고 단순한 동작을 반복하는 것에 금방 싫증을 느꼈으며 운동을 더 이상 하고 싶지 않았다. 축구나 농구 같은 아주 활동적인 운동을 하던 사람이었으니 어쩌면 당연했다. 군산 비행장에 있는 미군 헬스장을 주로 이용했는데 미 여군이 내가 드는 바벨의 몇 배나 되는 무게를 들고 난 다음 나를 보면서 씩 웃을 때는 정말 치욕스러웠다. 때려치우고 싶었다. 하지만 체력이 너무 딸렸기 때문에 이를 악물고 운동을 했다. 무슨 일이 있어도 일주일에 5일 이상 운동을 했다. 운동을 하고 싶어서 한 것이 아니라 운동을 해야 하기 때문에 했다. 그런데 그렇게 일 년 가까이 하고 나니까 하루라도 운동을 하지 않으면 온몸이 찌뿌둥해 견딜 수가 없었다. 운동을 하지 않고는 견딜 수 없어서 아무리 바빠도 헬스장으로 달려갔다. 나중에는 운동을 해야 하기 때문에 하는 것이 아니라 운동을 하고 싶어서 했다. 나는 운동을 욕망했고 운동을 사랑했다. 운동을 한 이후에 나의 몸무게는 72kg이 되었다. 이것이 습관의 힘이다. 처음부터 운동을 하고 싶었던 것이 아니다. 하지만 습관이 형성되자 운동을 욕망하기 시작했다. 이렇게 갈망은 만들어진다.

문화와 제도 안에서 반복적으로 실천하는 것을 "의례"라고 말할 수 있다. 스미스에 의하면 이 의례가 우리의 욕망을 만들어낸다. 반복적이고 의례적인 실천을 통해 우리는 이 세상의 가치와 특정한 대상을 욕망한다. 우리의 욕망을 형성하는 의례를 "예전"이라고 부른다. 그런 의미에서 이 세상의 제도와 문화는 하나의 예전이다. 이 세상의 제도와 문화는 반복적이고 의례적인 실천으로 우리를 이끌며 우리의 삶과 성품을 형성한다. 즉 문화적 제도와 의례는 우리의 삶과 성품에 대해 형성적 힘을 지닌 예전이다. 지식이 우리의 삶과 성품을 만드는 것이 아니다. 습관이 우리의 삶과 성품을 만든다. 그것이 우리의 욕망을 형성하며 그 욕망이 우리의 삶과 성품을 만들어낸다. 우리가 생각하는 것이 우리 자신이 아니라 우리가 욕망하는 것이 우리 자신이다. "나는 생각한다. 고로 존재한다"라고 데카르트가 말했지만 사실 더 본질적인 것은 이것이다. "나는 욕망한다. 고로 존재한다." 우리가 욕망하는 바, 즉 우리가 사랑하는 바가 바로 우리 자신이다. 이건 아주 중요한 통찰이다. 왜냐하면 이것은 우리가 갖고 있는 생각이 그리스도인이라는 정체성을 형성하는 것이 아니라 우리가 욕망하는 것이 그리스도인이라는 정체성을 형성한다는 것을 의미하기 때문이다. 이 세상의 문화와 제도는 너무나 강력하다. 우리는 무의식적 차원에서 반복적이고 의례적인 실천을 통해 우리의 욕망을 형성한다. 우리는 지각하지 못하는 상태에서 하나님 나라와 경쟁하는 이 세상의 나라를 사랑하는 법을 배운다. 우리는 생각의 차원에서는 하나님 나라의 백성으로 살아가지만 욕망의 차원에서는 이 세상 나라의 백성으로 살아간다. 우리는 너무나 당연하고 익숙하게 그리고 자연스럽게 그렇게 살아간다. 사람은 자신이 욕망하고 사랑하는 것을 예배한다. 다른 말로 하면 예배한다는 것은 예배하는 그 대상을 욕망하고 사랑하는 것을 말한다. 그리고 우리는 우리가 욕망하고 사랑하는 것을 닮는다. 우리가 예배하는 것이 바로 우리 자신이다. 어쩌면 한국교회는 하나님을 예배하는 것이 아니라 세상적 욕망을 정당화하는 의례를 집행하고 있는지도 모른다. 우리는 어쩌면 생각의 차원에서만 그리스도인이라는 정체성을 갖고 있는지 모른다. 정작 더 중요한 욕망의 차원에서는 전혀 그리스도인이라는 정체성을 갖고 있지 않을지도 모른다. 따라서 생각을 바꾸는 정도 갖고는 그리스도인으로 살아갈 수 없다. 우리의 욕망이 바뀌어야 한다. 앞서 나는 즐거움이 당위를 이기고 욕망이 지식을 이긴다고 말했다. 주님을 인격적으로 만나 내 근본적인 동기와 의지와 욕망이 오직 그리스도를 더 사랑하고 더 높이며 더 드러내는 것이 되었다고 고백했다. 이것은 근본적인 전환이다. 하지만 근본적인 전환 한 번으로는 부족하다. 전환했으면 그것이 나의 인격이 되도록 반복을 통해 습관이 되도록 해야 한다. 내 욕망이 내 인격이 되도록 해야 한다. 욕망이 세포 하나하나에 새겨질 정도의 경건의 훈련이 필요하다. 결국 진정한 영적 전쟁은 우리의 일상이다. 진정한 성자는 일상에서 은혜를 누리고 사명을 실현하는 "세속 성자"다.

제 3 부

혁명가적 영성의 기초와 적용

1장

저항하라,
혁명가적 영성으로 읽는 종교개혁

재작년 2017년이 종교개혁 500주년이었다. 500주년을 맞아 한국교회는
종교개혁지를 탐방하거나 종교개혁에 관한 다양한 세미나를 열었다. 그 즈
음에 가장 많이 들었던 말 중 하나가 "아드 폰테스"(*Ad Fontes*)다. 이 말은 근
원으로 돌아가라는 뜻이다. 종교개혁가들이 외친 모토 중 하나다. 한국교
회가 그것을 지금 다시 외치는 이유는 우리가 다시 종교개혁의 정신으로
돌아가야 한다고 생각하기 때문이다. 종교개혁의 정신은 무엇인가? 첫째
는 교회 개혁이고 둘째는 교리 개혁이다. 이것은 성경으로 돌아가 오직 믿
음과 오직 은혜라는 바른 진리를 붙들어 교회를 바로 개혁해야 한다는 말
이다. 하지만 정말 그런가? 겉으로 보기에는 그 말이 맞는 것 같지만 제2의
종교개혁이 필요하다고 일컬어지는 지금 시대에 적합한 것 같지는 않다.
종교개혁은 단지 교회 개혁이 아니었다. 장 칼뱅의 『기독교강요』만 해도 그
렇다. 서론의 헌사를 보면 "프랑수아 왕에게 보내는 편지"라고 되어 있다.
기본적으로는 변증서로 저술되었지만 우선적으로 정치적 목적을 갖고 쓴
책임을 알 수 있다. 종교개혁은 모세와 아론처럼 국가와 종교의 협력 관계
를 통해 형성된 "크리스텐덤"(기독교세계) 안에서 이루어진 사회 전반의 개

혁이었다. 그것은 정치, 경제, 학문, 문화, 도시, 국가에 관한 총체적 개혁이었다. 이 모든 개혁을 성경, 믿음과 은혜의 원리로 이루어냈다. "크리스텐덤"이었기에 가능했다. 하지만 지금 이 시대에도 그 세 가지 원리로 개혁을 이룰 수 있을까? 한국교회가 무너지는 데 지대한 공헌을 하고 있는 사람들은 은혜와 믿음과 칭의에 대해 확신이 없을까? 은혜와 믿음과 칭의에 대한 확신이 없어 성범죄를 저지르고 공금을 횡령하며 세습을 할까? 현대 그리스도인들은 성경을 너무나 소중하게 여겨 문자적으로 이해한 나머지 성경을 혐오와 배제의 근거로 삼고 있는 것은 아닐까? 크리스텐덤 안에서나 가능한 신학을 포스트크리스텐덤에 그대로 적용하는 것 때문에 문제가 발생하는 것이라면, 어떻게 할 건가? 한 번도 기독교 국가였던 적은 없지만 "기능적 크리스텐덤" 혹은 "유사 크리스텐덤"의 시기를 거쳐온 한국교회의 정체성 자체에 문제가 있는 것은 아닐까? 지금의 위기가 종교개혁의 유산 자체에 내장된 문제의 발현이라면 어떻게 할 건가? 그것이 복음의 사사화와 나르시시즘적 영성이라는 "의도하지 않은 결과"를 만들어낸 것이라면 어떻게 할 건가? 혹시 탐욕의 복음과 번영의 신학으로 타락할 가능성을 내장하고 있는 개신교 신학의 개인주의적 영성과 복음의 사사화가 근본적인 문제는 아닐까? 신앙이 지금처럼 우상숭배적으로 흐르는 이유는 나르시시즘적 신앙, 즉 개인이 구속신학의 교리를 믿음으로써 은혜로 구원받아 천국에 가게 된다는 사적 신앙의 성격 때문이 아닐까? 우상숭배의 본질은 "자기를 위해"다. "자기를 위해 새긴 우상을 만들지 말고 절하지 말며 섬기지 말라"(참조. 출 20:4). 사적 신앙은 언제든지 "자기중심적 사랑"과 "탐욕"으로 이어질 수 있다. 박영호 목사가 페이스북에 쓴 글에 의하면, 『도덕적인 인간 부도덕한 사회』로 유명한 개혁주의 신학자인 라인홀드 니버(Reinhold

Niebuhr)는 오직 믿음, 개인과 하나님의 관계, 만인제사장직이라는 프로테스탄트의 교리가 개인의 자기 신격화(an individual self-deification)로 이어질 수 있다고 경고했다. 지금은 "서기관과 바리새인"도 아니고, "교황과 사제"도 아닌 "자율화된 개인이 모세의 자리에 앉은 시대"다. 니버는 인간의 가장 심각한 죄는 교만이며, 그중에 영적인 교만이 가장 위험한데, 프로테스탄트의 신학이 이것에 취약하다고 말한다.

죽음의 수용소에서 가장 빨리 죽어간 사람들이 누구고 끝까지 살아남은 사람이 누구인지 아는가? 가장 빨리 죽어나간 사람들은 "개인주의자"들이다. 테렌스 데 프레(Terrence Des Pres)는 『생존자』(서해문집, 2010)에서 바인슈톡의 말을 인용한다. "우리가 자유로웠던 시절의 소위 위대한 개인주의자라고 부르던 사람들은 모두 정신 분열 증세를 나타냈다." "비조직적인 중산층 출신의 재소자들이 정신적으로 분열 증세를 보이면서 나치의 도구로 변하는 경우가 많았다." 나는 개인주의적 신앙도 저 상황에 가면 마찬가지였을 거라고 생각한다. 어쩌면 현대교회에서 도덕성의 타락보다 더 무서운 것이 바로 이 개인주의적 신앙일지 모른다. 개인주의적 신앙은 사회적 위기와 극단의 고난 앞에서 가장 무기력한 정신 상태이기 때문이다. 이제는 공동체적 사고나 공동선을 위한 삶을 주장할 수도 없는 시대가 되었다. 신앙이나 교회를 통해 자기 유익을 챙기기 바쁘다. 아니, 이제 자기 유익을 위해 신앙조차 부차적으로 여기거나 버릴 수도 있는 시대가 되었다. 반면 죽음의 수용소 안에서 끝까지 살아남을 뿐만 아니라 유일하게 나치에 저항한 사람들이 누구인지 아는가? 바로 정치범들이다. 그들에게는 애초부터 나치의 정체를 꿰뚫을 수 있는 "비판 의식"과 "깨어 있는 의식"이 있었고, 그들은 저항을 위해 "조직적 연대"를 할 줄 아는 사람들이었다. 그렇기에 끝까지 잘 살아남았고 유일하게 저항하는 세력이 되었다. 우리는 스스로에게 물어야 한다. 제2의 종교개혁이 필요한 이 시대에 우리는 현 상황을 파악할 수 있는 비판 의식과 깨어 있는 의식이 있는가? 성경을 통해 그런 정신을 얻고 있는가? 또한 프로테스탄트(저항자)답게 저항하려 하는가? 저항을 위해 진정한 공동체를 세우고 조직적 연대를 추구하는가? 혁명가적 영성을 갖추고 있는가?

그런 의미에서 우리는 초기 교회를 가정교회나 소규모 자발적 결사체로 이해하는 생각들을 교정할 필요가 있다. 이러한 측면에서 박영호 목사의 『에클레시아』(새물결플러스, 2018)는 매우 중요한 시사점을 우리에게 던져준다. 그에 의하면, 시민 결사체로서 에클레시아는 확대 가정(oikos)이나 자발적 조합(synagogue)의 작은 그룹들과 달리 구별된 조직이다. 당시 에클레시아는 회집한 군중을 뜻하는 "데모스"와 동일하게 여겨졌으며 고대 그리스의 민주주의 전통에서 에클레시아는 시민들이 모여 정치적 의사결정 행위를 했던 가장 중요한 제도였다. 당시 공적인 삶에 참여하지 못하면 자유인이 아니라고 생각했던 그리스의 인간론을 모르면 신약성경을 제대로 이해하기 어렵다. 바울의 에클레시아는 단순히 사적이고 세상과 분리된 종교적 목적을 위한 작은 가정 모임이나 소규모 자발적 결사체가 아니라 도시국가의 대내외 정치적 의사 결정을 하는 사회적이며 참여적인 도시 전체의 민회에 가까웠다. 바울은 이스라엘의 정치적 결사체에 이방인도 시민으로 참여할 수 있는 한층 발전된 형태를 갖춘 교회를 꿈꿨다. 그가 묘사한 에클레시아는 그리스-로마 시대의 에클레시아 개념을 그대로 이어받아서 독특하게 성도의 모임으로 확정한 표현으로서 특별히 하나님 앞에서 한 도시를 대표하는 명예로운 집회이며 하나님 나라를 모든 도시적 삶에 실현하는 "시민정치적 함의"를 가진다는 것을 보여준다. 에클레시아는 사적 복음이 아닌 공적 복음에 의해 형성된 공동체이니 바울이 그것을 이렇게 이해할 수밖에 없었을 것이다.

기독교 영성에 성자적 영성만 있는 것은 아니다. 혁명가적 영성 역시 기독교 영성의 진수다. 기독교 영성은 온화하고 소시민적이며 질서친화적인 영성이 아니라 하나님이 울 때 함께 울고 하나님께서 분노할 때 함께 분노할 줄 아는 영성이다. 기독교가 잃어버린 것 중 하나가 바로 분노의 영성이다. 예수님을 보라. 그분은 예레미야처럼 부패한 성전 체제를 무효화하기 위해 채찍을 드신다. 종교개혁도 분노의 영성에서 시작했다. 중세의 불의와 비진리에 대해 의로운 분노를 발하며 중세 교회와 중세 사회에 저항한 것이 종교개혁이다. 왈도파 개신교인 마리 뒤랑(Marie Durand)은 38년 동안 프랑스 콩스탕스 감옥에 갇혀 지냈고, 그 감옥의 돌바닥에 아마도 머리핀으로 새겼을 것으로 추정되는 한 단어, 곧 "저항하라"(Résister)라는 단어를 남겼다고 한다. 이것이 바로 종교개혁의 정신이다. 물론 분노라고 다 같은 분노가 아니다. 에리히 프롬은 정당한 분노를 실천하는 이를 "반항자"로, 자기 분노에 사로잡혀 무차별적 증오를 일삼는 이를 "반역자"로 정의했다. "복종할 줄만 알고 반항할 줄 모르는 인간은 노예다. 반항할 줄만 알고 복종할 줄 모르는 인간은 반역자다. 그는 분노, 실망, 원한 때문에 행동하는 것이지 신념이나 원리의 이름으로 행동하는 것이 아니다." 분노는 "정의"라는 감각이 있어야 가능하다. 정의라는 시각을 가질 때 불의에 대해 분노할 수 있고 총체적 대안을 전망하는 사고를 할 수 있다. 그리스도인들은 야웨 하나님의 이름이 바로 "정의"라는 사실을 깊게 인식하는 사람들이다. 그렇기에 예수님을 따르는 이들은 공평과 정의를 통해 불의에 대한 분노와 이 사회에 대한 비판적 성찰과 대안을 가질 수밖에 없다. 하나님의 의를 이 땅에 이루기를 원하는 거룩한 열정이 있는 사람만이 이처럼 분노할 수 있다.

따라서 우리는 단순히 500년 전 종교개혁의 정신으로 돌아갈 것이 아니라 500년 전 종교개혁이 성경, 은혜와 믿음의 원리를 통해 예언자적 상상력으로 그 시대에 새로운 사회적 상상력을 제공했듯이 지금 이 시대에 필요한 예언자적 상상력을 제공하는 성경의 비전을 새롭게 제시해야만 한다. "아드 폰테스", 우리는 다시 근본으로 돌아가야 한다. 다만 "오직 성경"이라는 단순한 구호가 아니라 종교개혁가들처럼 다시 성경으로 돌아가 지금 이 시대를 변화시키기 위한 메시지가 무엇인지를 물어야 한다. 우리가 물어야 할 질문은 "루터가 한 말이 무슨 뜻인가?"가 아니라 "루터가 한 말이 무엇을 했는가?"이다. 우리는 루터가 자신의 말을 통해 이룬 일을 우리의 말을 통해 이루어야 한다. 우리의 말이 우리의 무기다. 개인의 구원과 교회 개혁도 중요하지만 본래적인 종교개혁의 의도를 살리기 위해 현시대가 요청하는 전 세계와 전 삶의 변혁에 대해 이야기해야 하고 그것을 이 땅에 구현하기 위한 새로운 사회적 상상력을 모색해야 한다.

우리는 개인적인 차원에서 믿음으로 의롭게 되어 천국 갈 티켓을 따는 "이신칭의" 교리를 넘어 종교개혁을 새롭게 이해해야 한다. 그런 면에서 성석환 교수의 글은 아주 중요하다. 성석환 교수는 『공공신학과 한국사회』(새물결플러스, 2019) 안에 있는 "만인사제론의 공공신학적 실천과 선교적 교회"라는 글에서 제2의 종교개혁을 위해서는 "이신칭의"가 아니라 "만인사제론"을 회복해야 한다고 말한다. 마르틴 루터는 "독일 민족의 귀족에게 호소함"이라는 아주 중요한 글에서 기성교회가 자신의 기득권을 지키기 위해 세 가지 담을 쌓았다고 말한다. "첫째로 그들은 세속적 권력에 의해 위협을 받을 때는 세속적 권력이 자기들에 대한 관할권이 없으며 오히려 정반대로 영적인 권력이 세속적 권력보다 우월하다는 입장을 확고하게 밝혀왔다. 둘째로 그들은 성경에 의거해 책망하고자 할 때 교황 외에는 그 누구도 성경을 해석할 수 있는 자격이 없다는 반응을 보여왔다. 셋째로 그들은 공의회에 의해 위협을 받을 때에 교황 외에는 그 누구도 공의회를 소집할 수 없다고 뻔뻔스럽게 답변해왔다. 이런 식으로 그들은 능수능란하게 이러한 세 가지 교정 수단을 무력화하고 벌을 피해왔다." 그렇다면 세속적 권력, 성경, 공의회라는 교정 수단을 정상화하기 위한 그의 주장이 무엇일까? 바로 "만인사제론"이다. 또한 루터는 이 글에서 "공의회에서 논해야 할 주제"에 대해 말하는데 단순히 교황직과 성직자들의 부패에 대해서만 말하지 않고 세금 징수 제도와 다른 기관들의 개혁에 대해서도 말한다. 마지막으로 그는 "기독교 세계를 개선하기 위한 스물일곱 가지 제안"을 한다. 여기에는 세속 권력과 종교 권력의 균형에 대해서도 논하고 중세 사회의 거의 모든 사회적 제도나 기구에 대해 일일이 지적하면서 변화를 촉구하는 주장을 편다. 종교개혁이 단지 교회 개혁이 아님을 알 수 있다. 그런데 이 모든 것의 기초가 되는 이론이 "만인사제론"이다. 만인사제론은 십자가 신학, 이신칭의, 하나님의 의 등의 교리에 신학적 토대를 제공하는 이론이다. 따라서 그것은 단지 우리가 성직 제도라는 중재자 없이 직접 하나님 앞에 나갈 수 있다는 정도의 의견이 아니라 성도 모두가 복음의 공공성을 실천하는 선교적 사명을 가진 왕 같은 제사장이라는 주장인 것이다.

　　나 역시 여기에 전적으로 동의한다. 내가 느낀 것은 한국교회의 제자훈련이 평신도를 깨우기는 했지만 "교회의 일꾼"으로 깨어나게 했지, "하나님 나라의 일꾼"으로 깨어나게 하지는 못했다는 점이다. 그동안 한국교회는 성도들에게 교회 안에서 어떻게 섬겨야 하는지에 대한 "성도의 덕목"을 가르치기는 했지만 시민사회 안에서 어떻게 실천해야 하는지에 대한 "시민의 덕목"을 가르치지는 못했다. 한국교회는 승리주의를 가진 혹은 체제순응적인 "신앙인"을 만들었지, 세상의 부조리에 분노하며 소외된 자의 편에 서서 공평과 정의를 실현하여 생명과 평화가 넘치는 세상으로 변혁시킬 "개혁가" 혹은 "혁명가"를 기르지는 못했다. 첫 번째 종교개혁이 성도들에게 "성경"을 돌려주었다면 제2의 종교개혁은 성도들에게 "사역"을 돌려주어야 한다고 주장은 했지만 그 사역이 교회 안에 머물렀던 것이 사실이다. 그렇다 보니 제자훈련도 교회성장을 위한 또 하나의 프로그램이 되어버렸다. 거대한 교회의 하부 구조를 떠받치는 좋은 관리 체계 이상이 되지 못하고 있다. 이제 한국교회의 제자훈련은 하나님 나라의 가치를 전인격적으로 체화하고 실천하는 훈련이 되어야 하며 가정과 교회를 넘어 공적 영역에서 공공선을 실천하는 "세속 사제"가 되도록 해야 한다. 만인사제론은 "만인이 다 사제"라는 이론이기도 하지만 "만인을 위한 사제"라는 이론이 되어야 한다.

또한 성석환 교수는 같은 책 안에 있는 "루터의 두 왕국론에 대한 공공신학적 이해"라는 글에서 두 왕국론에 대한 새로운 관점을 제공한다. 실제로 루터의 두 왕국론은 비판을 많이 받았다. 그것은 사람들로 하여금 교회와 세상을 이원론적으로 나누어 사고하도록 만들었다는 비판을 가장 많이 받는다. 신앙을 공적인 영역에서 후퇴하게 만들어 신앙의 사사화를 조장했다는 것이다. 하지만 성석환 교수는 그동안 알려진 것과는 달리 루터가 두 왕국의 이원론이 아니라 두 영역 간의 연대를 주장했다고 말한다. 그는 두 왕국론은 이원론이 아니라 세속 정부의 역할을 긍정했다는 측면에서 접근해야 한다고 말한다. 우리는 두 왕국론이 당시의 세계관과 우주관을 해체했고 성과 속을 모두 긍정하는 새로운 인식론적 변화를 동기화했으며 이를 토대로 사람들의 정치사회적 생활상을 변화시키는 중대한 역할을 했다는 점을 인정해야 한다. 또한 성석환 교수는 서구 사회의 관용의 정신은 근대 사상이나 철학이 아니라 종교개혁을 통해 형성된 것으로 볼 수 있다는 주장을 소개한다. 각 민족이 각자의 교회를 수립하게 되었고, 이후 종교의 자유를 허용하게 되었던 일련의 과정이 그런 결정적인 사회적 기원으로 볼 수 있다. 특히 카사노바의 주장을 소개하면서, 그는 두 왕국론에서 확인된 세속에 대한 긍정은 오히려 세상을 향한 공공성 확대에 기여했다는 근거를 제공한다고 말한다. 다시 말해서 종교는 침해할 수 없는 프라이버시와 양심의 자유의 원리의 신성함을 받아들일 때만 공적인 형태가 가능하고 공론장에 진입할 수 있다는 것이 근대의 규범적인 관점이라면, 종교개혁으로 등장한 개신교야말로 그러한 원리 위에 서 있다는 것이다. 이렇게 "이신칭의"뿐 아니라 "만인사제론"과 "두 왕국론"도 종교개혁의 중요한 유산이며 우리는 그것을 제2의 종교개혁을 일으키기 위한 중요한 사상으로 받아들여야 한다.

하지만 역시 종교개혁에서 "이신칭의"의 역할이 압도적이었음을 부인하기는 어렵다. 다만, 그것을 개인적이고 내면적인 차원으로만 이해할 것이 아니라 중세 교회와 중세 사회를 근원적으로 해체시킨 가공할 만한 영적 무기로 이해하도록 하자. 나는 마태복음 9장을 묵상하다가 놀라운 점을 발견한 적이 있다. 산상수훈이 끝난 8장부터 많은 치유 사건이 나오는데 치유 사건마다 예수님이 하신 말씀들이 다 다르다. 예수님은 문둥병자에겐 "깨끗함을 받으라", 백부장의 하인에겐 "네 믿은 대로 될지어다", 베드로의 장모에겐 그냥 손을 만지시고, 바람과 바다를 향해서는 "잠잠하라. 고요하라", 무덤 사이의 귀신들린 자에게는 "더러운 귀신아, 그 사람에게서 나오라"라고 말씀하신다. 그런데 9장에서는 중풍병자에게 "작은 자여, 안심하라. 네 죄 사함을 받았느니라"(마 9:1)라고 말씀하신다. 왜 그러셨을까? 그 이유를 바로 뒤에서 설명한다. "인자가 세상에서 죄를 사하는 권능이 있는 줄을 너희로 알게 하려 하노라"(마 9:6). 그런데 예수님이 "죄 사함을 받으라"고 말하자 이전과는 다른 반응이 나온다. 서기관들이 심중에 이렇게 생각한다. (동일한 사건을 기록하고 있는 마가복음이 좀 더 자세히 기록하고 있다.) "이 사람이 어찌 이렇게 말하는가? 신성 모독이로다! 오직 하나님 한 분 외에는 누가 능히 죄를 사하겠느냐?"(막 2:7) 예수님이 이들의 중심을 아시고 말씀하신다. "너희가 어찌하여 마음에 악한 생각을 하느냐?"(마 9:4) 성경에 있는 말씀대로 생각한 것인데 왜 "악한 생각"이라고 했을까? 서기관들이 가진 생각의 실체가 무엇일까?

그 시대에 하나님 한 분만이 죄를 사해주신다는 것의 의미는 무엇이었을까? 그것은 성전에서 드리는 제사를 통해서만 죄 사함을 받을 수 있다는 의미다. 그런데 예수라는 자가 와서 직접 죄를 사해준다고 이야기하고 다닌다. 이렇게 되면 더 이상 성전이 필요 없어진다. 이건 아주 위험한 상황이다. 서기관들이 우상처럼 여기고 있는 성전 그리고 그 성전을 중심으로 돌아가고 있는 그들의 전체 체계가 무너지는 상황이 벌어지는 것이다. 예수님은 지금 성전을 허무는 행위를 하신 것이다. 아니, 그분은 성전을 중심으로 형성된 당대의 성전 체제 자체를 허무는 행위를 하신 것이다. 서기관들은 바로 그것을 염려한 것이다. 그들은 자신들의 기득권이 완전히 무너지는 것을 염려한 것이다. 그것을 보시고 예수님은 "악한 생각"이라고 한 것이다. 묵상하면서 아주 놀라운 것을 하나 발견했다. 놀랍게도 공관복음서에서 "신성 모독"이라는 말이 나오는 장면은 딱 두 군데다. 하나는 바로 이 장면이고 다른 하나는 예수님이 대제사장에게 끌려가 심문을 당하는 장면이다. 그가 무슨 죄로 고소당했는지 아는가? "이 사람의 말이 내가 하나님의 성전을 헐고 사흘 동안에 지을 수 있다 하더라"(마 26:61). 성전을 장사하는 집과 강도의 굴혈로 만들었다며 채찍을 들고 성전을 청결하게 하시며 이런 말을 하셨으니 고소당하지 않을 도리가 없었다. 이에 대제사장이 일어나 "네가 그리스도냐?"라고 묻고 예수님이 그렇다고 하니까 그가 이렇게 말한다. "이에 대제사장이 자기 옷을 찢으며 이르되, '그가 신성 모독 하는 말을 하였으니 어찌 더 증인을 요구하리요. 보라! 너희가 지금 이 신성 모독 하는 말을 들었도다'"(마 26:65). 이처럼 신성모독이 성전 파괴와 연관되었음을 알 수 있다. 예수님은 성전을 헐기 위해 오셨고, 그분이 중풍병자에게 죄 사함을 주신 것은 바로 그 성전 체제를 무너뜨리는 일이었다. 종교 지도자들에겐 그것이 신성모독이었던 것이다.

종교개혁 기념일은 10월 31일이다. 약 500년 전 1517년 10월 31에 루터는 비텐베르크 성 교회 문에 95개조 반박문을 못 박아 발표한다. 이것은 학문 토론을 요청하는 반박문이었다. 당대에 학문적 공개 토론을 열기 위해서는 이처럼 반박문을 문에 붙였다고 한다. 루터는 종교개혁을 일으킬 생각이 아니었다. 단지 당시 로마 가톨릭이 너무나 부패했고 중세 시대가 너무나 암울했으며 그 정점에 "면죄부 판매"가 있었기에 그는 면죄부가 부당하다고 선언하는 95개조 반박문을 붙인 것이다. 이때까지 그는 교황을 신뢰했으며 종교개혁까지 일으킬 생각이 없었다. 그런데 교황은 루터의

95개조 반박문에 대해 어떤 응답도 하지 않고 루터를 파문하기 위한 증거를 찾으라고 명령을 내린다. 이 과정에서 루터는 교황에 대한 환상을 버리고 본격적인 종교개혁에 착수하기 시작한다. 이를 위해 1518년 4월 16일에 그는 "하이델베르크 변론서"를 작성한다. 그런데 놀랍게도 전적으로 면죄부에 대한 내용만을 서술한 95개조 반박문에 대한 변론서를 작성하면서 그는 면죄부에 대한 내용을 단 한마디도 거론하지 않고 오직 믿음으로 의롭게 된다는 그 유명한 "이신칭의" 교리에 대해서만 다룬다. 왜 그랬을까?

김균진 교수는 『루터의 종교개혁』(새물결플러스, 2018)에서 이에 대해 다음과 같이 설명한다. 이신칭의의 핵심에는 세 가지 "오직"이 있다. 오직 은혜, 오직 믿음, 오직 예수. 오직 구원자이신 예수를 믿음으로 값없이 구원을 얻게 된다는 말이다. 이것이 왜 이토록 파괴적일까? 그 시대, 즉 중세 시대와 교황 체제의 핵심에는 행위로 의롭게 된다는 사상이 있었다. 하지만 행위로 의롭게 될 수 있는 사람은 아무도 없다. 그러니 불안해하는 그들을 위해 교황은 면죄부를 판매한 것이다. 중세 시대와 교황 체제의 핵심에 바로 이 "행위 구원"이 있었던 것이다. 그래서 루터는 오직 은혜를 주장했다. 그것은 곧 더 이상 면죄부가 필요 없다는 말이다. 오직 우리는 하나님의 은혜로 구원을 받는다. 또한 구원을 중재하는 기관인 로마 가톨릭교회도 필요 없어진다. 왜냐하면 오직 믿음으로 구원을 받기 때문이다. 신 앞에 단독자로 서서 예수 그리스도를 믿는 믿음으로 나아가면 된다. 또한 교황도 필요 없다. 중세 시대와 교황 체제의 정점에 있는 대제사장, 즉 구원의 열쇠를 쥐고 있는 교황도 필요 없다. 우리는 모두 왕 같은 제사장이다. 교황이 아니라 오직 예수 그리스도가 우리의 구원자이기에 교황이나 믿는 우리나 똑같이 왕 같은 제사장이다. 이 얼마나 무서운 주장인가? 단지 "믿음으로 의롭게 된다"는 "이신칭의" 교리 하나가 중세와 교황 체제를 끝장내는 무서운 폭탄이 된 것이다.

내가 묵상한 바에 의하면 이미 예수님께서 1,500년 전에 하신 일을 루터가 다시 한 것이다. 그래서 루터는 예수님처럼 이단아가 되었고 십자가에 못 박힐 상황에 처하게 된 것이다. 우리는 모두 왕 같은 제사장이다. 우리는 이 시대의 성전 체제를 무너뜨리도록 부름 받은 이 시대의 루터들이다. 이 시대의 성전 체제가 무엇인가? 신보다 강력한 권능을 가진 돈의 신 맘몬이 지배하고 있는 시대 아닌가? 자기 자신이 우상이 되어 오직 경쟁과 성공, 생존과 쾌락을 위해 살아가는 소비자본주의 시대 아닌가? 시장과 국가 체제가 생활 세계를 식민지화하고 있는 시대 아닌가? 우리는 돈과 섹스와 권력의 거대한 성전 체제를 통해 우상을 섬기는 시대에 살고 있다. 교회마저도 정확하게 세상과 상응하는 종교 체제를 만들었다. 우리는 이 시대의 성전 체제가 무엇인지를 파악하여 그것을 무너뜨릴 십자가 복음을 다시 붙들어야 한다. 새롭게 이해한 이신칭의, 이것이야말로 이 시대의 성전 체제를 무너뜨릴 가장 강력한 무기가 될 것이다.

2장

사랑과 정의,
우리는 하나

앞서 나는 개신교의 가장 큰 문제 중 하나가 개인주의적으로 해석된 이신칭의 교리라고 말했다. 개인적인 차원으로 해석된 이신칭의 교리에서 "칭의"는 법정적이고 외래적이며 수동적이고 순간적 의다. 이렇게 이해된 복음은 "개인적인 죄의 용서"라는 복음으로 축소된다. 이 교리의 가장 핵심적인 문제는 사람은 변하지 않는 데 신분만 변한다는 것이다. 죄를 용서해주지만 죄인의 변화는 없다는 말이다. 이신칭의 교리에는 칭의(의롭다 여김을 받음)와 성화(거룩하게 살아감)가 분리되어 나타난다. 분리된 것이 아니라고 말하지만 현실적 차원에서 보면 그리 설득력이 없다. 칭의와 성화가 분리됨으로써 구원론과 그리스도인의 윤리가 분리된다. 따라서 현실적으로는 제자도의 부재로 나타난다. 믿음과 순종이 분리되어 버린다. 믿는 사람은 너무 쉽게 용서받고 죄에 대한 책임을 지지 않으며 죄와 싸우되 피 흘리기까지 싸우지 않는다. 이런 면을 극단적으로 보여준 영화가 이창동 감독의 〈밀양〉이다. 이 영화는 아들을 죽인 살인범을 용서하러 갔다가 신에게 이미 용서받아 평안을 누리고 있는 가해자로 인해 기독교를 버리는 여인에 대해 이야기한다. 사실 나 역시 성자적 영성을 소개하면서 이런 영성으로 왜곡

될 수 있는 주장을 펼쳤다. 진정한 용서는 죄와 죄인을 구분하여 죄는 거부하고 죄인을 용납하는 "용서할 필요 없는 용서"이고 그것은 "이해"라고 말했다. 여기서 오해의 소지를 없애고 가야겠다.

용서를 말할 때 우리는 피해자와 가해자의 용서 과정의 차이를 구분할 필요가 있다. 먼저 피해자의 입장에서 용서 과정을 말해보자. 내 개인적인 관점과 강남순 교수가 쓴 『용서에 대하여』(동녘, 2017)에서 말하는 용서의 종류를 통합해 말하도록 하겠다. 첫 번째로는 "속박으로부터 자유롭게 하는 용서"가 있다. 이것을 "선택으로서의 용서"라고 부를 수도 있겠다. 선택으로서의 용서는 피해자가 상처받은 감정을 치유하고 증오와 분노로 가득 찬 삶에서 벗어나 새로운 삶을 시작하고자 가해자를 용서하겠다고 결단하는 것이다. 의무라면 절대적으로 용서해야 하지만 선택이라면 그것은 오직 피해자의 자율적 결정에 의한 용서여야 한다. 이 용서는 용서하지 못하고 계속해서 미워하고 증오함으로써 자기 자신에게 지속적으로 폭력을 가하는 것을 포기하는 것이고 용서하지 못함으로써 가해자와 묶여 한 몸이 되게 만드는 쇠사슬을 끊어내는 것이다. 그것은 상대의 상태나 반응과 상관없이 할 수 있는 것이다. 이러한 용서의 유익은 속박으로부터의 자유다. 예를 들어 평생 미워하던 사람이 일찍 죽었다고 생각해보자. 만약 상대가 자신의 죄를 뉘우칠 때까지 용서할 수 없다면 이 경우 우리는 평생 미움과 증오를 품고 살고 마음의 칼로 자신의 심장을 도려내는 일을 수없이 반복하면서 살아가야 한다. 하지만 미움과 증오의 속박으로부터 자유롭게 하는 용서라는 것이 존재한다.

두 번째로는 "조건적인 도덕적 의무로서의 용서"가 있다. 가해자가 참회하지 않았는데도 피해자가 그를 용서한다면, 그것은 가해자의 폭력을 지속시키는 결과를 초래할 수 있다. 피해자가 가해자를 선한 의도로 용서하지만 미래에 더 파괴적인 결과를 가져온다는 점에서, 우리는 "조건적인 도덕적 의무로서의 용서"를 인정해야만 하는 측면이 있다. 여기서 말하는 조건이란 잘못한 사람의 진정한 참회다. 이때의 참회는 말만이 아니라 가해자의 마음의 변화와 동시에 행동과 태도의 변화가 수반되는 것이어야 한다. 이것이 사회적 차원에서는 더욱 중요해진다. 만약 현실 정치에서 무조건적인 용서가 행해진다면 세상은 절대 바뀌지 않을 것이고 정의도 사라질 것이다. 정치적 차원에서의 용서가 행해진 가장 대표적인 경우가 남아프리카 공화국의 아파르트헤이트(Apartheid) 종식 후 만들어진 "진실화해위원회"다. 남아프리카 공화국은 이것을 통해 피의 복수를 막고 화해를 이룬 세상을 만들었다. 하지만 거기에는 절대적인 조건이 따랐다. 그 절대적인 조건은 반드시 진실이 밝혀져야 하고 가해자가 그 진실을 인정해야 하며 그 진실에 대해 피해자 앞에 용서를 빌어야 한다는 것이다. 이런 것이 실질적으로 이루어져 사면이 가능했고 화해가 가능했다.

세 번째로는 "은혜의 반응으로서의 용서"가 있다. 이것은 "무조건적인 도덕적 의무로서의 용서"를 말하는 것이다. 용서의 본질과 가치라는 면에서 보면 조건적인 도덕적 의무로서의 용서는 온전한 용서라고 말할 수 없다. 상대가 뉘우치지 않는 한 절대로 용서할 수 없기 때문이다. 거기에는 진정한 의무도 진정한 자유도 존재하지 않는다. 용서가 도덕적 의무인 한 그것은 상대의 반응과 상관없이 해야 하며 용서란 타자에 대한 선한 의지로서 보편적 자비심을 행하는 것이기 때문에 무조건적이어야 한다. 이것이 은혜의 반응으로서의 용서인 이유는 그리스도인은 아무 자격이 안 되는 자기를 용서하신 십자가의 은혜를 경험했기에 그에 대한 은혜의 반응으로서 자기도 무조건적으로 용서해야 하기 때문이다. 만약 그가 은혜를 받았으면서도 용서하지 않으면 하나님의 은혜를 차단하거나 취소할 수 있다. 하지만 피해자가 사적 차원에서 가해자를 용서했다고 해서 가해자가 공적 차원에서 형벌을 면제받는 것은 아니라는 사실을 지적해야겠다. 사적 차원과 공적 차원은 완전히 다르다. 용서도 마찬가지다. 피해자가 사적 차원에서 가해자를 용서했다고 해서 가해자의 죄가 공적 차원에서도 면제되는 것은 아니다. 가해자는 반드시 공적 차원에서 자신의 형벌에 대한 대가를 지불해야 한다. 물론 이것을 완벽하게 구분할 수 있는 것은 아니다. 데리다의 관점을 빌려 강남순 교수가 말한 것처럼 조건적인 용서를 말하는 "용서의 정치"와 무조건적인 용서를 말하는 "용서의 윤리"는 항상 긴장 관계에 있을 수밖에 없기 때문이다.

마지막으로는 "화해로서의 용서"가 있다. 개인적 용서는 화해까지 나아가는 길을 열어준다. 용서는 혼자 할 수 있는 것이지만 화해는 피해자와 가해자 두 사람이 할 수 있는 것이다. 가해자의 회개와 뉘우침이 없이 화해는 불가능하다. 용서를 화해로 착각해 가해자가 회개하지도 않고 죄에 대한 책임도 지지 않는데 피해자가 용서한다며 화해를 선포해서는 안 된다. 그렇게 하면 "값싼 용서"가 되어버린다. 그것은 상대조차 변화의 기회를 갖지 못하도록 하며 건강한 관계를 불가능하게 만든다. 이 네 가지의 용서 과정은 피해자가 어느 단계까지 갈 것인지를 결정할 수 있을 뿐 누구도 강요할 수 없는 것이다.

이번에는 가해자 입장에서 용서 과정을 말해보자. 가해자의 용서 과정은 피해자의 용서 과정과 다르다. 피해자 입장에서 적용된 성자적 영성은 결코 가해자에게 그대로 적용할 수 없다. 이것을 혼동하기 때문에 누구도 강요할 수 없고 오직 피해자가 자신의 자발적인 선택을 통해서만 할 수 있는 것을 가해자가 마치 자기의 권리나 되는 것처럼 용서를 요구하거나, 제3자가 마치 피해자의 의무나 되는 것처럼 피해자에게 용서를 강요하는 어처구니없는 일이 벌어진다. 더군다나 마치 피해자가 존재하지 않는 것처럼 하나님과 가해자 사이에서만 죄의 문제를 처리하는 것도 심각한 문제다. 죄는 결코 하나님과 가해자 사이에서만 벌어지지 않는다는 사실을 알아야 한다. 정강길은 "〈밀양〉, 관념적 기독교 맹점 예리하게 포착한 영화"(뉴스앤조이, 2007. 5. 29.)라는 글에서 다음과 같이 말했다. "누군가가 죄를 지었다는 것은 그 죄로 인해 고통받는 타자도 발생한다는 것이다. 즉 죄(sin)가 있는 곳에는 필연적으로 상처와 비탄과 한(恨)도 동전의 양면처럼 공존한다. 그렇다면 진정한 죄 사함은 신과 개인의 일대일 관계가 아니라 신과 죄인과 그 죄로 인해 고통받은 이웃이라는 '3자적 관계'에서 고찰되어야 진정으로 그 죄와 죄 사함이라는 용서와 치유가 이뤄진다. 궁극적인 죄 사함 즉 진정한 구원과 용서와 치유는 신과 나라는 일대일 관계에서가 아닌 '신과 나 그리고 이웃이라는 3자적 관계'에서 현실화됨을 잊지 말아야 한다." 아주 적절한 지적이다. 〈밀양〉에 나오는 죄수는 이것을 전혀 이해하지 못했던 것 같다. 그는 하나님과의 관계에서만 용서받으면 된다고 생각해서 자신이 죽인 아이의 엄마 앞에서 그토록 편안한 모습을 보인 것이다. 그는 자신으로 인해 고통받는 이웃과의 관계에서 이루어져야 하는 용서에 대해 전혀 몰랐던 것이다. 그렇다는 것은 그가 온전한 회개의 과정을 거치지 않았다는 것을 반증해준다. 김영봉 목사는 『숨어계신 하나님』(IVP, 2008)에서 온전한 용서가 되기 위해서는 세 가지 요소가 필요하다고 말한다. 그는 이 세 가지 요소를 회개의 3R이라고 부르는데 첫째가 Repentance(회개), 둘째가

Restitution(보상) 그리고 마지막이 Reformation(개혁)이다. 하나님 앞에서 눈물로 자신의 잘못을 뉘우치는 것이 repentance(회개)이고, 자신이 끼친 잘못에 대해 어떻게든 보상하는 것이 restitution(보상)이며, 다시는 그런 잘못을 하지 않도록 자신을 고치는 것이 reformation(개혁)이다. 아이를 죽인 그 죄수가 하지 못한 것이 바로 restitution(보상)으로서의 회개다. 그는 용서라는 것이 "신과 나 그리고 이웃이라는 3자적 관계" 속에서 이루어져야 하는 걸 몰랐던 것이다. 진정으로 회개한 자는 자신으로 인해 피해를 입은 자를 향해 상대를 향한 진정한 뉘우침과 참회, 사죄의 과정 그리고 실제적인 보상의 과정을 밟아야 한다. 그렇지 않으면 기독교의 "이신칭의"로 인해 값싼 용서를 남발하게 된다.

이제 본론으로 들어가자. 현대 교회의 가장 큰 문제 중 하나는 "복음의 사사화"다. 복음은 개인적으로 받아들여야 하지만 복음의 내용은 결코 사적이지 않다. 십자가의 복음은 곧 하나님 나라의 복음이고 공공의 장에서 선포되며 적용되어야 할 사실로서의 진리다. 공적 진리로서의 복음은 예수 그리스도의 인격과 사역을 통해 인간의 총체적인 상황을 바꾸는 무엇인가 발생했다는 것을 선언하는 것이다. 복음은 개인적이고 인격적인 결단으로의 초대인 동시에 총체적인 사회생활을 위해서도 사실로 인정되어야 하는 공공의 진리다. 무엇보다도 죄의 용서에 대한 바른 이해와 공적 복음에 대한 통전적인 이해를 위해서는 "이신칭의" 교리를 신구약 전체를 관통하는 하나님 나라의 복음이라는 관점에서 읽어야 한다. 가장 중요한 것은 "하나님의 의"를 구약의 관점에서, 곧 공적 관점 그리고 공의와 정의라는 관점에서 읽어야 한다. 그렇지 않으면 개인 윤리만 있고 사회 윤리가 없는 한국교회의 치명적인 약점을 극복할 수 없다. 한국교회의 복음 안에는 사회 윤리나 정의의 관점이 없고 오직 개인 윤리나 개인적 올바름만 존재한다. 한국교회는 오직 내면적 태도와 개인적인 도덕만을 말할 뿐이다. 그렇기에 개인이 예수 믿으면 자동적으로 좋은 사회가 된다는 고지식한 생각을 하는 것이다. 한국교회는 개인의 차원과 사회의 차원이 다르다는 가장 기본적인 사실을 이해하지 못하고 있다. 개인적으로 선해도 사회적으로 악할 수 있고 도덕적으로 선하지만 기능적으로 악할 수 있다는 사실을 이해하지 못하고 있다. 그렇기에 한국교회는 오직 자선이나 시혜 차원의 선행을 주장할 뿐이다. 자선과 시혜는 선택적 윤리다. 그것들은 하지 않아도 죄가 되지 않는다. 하지만 성경의 윤리는 그와 다르다. 마태복음 25장에 나오는 최후의 심판 비유를 보면 왼편에 있는 자들이 심판을 받은 이유는 악을 행했기 때문이 아니라 선을 행하지 않았기 때문이다.

가장 치명적인 문제는 자선과 시혜 안에는 정의의 문제가 생략되어 있다는 점이다. 구조적인 문제에 대한 인식이 "정의의 차원"이다. 기독교세계관에서 말하는 것처럼 "방향"과 "구조"를 나누어 "방향"에 대해서만 문제를 제기하는 것은 한계가 있다. "방향"만 고민하고 "구조"를 고민하지 않으면 정의의 관점을 놓치게 된다. 예를 들어 강 아래로 떠내려오는 세 사람이 있다고 하자. 한 명은 죽어서 장례식장으로 보내고, 다른 한 명은 다쳐서 병원으로 보내며, 마지막 한 명은 다행히 멀쩡해 가족의 품으로 돌려보낸다. 사람들은 최선을 다해 시혜를 베풀고 자선을 베푼다. 그들은 죽은 이들의 가족과 살아남은 이와 그들의 가족의 마음을 달래주고 치유해주며 가정을 회복하도록 도움을 준다. 그런데 또 세 사람이 떠내려 온다. 그런 일이 자주 일어난다. 그때마다 사람들은 자선과 시혜를 베푼다. 그렇지만 아무도 왜 자꾸 사람들이 떠내려 오는가를 묻지 않는다. 구조적인 문제에 대한 인식이 그들에게 없기 때문이다. 더군다나 자선과 은혜를 베풀면 존경받지만 구조적인 문제를 제기하면 핍박을 받는다. 브라질의 주교 돔 헬더 까마라(Dom Hélder Câmara)가 말했다. "사람들은 내가 가난한 사람들을 돕자 나를 성자로 여기며 추앙했다. 그런데 내가 가난한 사람들은 왜 가난한가를 묻자 나를 공산주의자로 여기며 핍박했다."

니콜라스 월터스토프(Nicholas Wolterstorff)는 『하나님의 정의』(복있는사람, 2017)에서 평범한 개혁주의 신학자였던 자신이 어떻게 "정의"에 관심을 갖게 되었는지를 말한다. 그가 남아프리카 공화국에 가보니 칼뱅주의자들이 "질서와 무질서"의 문제를 가장 중요하게 여긴다는 사실을 목격한다. 그들은 악명 높은 인종차별 정책인 아파르트헤이트는 선한 의지의 발로라고 주장하며 무질서의 위협을 없애는 것이 가장 중요다고 주장했다. 놀라운 것은 이것을 정당화하기 위해 그들이 바울의 은사론을 인용했다는 점이다. 다양성이 있는 사회가 건강한 사회이고 각각의 개인이 다 은사가 다르기 때문에 차별이 있을 수밖에 없다는 것이다. 칼뱅주의자들은 빈부의 격차를 다양성으로 보았다. 또한 그들은 모두 자애와 호의의 윤리를 주장했다. 어떤 칼뱅주의자가 자신의 개인적 선행을 내세웠다. 그는 뒷마당에 살고 있는 흑인 가족에게 옷을 주었고 크리스마스에는 그 가족에게 방울도 주었다. 그는 자신이 자애로운 사람인데 자신의 호의가 인정받지 못하고 있고 그 흑인 가족에게 어떤 감사의 말도 듣지 못했다고 불만을 토로했다. 그는 외쳤다. "왜 우리는 서로 사랑할 수 없는가? 왜 비판만 하는가?" 그에게 인종 차별 정책인 아파르트헤이트는 아무 문제가 되지 않는다. 인종 차별의 현실과 차별적 구조는 그에게 아무 문제도 되지 않고, 그는 오직 개인적인 선행을 중요하게 여길 뿐이다. 호의가 억압의 도구로 사용되었다. 하지만 그건 자기중심적 호의였다. 그는 구조적인 악을 해결해야 하는 정의의 문제를 도외시한 채 오직 개인적 자선과 호의 또는 개인의 태도 문제만을 얘기했다. 월터스토프는 이를 통해 개인 윤리와 자선과 시혜적 사고의 한계를 깨닫게 되고 "정의"에 관심을 갖기 시작했다고 고백한다.

우리는 반드시 "사회 윤리"를 정립해야 하며 "정의의 관점"을 회복해야 한다. 기독교는 "자선"의 종교가 아니라 "정의"의 종교다. 하나님은 자신을 자선의 하나님이 아니라 정의의 하나님이라고 소개한다. "여호와의 말씀이니라. '보라! 때가 이르리니. 내가 다윗에게 한 의로운 가지를 일으킬 것이라. 그가 왕이 되어 지혜롭게 다스리며 세상에서 정의와 공의를 행할 것이며 그의 날에 유다는 구원을 받겠고, 이스라엘은 평안히 살 것이며 그의 이름은 여호와 우리의 공의라 일컬음을 받으리라'"(렘 23:5). "공의(mishpat)와 정의(tsedeq)가 주의 보좌의 기초라. 인자함(hesed)과 진실함(emunah)이 주 앞에 있나이다"(시 89:14). 성경은 단지 자선이나 노블리스 오블리주(noblesse oblige, 귀족은 의무를 갖는다)만을 주장하지 않는다. 성경은 공의와 정의를 이야기한다. 공의와 정의는 사회적 차원의 윤리이고, 개인적 선택의 문제가 아니라 사회 제도적 해결책에 대한 문제이며, 공동체의 정체성을 규정하는 핵심적인 성격의 윤리다. 공의와 정의를 행하지 않는 공동체는 하나님의 심판에 처하게 되고 땅이 그들을 토해내는 무서운 형벌을 받게 된다.

히브리어로 공의는 "미쉬파트"이고 정의는 "체데크"다. 미쉬파트는 구약성경에서 200회 이상 언급되고 있다. 버금갈 정도로 많이 언급되고 있는 체데크와 함께 한 쌍으로 자주 언급된다. 미쉬파트는 공평을 의미하고 법적 정의와 교정적 정의라고 부를 수 있는 단어다. 재판을 통해 강한 자들에게는 억제와 견제를 수행하고 연약한 구성원들을 보호하며 압제받는 자들의 억울함을 풀어주는 것이다. 정의로 번역할 수 있는 체데크는 강한 자들에게 시달리는 연약한 자들에게 이스라엘의 계약 공동체의 일원으로 계속 살 수 있도록 사법적 보호와 물질적 보호 그리고 돌봄을 베푸는 행위다. 인정과 분배를 통해 실현되는 사회경제적 정의와 기초적 정의를 의미하는 체데크는 매우 적극적이고 공세적인 친절과 계약적 사랑을 의미한다. 한 가지 짚고 넘어갈 것은 번역상의 문제다. 개역개정은 주로 미쉬파트를 "정의"로 체데크를 "공의"로 번역한다. 하지만 일관성이 있는 것은 아니다. 미쉬파트를 "공의"로 체데크를 "정의"로 번역한 곳도 있기 때문이다. 이것은 현대 영어 번역본에서도 마찬가지다. 오래된 KJV(King James Version)를 제외하고 대부분의 영어 번역본은 개역개정과 비슷하다. 하지만 나는 미쉬파트를 "공의" 혹은 "공평"으로 체데크를 "정의"로 해석한다. 그것이 히브리어 본래 의미와 훨씬 더 잘 부합하기 때문이다. 예를 들어 철학자 겸 신학자이며 영연방 유대교 최고지도자인 조너선 색스(Jonathan Sacks)가 『차이의 존중』(말글빛냄, 2007)에서 이렇게 해석한다. 그는 체다카(tsedaqah, 체데크의 여성형)를 자선과 정의를 결합한 단어라고 설명한다. 그는 체다카가 "사회 정의"를 뜻하며, 성경이 미쉬파트, 즉 법규만으로 자유롭고 평등한 사회를 만들 수 없기에 거기에 체다카, 즉 자원의 공정한 분배가 필요하다고 말한다고 주장한다. 성경은 개인의 자유만이 아니라 집단의 자유를 말하고 있다. 조너선은 이를 이루기 위해 하나님께서 안식일, 안식년 그리고 희년을 제정하셨다고 말한다. 이처럼 체데크는 "정의"로 번역하는 것이 맞다.

구약은 정의를 신약은 사랑을 말한다고 주장하는 목회자와 신학자들이 많다. 그렇게 말하면 구약의 하나님과 신약의 하나님을 서로 다른 존재로 보는 초기 교회 이단인 마르키온의 주장과 같은 주장을 하는 셈이 된다. 구약과 신약은 대립하지 않는다. 신약은 구약의 대체가 아니라 구약의 성취다. 구약의 하나님과 신약의 하나님은 동일한 하나님이시다. 구약에서든 신약에서든 하나님은 사랑과 정의가 하나인 분이시다. 신약에서도 예수님은 "하나님의 의"를 강조하신다. 마태복음에서 몇 구절만 봐도 그렇다. "의를 위하여 박해를 받은 자는 복이 있나니 천국이 그들의 것임이라"(마 5:10). "너희는 먼저 그의 나라와 그의 의를 구하라"(마 6:33). "화 있을진저! 외식하는 서기관들과 바리새인들이여, 너희가 박하와 회향과 근채의 십일조는 드리되 율법의 더 중한 바 정의와 긍휼과 믿음은 버렸도다"(마 23:23). 여기서 말하는 정의와 긍휼과 믿음은 미가 6:8을 정확하게 표현한 것이다. "사람아, 주께서 선한 것이 무엇임을 네게 보이셨나니 여호와께서 네게 구하시는 것은 오직 정의를 행하며 인자를 사랑하며 겸손하게 네 하나님과 함께 행하는 것이 아니냐?" 바울은 또 어떤가? 로마서 1:17, 3:21-22이나 10:4을 보면, 예수님께서 십자가와 부활을 통해 "하나님의 의"를 성취하셨다. 바울에 의하면, 예수 그리스도가 "하나님의 의"를 십자가와 부활을 통해 성취하셨다.

영어 번역본들은 하나님의 의 중 공의를 "righteousness"로 정의를 "justice"로 번역하곤 한다. 신약 시대의 저자들은 "하나님의 의"를 "디카이오쉬네"(*dikaiosyne*)라는 그리스어로 표현한다. 그렇다면 그리스도께서 이 땅에 오셔서 십자가와 부활을 통해 성취하신 하나님의 의(*dikaiosyne*)는 "righteousness"와 "justice", 즉 공평과 정의 모두다. 그런데 대부분의 영어 번역본이나 한글 번역본은 신약에 나오는 "하나님의 의"를 오직 "righteousness"라고만 번역했다. 그것도 법적 정의와 교정적 정의를 의미하던 미쉬파트가 그 의미가 축소되어 오직 "개인적 올바름"으로만 해석되곤 한다. 하나님과 개인 사이에 필요한 구원을 위한 조건으로서의 "개인적 올바름" 말이다. 더 큰 문제는 보다 적극적인 하나님의 의를 의미하는 체데크, 즉 "justice"가 사라져버렸다는 데 있다. 어처구니없는 것은 그들이 그토록 애지중지하는 아브라함의 믿음을 하나님이 의로 여기셨다는 창세기 15:6 말씀에서 "의"가 "체데크"인데 말이다. "칭의"가 영어로 "justification"인데 내용에서는 "righteousness"만 남고 "justice"가 사라져버렸다. 이것이야말로 개인적 차원의 복음과 영혼 구원의 복음으로 축소되고 왜곡된 현대교회의 복음이 만들어놓은 기괴한 결과다. 성자적 영성만 남고 혁명가적 영성이 사라져버렸기 때문에 나타나는 현상이기도 하다. 나는 신약성경에 나오는 "하나님의 의"를 번역할 때 반드시 "righteousness"와 "justice" 모두를 표기해야 한다고 생각한다.

구약성경은 하나님의 의를 미쉬파트와 체데크로 표현한다. 하지만 신약성경이 쓰인 그리스어에는 이에 해당하는 글자가 없기 때문에 미쉬파트와 체데크 모두 "디카이오쉬네"로 표현한다. 낡음과 늙음은 엄연히 다르지만 모두 "old"로 표현하는 것과 같다. 따라서 "old"가 낡음이라는 뜻인지 늙음이라는 뜻인지는 문맥을 보고 구분해야 하는 것처럼 문맥에 따라 "디카이오쉬네"가 미쉬파트의 뜻으로 사용되고 있는지 체데크의 뜻으로 사용되고 있는지 분별해야 한다. 예를 들어 누가복음 18장에서 불의한 재판장과 과부의 비유가 나오는데 문맥을 보면 "미쉬파트"에 해당하는 내용이다. 어떤 도시에 하나님을 두려워하지 않고 사람을 무시하는 한 재판장이 있는데 그 도시에 살고 있는 한 과부가 그에게 자신의 원한을 풀어달라고 요청한다. 그 재판장은 자신이 하나님을 두려워하지 않고 사람을 무시하기 때문에 일반적인 윤리 의식으로는 과부의 탄원을 들어주지 않을 것이나 매일 와서 자기를 괴롭히는 것이 싫어서 과부의 원한을 풀어준다. 어떤 이는 여기서 "강청 기도"의 메시지를 끌어내곤 하지만 이 비유는 그것과 하등 상관없다. 기도하고 낙심하지 말아야 할 이유는 하나님을 두려워하지 않고 사람을 무시하는 불의한 재판장조차도 번거로움 때문에 과부의 원한을 풀어주는데 하물며 공의로우신 하나님께서 밤낮 부르짖는 택하신 자들의 원한을 풀어주지 아니하시겠느냐는 말이다. 그 비유는 불의한 재판관과 공의로운 하나님의 공통점으로 밤낮 부르짖으면 들어준다는 것을 말하려는 것이 아니라 밤낮 부르짖을 수밖에 없는 인간의 현실 속에서 그것을 들어주는 동기와 이유가 근본적으로 다르다는 것을 말하려는 것이다. 핵심은 불의한 자도 들어주는 것을 공의의 하나님께서 들어주시지 않겠느냐는 메시지다. 이 비유를 통해 주님이 전하려는 메시지는 원한을 풀어주어 상황을 바로잡는 하나님의 "righteousness"에 관한 것이다. 하나님은 원한을 풀어주는 공의로운 분이시다.

또한 마태복음 20장에 포도원 품꾼의 비유가 나오는데 전체 내용을 보면 "체데크"에 해당하는 내용이다. 어느 포도원 주인이 시간이 지나도 고용되지 못한 품꾼들을 고용한다. 그는 그들에게 "너희도 포도원에 들어가라, 내가 너희에게 상당하게 주리라"(마 20:4)라고 말한다. 그런데 놀랍게도 포도원 주인은 일을 마무리하고 품삯을 계산할 때 나중에 온 사람에게도 먼저 온 사람과 동일하게 한 데나리온씩을 준다. 온종일 수고한 사람이나 한 시간 일한 사람이나 동일하게 품삯을 준 것이다. 이에 먼저 온 사람들이 항의하지만 주인은 말한다. "나중 온 이 사람에게 너와 같이 주는 것이 내 뜻이니라"(마 20:14). 우리는 이 비유를 통해 자격 없는 자에게 은혜를 베푸시는 하나님의 사랑을 깨닫는다. 하지만 이 본문에서 말하는 것은 하나님의 사랑이 아니라 하나님의 의다. "내가 너희에게 상당하게 주리라"라고 번역된 문장에서 "상당하게"는 "디카이오스"(*dikaios*)로서 의롭게, 공평하게, 정의롭게를 의미하는 단어다. 포도원 주인은 자신이 말한 대로 의롭게, 공평하게, 정의롭게 품삯을 준 것이다. 이것은 정확하게 희년을 통해 보여주신 "체데크"의 정신을 보여준다. 이처럼 신약성경도 하나님의 의가 중심 사상이며 여기서 말하는 하나님의 의는 "정의" 즉 "justice"다. 그런데 우리는 이를 하나님의 사랑으로 이해한다. 왜 그럴까? 그것은 성경에서 말하는 "justice"가 사랑의 급진적인 실천이기 때문이다. 성경에서는 사랑과 정의가 하나다. 구약도 사랑과 정의를 동시에 말하고 신약도 사랑과 정의를 동시에 말한다. 사랑과 정의가 하나이며 정의란 사랑의 급진적 실천이기 때문이다.

사랑이 없는 정의는 율법주의와 전체주의로 흐르고 정의가 없는 사랑은 방종과 악의 조장으로 흐른다. 사랑은 책임을 동반하기 때문에 반드시 정의의 기준을 충족시켜야 한다. 정의의 기준을 벗어나는 사랑은 사랑이 아니다. 또한 사랑한다고 해서 상대의 악을 방조해서도 안 된다. 변화의 의지도 없는데 쉽게 용서하는 것은 그를 악에 방치하는 꼴이 될 수 있다. 그를 여전히 악인으로 방치하는 사랑은 사랑이 아니다. 그것은 그를 진정으로 존중하는 것도 아니다. 그를 진정으로 존중한다면 그를 악의 한가운데 내버려둘 수 없다. 그를 선으로 이끌 수밖에 없다. 그를 변화시키는 정의로운 사랑만이 진정한 사랑인 것이다. 반대로 사랑 없는 정의만을 추구하면 사람을 살리는 정의가 아니라 사람을 죽이고 옭아매는 정의가 된다. 바리새인들처럼 자기 의에 사로잡혀 남을 정죄하는 삶을 살게 된다. 사랑은 정의의 원동력이고 정의는 사랑의 목적이다. 사랑은 항상 정의를 포함하고 정의는 오직 사랑을 통해 성취된다. 우리가 사랑과 정의를 대립되는 관점으로 이해하는 한 성경을 바로 이해할 수 없다. 성경에서는 사랑과 정의가 하나다. 이것이 바로 성자적 영성과 혁명가적 영성이 통합되어야 하는 이유다. 여기까지 혁명가적 영성의 기초를 말했다. 이제 그 적용을 다루어보자.

3장

세월호,
이 시대의 십자가

한국교회가 개인주의적이고 나르시시즘적인 영성을 가졌음을, 복음이 사사화되어 있어서 복음의 공공성을 상실했음을, 공평과 정의라는 성경의 핵심 사상을 외면하고 있음을, 사랑과 정의를 분리하고 있음을 적나라하게 보여준 현상이 바로 세월호 참사 이후 교회의 대응이다. 당시 한국교회는 십자가가 가해자의 죄를 용서하시는 하나님의 사랑뿐 아니라 피해자의 탄원을 신원하시는 하나님의 정의가 실현된 현장이라는 것을 전혀 이해하지 못하고 있었다. 많은 이들이 세월호 참사가 일어난 팽목항은 무고한 자들이 정세와 권세로부터 폭력적 공격을 당한 현장이었음을 인식하지 못했고 동시에 세월호 참사가 무고한 자들의 희생을 통해 정사와 권세의 정체가 밝히 드러난 이 시대의 십자가라는 신학적 진실을 이해하지 못하고 있었다. 그렇다보니 크게 두 가지 반응을 보였다. 하나는 가인과 같은 반응이다. "내가 내 아우를 지키는 자니이까?"(창 4:9) "내가 세월호 유가족들을 지키는 자니이까?" "내가 이 땅에 상처 입은 자들의 부르짖음과 무슨 상관입니까?" 이것은 철저한 방관이고 "아벨보다 나은 피"인 하나님의 아들 예수가 흘린 "의로운 피"를 통해 무고한 자의 탄원을 신원해주신 하나님의 정의에 대한 전면적인 부정이다. 다른 하나는 피해자와 가해자의 차이를 무시한 용서의 적용이다. 가해자의 죄를 용서하는 십자가의 능력밖에 모르는 한국교회는 가해자에게 적용해야 할 것과 피해자에게 적용해야 할 것을 구분하지 못하고 자꾸 "우리도 공범이다"라는 말만 되풀이하고 있었다. 한국교회는 피해자의 상처와 수치에 대한 치유와 회복 그리고 탄원에 대한 신원을 말해야 할 대목에서 자신의 죄를 인정하지도 않고 죄에 대해 책임도 지려하지 않으며 돌이켜 회개하려 하지도 않는 가해자들의 죄와 죄책에 대한 용서에 대해서만 앵무새처럼 반복하고 있었다. 심판 받아야 할 자들에게는 면죄부를 주고 의인들에게는 "우리도 공범이다"라고 말하며 회초리를 댔다. 가해자들은 쉽게 용서하면서 정의를 외치는 자들에게는 "내 탓이오"를 강요하는 형국이 반복되었다. 이렇게 함으로써 소외되고 가난하며 힘없는 약자와 소수자를 위해 자기를 희생하고 섬기며 공평과 정의를 위해 자기 목숨까지 내어놓는 사람들로 하여금 기독교에 등을 돌리게 하고 있다.

몇 년도였는지 정확히 기억나지 않지만 신학대학교를 다닐 때 바로 옆 숭실대에 당시 국회의원이었던 노무현 전 대통령께서 오셔서 특강을 한 적이 있었다. 총신대 캠퍼스에서 고개 하나만 넘으면 숭실대였기에 나도 지척의 거리를 걸어가 참여했다. 기억에 남는 내용이 하나 있다. 노무현 전 대통령이 교회를 다니려고 한 적이 있었다고 한다. 언젠가 교회를 다니고 싶어 어느 작은 교회의 기도회에 참여했는데 원치 않게 뒤에 앉아 있는 한 할머니의 기도 소리를 듣게 되었다. 그 할머니의 기도 내용은 한마디로 "내 탓이오"였다. 무슨 내용을 말하든지 다 자기 탓으로 돌렸다. 그분은 할머니가 가슴을 치며 회개하는 기도 내용을 들으면서 그것을 인정할 수 없었다고 한다. 아무리 헤아려봐도 그것은 할머니 탓이 아니었다. 이 나라가 잘못한 것이고 이 사회가 잘못한 것이며 나쁜 사람들이 잘못한 것인데 왜 기독교는 이런 사람들의 아픔을 헤아리며 그분의 고통을 덜어주려 하지 않고 모든 죄책을 그 할머니 탓으로 돌리게 만드는 걸까? 이런 것이 기독교라면, 자신 역시 할머니와 같은 분들에게 짐을 덜어주는 자가 아니라 짐을 더 얹는 자가 될 것 같아 교회 나가는 것을 포기했다고 한다. 그때 그분은 할머니 같이 가난하고 연약하고 힘들게 살아가는 사람들에게 짐을 얹는 것이 아니라 짐을 덜어주는 삶을 살겠다고 결단했다고 한다. 이렇게 그분은 조용히 기독교를 떠나갔다. 한국교회는 나중에 대통령이 될 사람을 놓친 것이다.

한때 "내 탓이오 운동"이 일어났던 때가 있었다. 자동차 뒤에 "내 탓이오" 스티커를 붙이고 다니는 차량이 참 많았다. 나는 그런 차량을 볼 때마다 이런 생각을 했다. "아니, 스티커를 붙이려거든 핸들에 붙여야지 왜 자동차 뒤 트렁크에 붙이는 거야? 핸들에 붙여야 무슨 일이 있으면 자기 탓이 되는 거지, 트렁크에 붙이면 그것은 남의 탓이라는 것 아닌가?" 이 그림은 불의한 자들이 "내 탓이오 운동"을 어떻게 사용하는지를 상징적으로 보여준다. 그것은 "회초리 기도회"와 똑같다. 내 탓이오 운동을 통해 불의한 자들은 죄에 대한 자기 책임을 면제받고 자신들의 죄악으로 말미암아 고통받고 있는 사람들에게 죄책을 떠넘긴다. 이런 현상을 만들어낸 책임이 기독교에 없다고 할 수 없다. 기독교는 그동안 불의한 자들에게 책임을 물어야 할 때 긍휼과 용서를 이야기하고 무고한 자들의 탄식 소리 앞에서는 "내 탓이오"를 강요했다. 이것은 참 기독교의 그림이 아니다. 참 기독교는 악한 세력들 앞에서 공평과 정의를 외치고 무고한 자들 앞에서는 긍휼과 자비를 말한다. 예수 그리스도께서 십자가에 달리신 이유 중 하나는 무고한 자들의 탄원을 하나님께서 들으셨다는 것을 알리기 위함이고 그들에게 "네 탓이 아니야"라고 말해주기 위함이다. 세월호 희생자들에게, 그 외에 무고하게 죽어간 이 땅의 모든 영혼들에게, 그리고 무거운 짐을 지고 가는 이 땅의 민초들에게 말이다.

세월호 참사에 대한 신학적 해석과 우리 교회의 사역은 『페어 처치』 제3부 4장 "타자를 위한 교회"에서 자세히 다루었다. 여기서는 개인적인 간증을 통해 세월호 참사가 우리 교회에 어떤 변화를 가져왔고 우리에게 어떤 위로를 주었는지를 되돌아보는 시간을 갖고자 한다. 사실 교회에서 세월호 참사에 대해 이야기하고 설교하며 사역을 한다는 것이 쉽지는 않았다. 복음의 공공성을 위해 사역하는 것도 겨우 정착되고 있었는데 사람들이 생각할 때 "정치적 사안"이라고 생각하는 사건을 다룬다는 것은 여간 어려운 일이 아니다. 이런 얘기를 들었다. 안산에 있는 큰 교회였는데 그 교회에 세월호 유가족이 있었다. 순수한 마음에 그 교회 담임목사가 설교 중 세월호와 관련된 이야기를 했나 보다. 그러자 예배 후에 장로들이 쫓아와서 교회를 절단낼 일 있냐며 목사에게 항의했다고 한다. 자신이 개척한 교회임에도 불구하고 그 후로 세월호 얘기는 입 밖에도 내지 못했다고 한다. 이것이 현실이다. 이런 위험한 일을 내가 저지른 것이다. 내가 세월호 설교를 하자 핵심 멤버 세 가정이 교회를 떠나겠다는 소식이 전해져왔다. 각 가정을 모두 따로 만나 잘 마무리되었고 나중에는 그분들 모두가 적극적으로 참여하거나 동의하는 분들로 변했다. 나는 그렇게 어려움을 이겨내고 각종 집회와 연합 예배에 참여하거나 교회에서 유가족을 모시며 세월호 간담회를 열거나 매해 세월호 기억 예배를 드리고 "자수 공방"을 통해 유가족들을 직접 섬기는 일도 했다.

그러던 중 세월호 참사 일 년 후인 2015년 4월 3일 금요일 화성시 봉담에 있는 봉담도서관에서 『금요일엔 돌아오렴』(창비, 2015)의 "북콘서트"가 열렸다. 북콘서트가 열리기 몇 주 전 나는 안산 세월호 희생자 합동 분향소 개신교 부스에서 목요일마다 열리는 "세월호 가족들과 함께하는 기도회"에 참여했다. 우리 부부가 먼저 참여한 후 나중에 이 기도회에 해마다 교회 차원에서 참여해 기도회를 섬기는 일을 했다. 그때 그곳에서 들은 안타까운 소식 중 하나는 교회를 다니던 많은 희생자 유가족이 교회를 떠나고 있다는 말이었다. 그중 한 분이 바로 창현 어머니였다. 창현 어머니 최순화 집사는 신실한 그리스도인으로서 40일 특별새벽기도회를 빠지지 않고 참석해 가장 늦게까지 기도하던 분이다. 너무 늦게 나가는 엄마를 기다리다 못해 엄마 무릎을 베고 잠을 자곤 했던 창현이의 꿈 중 하나가 그런 엄마를 위해 가장 비싼 방석을 만들어드리는 거였다고 한다. 그런데 그런 창현 어머니가 교회조차 자신을 종북 좌파 같은 불온한 사람, 보상을 더 받으려는 사람, 경제를 죽이는 사람, 그리스도인답지 않은 행동을 하는 사람으로 몰아가니까 너무나 큰 상처를 받아 교회를 떠나려고 한다는 것이다. 한국교회가 이렇다. 세월호 참사가 터질 때 처음에는 한국교회도 아파했다. 세월호 유가족들을 여러 모양으로 섬겼고 장례 치르는 일을 도왔으며 모금 활동을 적극적으로 벌였다. 자선과 시혜의 윤리가 전부인 한국교회는 참사가 터질 때마다 이렇게 적극적으로 활동한다. 하지만 여기까지다. 한국교회는 유가족들이 진상 규명을 외치자 그들에게 일정한 거리를 두기 시작했다. 하나님의 정의에 대한 감각이 없기 때문에 진상 규명은 종북 좌파에 놀아나거나 적극적으로 동조하는 행위로밖에는 볼 수 없었던 것이다. 욥의 고난은 개인적 차원의 고난이다. 하지만 세월호 참사는 실시간으로 온 국민이 함께 목격해 집단적 트라우마를 겪은 사건이다. 욥의 고난도 해석하기가 쉽지 않은데 한국교회의 신학으로는 이러한 사건을 해석한다는 것이 불가능했다. 설령 신학적으로 해석이 가능하다 해도 욥의 고난을 겪고 있는 사람이 있으면 교회 분위기가 영 말이 아니게 된다. 믿음의 역사에 대해 얘기하기도 어려워진다. 하물며 신학적 해석이 불가능한 집단적 트라우마를 겪은 세월호 유가족들이 교회를 나온다고 생각해보라. 얼마나 부담스럽겠는가? 그런데 진상 규명을 외쳐? 옳거니 했을 것이다. 이런 태도에 상처받은 유가족들이 모두 교회를 떠났다. 희생자 학생 250명 중 그리스도인이 75명이었다고 하니 75가정이 모두 교회를 떠난 셈이다. 그러니 내 마음에 그분에 대한 영적 부담감이 생기지 않을 수 없었다. 그분을 위해서 날마다 기도했다. "하나님, 창현 어머니가 교회를 떠나지 않게 해주세요. 만약 교회를 떠나는 일이 생긴다 해도 하나님을 저버리는 일은 없게 해주세요."

그렇게 기도하는 중 "『금요일엔 돌아오렴』, '북콘서트'"에 창현 어머니가 온다는 소식을 듣게 되었다. 더 놀란 것은 내가 주최 측으로부터 유가족들을 위한 짧은 편지를 낭독했으면 좋겠다는 부탁을 받은 사실이다. 3분밖에 되지 않는 낭독 시간이지만 나는 부탁을 받고 많이 놀랐다. 물론 더불어숲동산교회가 지역을 섬기는 사역을 꾸준히 한 결과이기도 하겠지만 일반 모임에서 목사를 부르는 것을 보며 나는 주님의 인도하심이라 느꼈다. 마음을 전하기에 충분치 않은 3분 정도의 글이라 부담은 되었지만 오직 창현 어머니 한 분께 드리는 마음과 한국교회가 그분에게 준 상처에 대해 사죄하는 마음으로 기도하면서 편지를 작성했다. 드디어 당일이 되었다. 내 순서는 북콘서트 맨 마지막이었다. 나는 눈물을 겨우 참아가며 편지를 읽었다. 편지는 이런 내용이었다.

세월호 희생자 유가족들에게 올립니다. 유가족들의 아픔을 헤아릴 수조차 없는 사람이 부끄러운 마음으로 용기를 내어 글을 올립니다. 자식을 잃은, 아니 그냥 잃은 것이 아니라 "사회적인 집단 타살"에 의해 자녀를 잃은 부모님의 아픔을 우리가 어떻게 헤아릴 수 있겠습니까? 세월호 참사는 단지 선박이 침몰한 "사고"가 아니라 국가가 국민을 구조하지 않은 "사건"이기에 그 아픔은 상상조차 할 수 없습니다. 저는 작년 4월 16일 세월호 참사가 발생하고 나서 여러 사정으로 인해 4월 말이 되어서야 팽목항을 방문할 수 있었습니다. 그때 텐트 안에서 차디찬 시신으로 돌아온 아이를 안고 통곡하시는 부모님의 절규를 텐트 밖에서 듣게 되었습니다. 그것은 도저히 사람의 소리라고 여겨지지 않을 정도의 찢어지는 절규였습니다. 듣는 것만으로 누군가 제 가슴에 비수를 박은 것보다 더 아팠고 제 존재가 무너져내리는 것 같았습니다. 목사이기에 많은 죽음의 자리를 함께해보았고 수많은 장례를 치렀지만 그런 소리를 어디에서도 들어본 적이 없었습니다. 저는 평생 그 소리를 잊을 수 없을 것입니다. 더군다나 유가족들의 아픔은 그 순간으로 끝나지 않고 동일한 강도로 지금도 계속되고 있습니다. 『금요일엔 돌아오렴』에서 표현한 것처럼 유가족들은 "이러지도 저러지도 못하는" 시간을 보내고 계십니다. 집 밖을 나갈 수도 없고 집 안에 있을 수도 없는 시간, 아이의 물건을 태울 수도 그대로 둘 수도 없는 시간, 밥을 먹을 수도 안 먹을 수도 없는 시간, 살 수도 죽을 수도 없는 시간을 보내고 계십니다. 어찌 이리도 참혹한 시간이 있을 수 있다는 말입니까?
　이런 유가족들 앞에 제가 선 것은 유가족들을 위로하기 위함이 아닙니다. 저는 단지 여러분에게 사죄하기 위해 섰습니다. 제가 한국교회를 대표할 수 있는 사람은 아니지만 이 자리에서만큼은 한국교회를 대신해 사죄하고 싶습니다. 대부분의 한국교회는 세월호 참사 앞에서 오직 "침묵하라"고만 외쳤습니다. 유가족들과 함께 울지 못했고, 함께 분노하지 못했으며, 함께 싸우지 못했습니다. 심지어 유가족들에게 상처를 입히는 언행을 보이기조차 했습니다. 정말…정말 죄송합니다. 가슴 깊이 사죄드립니다. 이런 교회의 모습은 참 예수의 정신이 아닙니다. 우리가 믿고 있는 예수님도 세월호 희생자들처럼 구조화된 국가 폭력에 의해 죽임당하셨습니다. 십자가는 이 땅의 의인들과 무고한 자들이 죄와 악의 실체에게 공격당하는 자리입니다. 예수님은 그 자리에까지 내려가셔서 그들의 고통과 수치를 그대로 당하셨고 그곳에서 악과 싸우셨습니다. 그런 예수님이시기에 그분은 십자가의 자리에서 고통당하고 계신 유가족들의 아픔과 분노를 아시고, 힘겨운 이 싸움을 지지하십니다.

성경에 보면 인류 최초의 살인 사건에 의해 아벨이 죽임당합니다. 그런데 하나님은 이것을 방관하지 않으시고 살인한 가인에게 찾아가서 이렇게 말씀하셨습니다. "네 아우의 핏소리가 땅에서부터 내게 호소하느니라." 이처럼 하나님은 무고한 자들의 핏소리를 들으시고, 외면하지 않으시며, 결코 잊지 않으십니다. 그분은 세월호 희생자들의 핏소리를 결코 잊지 않으실 것이며 결코 헛되게 하지도 않으실 겁니다. 하나님은 작은 신음에도 응답하시고 우리의 상처와 탄원을 반드시 해결해주시는 정의로운 심판관이십니다. 그분은 우리가 말하지 않으면 저 돌들이 소리치게 하겠다고 말씀하셨습니다. 그러기에 진실은 결코 침몰하지 않습니다. 피해자들의 억울함은 반드시 풀릴 것이며 가해자들의 정체는 만천하에 드러날 것입니다. 저 차가운 바다에서 아이들과 마지막 순간까지 함께하신 주님처럼 저희도 결코 여러분을 잊지 않을 것이며, 진상 규명의 문제를 보상의 문제로 몰고 가면서 유가족들과 국민을 두 번 죽이고 있는 저 야만적이고 악한 세력들과 싸우시는 여러분과 끝까지 함께 싸우겠습니다. 힘내십시오.

모든 순서를 마친 후 토론자 중 한 명이었던 여성 운동가 한 분이 내게 와서 이렇게 말했다. "오늘 창현이 어머니가 오셨어요. 저분이 그리스도인인데 그동안 교회에서 상처를 많이 받으셨나 봐요. 그런데 오늘 목사님의 편지를 듣고 은혜를 받아 지금 많이 울고 계셔요. 다른 간담회에서 거의 울지 않는 분인데 말이에요. 목사님이 가셔서 좀 안아주시고 기도해주세요." 그 말을 듣고 가서 울고 계신 창현이 어머니를 꼭 안아드렸다. 그리고 말씀드렸다. "미안합니다. 얼마나 아프셨어요. 결코 잊지 않겠습니다. 그리고 끝까지 함께하겠습니다. 제가 창현 어머니 이름을 부르며 날마다 기도하겠습니다." 그 말에 창현 어머니는 또 눈물을 흘리셨다. 창현 어머니는 내게 이렇게 말씀하셨다. "목사님, 이 말씀 들으라고 하나님이 저를 이곳에 보내셨나 봐요." 그 말이 내게 얼마나 위로가 되었는지 모른다.

그 일이 있고 난 이후 2015년 4월 5일 부활절 예배 때의 일이다. 부활절 예배에서 나는 성경이 말하는 부활의 의미에 대해 설교하면서 그 주간에 겪었던 세월호 유가족들에 대한 말씀을 드렸다. 전 주 『금요일엔 돌아오렴』 '북콘서트'"에서 있었던 창현 어머니 이야기와 자신의 목을 스스로 조르는 삶에서 아이들을 위해 싸우는 삶으로 바뀐 성호 어머니의 이야기에 대한 말씀을 드렸다. 그런데 한 집사님이 예배 후 내게 다가왔다. 그분은 주로 보수 언론 매체를 구독하고 시청하는 분이다. 이런 분이 내 설교를 듣는다는 것이 얼마나 힘든 일이겠는가? 우리 교회를 계속 다니는 것만으로도 기적이라고 할 수 있다. 그런 분이 내게 이렇게 말했다. "목사님, 제가 세월호 유가족들을 오해한 것을 회개했어요. 저는 유가족들이 그저 보상을 더 받으려고 저러는 줄로만 알았는데 바르게 가르쳐주셔서 감사합니다. 이제 세월호 유가족들을 지지할게요. 그리고 목사님이 전한 오늘 말씀대로 살아야겠어요." 정말 깜짝 놀랐다. 이런 말을 듣게 되는 날이 오다니.

세월호와 관련해 참 많은 얘기를 할 수 있을 것 같다. 하지만 지면 관계로 세월호 참사가 우리에게 준 위로에 관한 이야기 하나만 하고 이번 장을 마치고자 한다. 세월호 어머니들로 이루어진 "노란 리본"이라는 연극단이 있다. 이 연극단의 두 번째 연극이 〈이웃에 살고 이웃에 죽고〉다. 원래 있던 연극을 세월호 참사와 관련된 이야기로 약간 각색했다. 너무 감사한 것은 우리 교회에서 진행했던 "토요일만 예술학교"에 참여한 아이들이 공동으로 작사하고 작곡한 "잊지 않을게 0416"이 이 연극의 엔딩곡으로 쓰였다는 사실이다. 우리 교회는 2018년 겨울 〈이웃에 죽고 이웃에 살고〉를 공연했다. 이 연극을 교회에서 공연하기는 우리 교회가 처음이라고 그분들에게 들었다. 공연비를 마련하기 위해 처음으로 티켓을 만들어 판매하기도 했다. 참 많은 사람이 참여해 감동적인 연극을 관람했다. 공연을 마치고 관객과의 대화를 나누는 시간이 있었다. 배우로 참여했던 유가족들이 모두 한 말씀씩 했는데 교회에서 펼쳐졌던 공연이라 그런지 많은 분들이 교회에 관한 얘기를 했다. 나는 배우 중 친분이 있는 영만 어머니만 그리스도인인 줄 알았다. 하지만 2/3가 그리스도인인 것 같았다. 자식을 잃는 아픔 속에서 "하나님이 사랑하셔서 우리를 이렇게 힘들게 하는 것이라면 조금만 덜 사랑하시지" 하는 원망의 마음까지 들었다는 한 엄마의 이야기, 이 큰 아픔과 긴 싸움을 교회가 이해해주지 못해 교회를 떠나 광야 교회의 교인으로 살아가고 있는 엄마들의 이야기가 교회 강대상에서 그렁그렁 울려 퍼지고, 곳곳에서 울음으로 그 아픔에 경청하던 소중한 순간이 강물처럼 우리 모두를 적셨다. 세월호의 고통을 보듬지 못하는 교회에서 상처 입고 교회 밖의 광야 길을 걷고 있는 몇몇 그리스도인 어머니들의 아픔과 탄원이 차고 시린 고통으로 들려왔다. 차례차례 마이크가 옮겨가다가 한 어머님이 한 번도 하지 않았던 이야기를 조심스레 시작하셨다. "저는 실은 안산동산교회 교인이었어요. 제가 왜 이도영 목사님을 못 잊느냐면…우리 수인이가 가장 존경하던 분이었기 때문이에요. 이도영 목사님이 화성으로 간다는 소식을 들었지만 사는 게 바빠서 어떤 일을 하시는지 어떤 교회를 만드시는지 잘 몰랐어요. 하지만 오늘 여기 교회에 와서 보니 우리 수인이가 왜 그렇게 목사님을 존경했는지 알 것 같아요. 목사님 쓰신 책도 읽고 '엄마, 난 이담에 목사님 같은 사람이 될 거야'라고 이야기하던 수인이…그 수인이가 하늘에서 이 교회를 보고, 여기서 이렇게 연극하는 저를 보고 기뻐하는 것 같아요."

수인 어머니의 이야기에 그 순간, 나와 아내 모두 수인이와 하나님이 우리 곁에 머물고 계신 듯 마음이 뜨거워졌다. 내가 알지도 못하는 수인이와 수인 어머니의 이야기가 우리에게는 큰 위로를 주었다. 나중에 아내는 내게 문득 수인이에게 부끄럽지 않은 교회가 되어서 다행이라는 생각이 툭 하고 마음 한쪽을 무너뜨렸노라고 얘기해줬다. 내가 기억하는 그 순간은 이러했다. 수인이가 하늘에서 기뻐하는 것 같다는 말을 듣는 순간 마치 스데반이 순교할 때 주님이 하늘에서 자리에 일어나 굽어보셨던 것처럼 우리

를 보고 계시는 것 같은 느낌이었다. "그동안 힘들었지? 애썼다." 이렇게 말
씀해주시는 것 같았다. 지난 9년간 얼마나 많이 울고 힘들며 아팠는지 그
리고 얼마나 많이 포기하고 싶었지만 끝까지 인내했는지 주님이 알아주시
고 인정해주시는 것 같았다. 수인 어머니를 통해 우리에게 주신 하나님의
위로가 가뭄 뒤의 단비처럼 깊이 우리 마음을 적셨다.

4장

미투,
예수는 페미니스트였다

2018년 한국을 뜨겁게 달구었던 이슈 중 하나가 "#MeToo 운동"이다. 한국에서 미투 운동은 서지현 검사의 폭로로 촉발되었다. 잘 알려진 것처럼 서지현 검사가 성추행당한 사실을 폭로한 계기는 안태근 전 검사가 세례를 받으면서 했던 간증에서 비롯되었다. 그의 간증에서 문제가 되었던 대목은 이것이다. 그는 공직자로서 깨끗하고 성실하며 열심히 살아왔으나 억울한 누명을 쓰고 공직을 떠나게 되었다고 말하면서 하나님께로부터 위로와 힘을 얻었다고 고백했다. 그런데 교회 홈페이지에 올라온 그의 간증 영상을 8년 전 그에게 성추행을 당했던 기억으로 고통당하고 있던 서지현 검사가 우연히 보았다. 서지현 검사는 그 영상을 보고 견딜 수 없는 분노를 느꼈다고 한다. 간증의 주인공은 다름 아닌 바로 자신을 성추행한 사람이었기 때문이었다. 자신은 8년 동안 고통 속에 살았는데 자신에게 단 한 번도 용서를 빌어본 적 없는 그가 기쁨과 평안 속에서 살고 있다니. 이로 인해 그 사실을 폭로할 수밖에 없었다. 서지현 검사는 방송에 나와 다음과 같이 말했다. "내가 꼭 하고 싶은 말이 있어 나왔다. 내가 성폭력 피해를 입었음에도 8년이라는 시간 동안 내가 뭘 잘못했기에 이런 일을 당한 건 아닌가 하는 자책감에 굉장히 괴로움이 컸다. 그래서 이 자리에 나와 범죄 피해자분들께, 성폭력 피해자분들께 결코 당신의 잘못이 아니라고 이야기해 주고 싶어 나왔다. 내가 그걸 깨닫는 데 8년이 걸렸다." 이처럼 한편으로는 "안태근의 간증 영상"이 미투 운동을 촉발시켰다고도 할 수 있으니 참으로 아이러니한 상황이다. 많은 이들이 이 사건을 보고 영화 〈밀양〉을 떠올렸다고 한다. 하나님과 해결하기만 하면 된다는 신앙이 만든 그 괴물과 같은 모습을 안태근 전 검사에게서 본 것이다. 하지만 회개와 용서에 대해서는 앞서 살펴보았으므로 여기서는 페미니즘에 대한 얘기를 하도록 하겠다. "#MeToo 운동"의 주체는 여성이며 그럴 수밖에 없는 이유가 대부분의 이야기에서 여성이 피해자이기 때문이다.

　"#MeToo 운동"이 시작되자마자 우리는 사회선교부 주최로 "#MeToo 수다회"를 열었다. 사회적 이슈가 발생할 때마다 성경적 시각으로 어떻게 해석하고 실천해야 하는지 함께 고민하는 사회선교부이기에 가만히 있을 수 없었다. 정파적인 차원이 아닌 민주 시민의 권리 차원에서 교회 이름을 건 현수막을 만들어 광화문 촛불 집회에 참여하기도 했고, 대통령이 탄핵되어 선거가 앞당겨지자 그리스도인으로서 어떤 기준을 갖고 선거에 참여해야 하는지에 대해 그 기준을 제시하기도 했던 사회선교부가 이번에는 여성들의 고민이 무엇인지를 나누는 시간을 가졌다. 마침 독서토론회 "북작모임"에서 『82년생 김지영』(민음사, 2016)이라는 책으로 토론회를 하고 온 분들도 계셔서 토론이 알차게 진행되었다. 우리는 이 과정을 통해 "#MeToo 운동"이 예외적으로 폭력적인 어떤 남자에게 피해를 입은 여성 한 개인의 문제를 다루는 운동이거나 단지 "여성의 문제"를 다루는 운동이 아니라 "가부장제의 이원 젠더 체제" 자체에 대한 도전임을 다시 한

번 확인하게 되었다. 안희정 사건을 통해 알 수 있듯이 가해자에게 피해자의 권리를 존중했는지 혹은 피해자가 자유로운 의사 결정을 할 수 있도록 존중했는지에 대해 묻는 것이 아니라 피해자에게 무력하고 순수해야 한다는 "피해자다움"을 강요할 뿐 아니라 피해자에게 충분히 거부하거나 저항했는지 혹은 충분히 거부할 권리를 행사했는지를 입증하라고 강제하는 어처구니없는 일이 벌어지는 것을 보면 "성적 자기결정권"조차 왜곡되고 있음을 알 수 있었다. 특히 아직도 가부장제와 유교적 윤리가 강력하게 작동하고 있는 교회야말로 페미니즘이 필요한 곳이라는 것에 모두 공감했다.

정신실 작가는 "사모, 아프거나 미치거나"(뉴스앤조이, 2018. 10. 19.)라는 글에서 사모를 "이름을 갖지 못한 사람"이라고 말한다. 사모는 자기 이름을 갖지 못하고 전통적인 역할을 강요당하며 가면을 쓰고 있는 사람, 아프거나 미치거나 할 수밖에 없는 사람이다. 참으로 수긍이 가는 글이다. 아주 오래전 일이다. 내가 전도사로 섬기던 시절, 부천 소사에 있는 교회였는데 그곳 사모님이 "사모세미나"에 다녀오신 얘기를 해주셨다. 요즘처럼 세미나를 하면 각 방을 주는 시절이 아니니 20-30명이 한 방을 쓴 것 같다. 그분이 하시는 말씀이 저녁에 프로그램 끝나고 취침을 위해 모두가 방에 들어갔는데 거의 대부분의 사모가 신경정신과 약을 복용하더란다. 그 말을 듣고 사모들의 현실을 실감할 수 있었다. 나도 마찬가지였다. 특히 개척 1, 2년 차에 이런 압력을 많이 받아야 했다. 전통적인 사모상과 거리가 멀고, 사용하는 용어도 많이 다르며, 전통 교회가 이해할 수 없는 페어라이프 센터 사역을 주로 하는 내 아내에 대한 문제 제기가 많았다. 초창기에는 내 아내가 정말 많은 눈물을 쏟아야 했다. 혹 사모로서 윤리적인 문제나 목회적으로 적절하지 않는 모습이라면 모르겠으나 스타일과 사역에 대해 문제 제기하는 것은 정말 너무나 힘든 일이었다. 더 이상 두고 볼 수가 없어서 예배 시간에 간절히 호소했다. 사모는 단지 목사의 아내가 아니라 하나님이 주신 비전과 소명을 함께 감당하는 동역자이고, 하나님이 주신 은사를 통해 자기만의 역할을 감당하는 사역자이며, 우리 교회는 다른 교회와 똑같은 또 하나의 교회가 아니라 10년 후 한국교회가 나아갈 방향을 제시하는 선교적 교회로서의 비전을 갖고 있기에 복음의 공공성을 실현하는 사역을 주로 담당하는 임영신 사모의 역할이 중요하고, 또한 사모를 흔드는 것은 사모와 한 몸인 목사를 힘들게 해 교회를 섬기는 일을 어렵게 할 수 있으니 마음을 열어 사모를 이해해주고 지지해주며 사모에 대한 비난을 멈춰달라고 했다. 그 설교를 듣고 한 집사님이 찾아와 항의했다. "한국교회는 사모가 치마가 짧으면 짧다고 문제 제기를 하고 치마가 길면 길다고 문제 제기를 하는 곳입니다. 성도들이 그럴 수도 있는 것이지 왜 성도들의 언로를 원천적으로 차단합니까?" 나는 그분에게 민주적인 문화를 만드는 것에는 동의하지만 사모를 그렇게 대하는 교회를 세우고 싶은 생각은 추호도 없다고 말씀드렸다. 그랬더니 그분은 내게 더 강력하게 항의했다. 참 어려운 시기를 지났던 것 같다. 지금이야 우리 교회 성도님들이 내 아내가 무엇을 하든, 외국에 나가느라 몇 주 자리를 비우든, 여러 실수를 해도 그러려니 하고 넘어간다. 사모라는 호칭보다 대표라는 호칭에 더 익숙한 분들도 많다. 우리 교회 성도님들은 참으로 성숙한 분들이다. 한국교회가 사모에 대한 이해를 새롭게 하면 좋겠다. 더 이상 사모를 아프거나 미치게 해서는 안 된다. 사모를 하나님 앞에서 당당한 사역자로 인정해주기를 바란다. 교회에 페미니즘이 필요한 이유 중 하나다.

　　교회는 페미니즘을 반대하는 세력 중 하나다. 하지만 교회야말로 페미니즘이 필요한 곳이다. 교회야말로 여성 차별이 가장 극심하게 일어나는 곳이기 때문이다. 그동안 교회는 순종적인 마리아와 반역적인 하와라는 이미지를 통해 여성성을 규정해왔다. 이것이야말로 여성 혐오의 전형이다. 교회는 남녀가 존재는 평등하나 기능에는 차별이 있다는 거짓 논리를 주장하며 성경에 나와 있는 "여자는 교회에서 잠잠하라"라는 말을 문자적으로 적용해왔다. 얼마 전까지만 해도 대부분의 교단에서 여자는 장로와 목사가 될 수 없었다. 지금까지도 그런 교단들이 있다. 권사들은 교회의 힘든 일을 도맡아 하면서도 중직을 맡을 수 없었고 목사들의 행사 때면 한복입고 동원되는 몸종이었다. 기독교에서 여자는 남자로 하여금 원죄를 짓게 만든 요물이다. 여성은 언제나 불안정하고 감정적이며 죄에 무력한 문제 덩어리다. 여성은 남성의 갈비뼈에서 나온 부차적 존재이고 결핍된 존재이며 종속적 존재다. 남성은 여성의 머리다. 여성은 남성에게 사랑받아야 할 존재이며 남성에게 복종해야 한다. 그런 면에서 여성은 항상적으로 자기 비하의 상태에 빠져 살아왔다고 할 수 있다. 남성들은 그런 여성들에게 "교만으로서의 죄"를 깨달으라고 강제했다. 페미니즘의 맥락에서 보면 "교만으로서의 죄"는 가부장제 아래에 있는 남성 신학자들과 국가 종교에 의해 강조된 죄 개념이라고 할 수 있다. 그동안 교회는 가부장제를 거부하고 변혁하려는 여성에게 "교만의 죄"를 적용하며 "순종"을 강요해왔다. 하지만 여성에게는 "자기 비하로서의 죄"가 더 중요하다. 그들은 더 낮아질 필요가 없었다. 이미 낮아질 대로 낮아졌기 때문이다. 여성은 높아지려는 죄가 아니라 낮아지려는 죄와 싸워야 한다. 그들을 항상적으로 낮아지게 만드는 불의한 체제의 악을 깨닫고 사회적이고 구조적인 악과 싸워야 한다.

더군다나 요즘 들어 그루밍 성폭력 등 교회 내 젠더 폭력의 문제가 심각하게 대두되고 있기에 더욱 그러해야 한다. 교회 내 성폭력은 단지 남성 개인이 여성 개인에게 행한 성폭력의 문제만이 아니라 가부장제 사회의 위계적 젠더 질서에 내재한 구조적이고 정치적인 폭력의 발현이기 때문에 젠더 폭력이라 부르는 것이 정확하겠다. 강호숙 박사는 『성폭력, 성경, 한국교회』(CLC, 2019) 내에 있는 "교회 리더의 성(聖)과 성(性)에 관한 연구"라는 글에서 교회 내 젠더 폭력이 발생하는 세 가지 원인을 제시한다. 첫째, 집단의 규모가 커지면서 인격성이 함몰되고 양심이 작동하지 않는 "집단의 비윤리성" 때문이다. 둘째, 목회자로의 권력 집중과 성을 남용하고 악용하기 쉬운 교단 내 권력 구조를 통해 작동하는 "권력과 성" 때문이다. 셋째, 여성의 몸을 부정하게 보거나 죄와 연관시켜 죄책감을 가중시키는 교리를 만들어 여성을 성적으로 종속시키게 만드는 "성적 메커니즘" 때문이다. 강호숙 박사의 주장을 통해 알 수 있듯이 교회 내 젠더 폭력은 여성 차별, 여성 혐오의 "젠더 이원론"과 함께 남성 성직자와 여성 평신도라는 권력의 위계를 타고 작동하는 "위력"이라는 이중적 차별 구조에 노출된 상태에서 행해지고 있는 셈이다. 즉 젠더의 위계와 권력의 위계가 신앙을 통해 기형적으로 착종되는 가운데 성폭력이 발생하고 있다. 그렇기에 어쩌면 사회보다 더 심각한 젠더 폭력이 교회 안에서 발생하고 있을지도 모른다.

교회의 중직이면서 "아버지 학교"를 열심히 섬기는 분이 있다. 그분이 하는 말이 요즘 "아버지 학교"에서 젊은 남자들이 은혜를 잘 받지 못한다고 한다. 그분은 그 이유가 뭔지 궁금하다고 내게 질문했다. 내가 그분에게 설명한 내용은 다음과 같다. 한국교회의 패러다임을 세 가지로 나눌 수 있다. 강북 교회 패러다임, 강남 교회 패러다임, 그리고 선교적 교회 패러다임이다. 강북 교회 패러다임은 전근대적인 사고방식을 갖고 있고, 강남 교회 패러다임은 근대적 사고방식을 갖고 있으며, 선교적 교회 패러다임은 포스트모더니즘적 사고방식을 갖고 있다. 강북 교회 패러다임은 "강한 가부장제"의 성격을 갖고 있어서 전통적인 유교적 가정을 모델로 삼고 있고, 강남 교회 패러다임은 "부드러운 가부장제"의 성격을 갖고 있어서 현대 가정 사역의 모델들이 여기서 나왔으며, 선교적 교회 패러다임은 "페미니즘"의 문제의식을 수용하고 있다. "아버지 학교"는 부드러운 가부장제의 성격을 갖고 있기에 강한 가부장제의 영향을 받은 사람들이 와서 잘못을 뉘우치며 은혜를 받는다. 하지만 지금의 젊은이들은 강사들보다 더 가정적이고 페미니즘으로 무장한 아내들과 살고 있다. 그러니 크게 은혜를 받지 못하는 것이다. "부드러운 가부장제" 역시 가부장제다. 기본적으로 남성은 공적 영역을 책임지고 여성은 사적 영역을 책임지는 시스템을 지지한다. 여성도 일할 수는 있지만 가정을 섬기는 것이 가장 아름답다. 주요 메시지는 "남자는 여자를 사랑하고 여자는 남자를 존경하라", "남성과 여성은 존재는 동등하지만 역할은 다르다"이다. 그것은 남자는 여자를 사랑하고 여자는 남자에게 복종하라는 메시지를 순화시킨 것이며, 여성이 종속적인 존재라는 생각에는 변함이 없다.

여성이야말로 인류 최대다수인 약자다. 지난 4,000년의 역사 동안 여성은 "인간"이 아니었다. 여성은 혐오의 대상일 뿐이었다. 여성이 차별의 대상이었다고만 생각했던 나는 우에노 지즈코의 『여성 혐오를 혐오한다』(은행나무, 2012)를 읽고 여성이 혐오의 대상이었음을 인정하게 되었다. 여성 혐오의 가장 기괴한 형태가 마녀 사냥이었다. 마녀 사냥이 가장 많이 벌어졌던 중세 시대를 끝장낸 근대의 선언 중 가장 유명한 것은 이것이다. "만인은 법 앞에서 평등하다." 하지만 여기서 말하는 "인간"이란 "유럽 백인 남성 성인 유산가"를 뜻한다. 여성은 여기에 속하지 않았다. 이에 대해 드디어 여성들이 반기를 들기 시작했다. 여성이 열등하다는 것에 대해 반기를 든 여성들은 말했다. "우리에게도 경제적 독립이 가능한 돈과 내 마음대로 열고 닫을 수 있는 나만의 방이 있다면 당신들과 다르지 않다는 것을 보여주겠다." 제1세대 페미니즘의 핵심 키워드는 "돈과 방"이었다. 가장 유명한 문구는 시몬 드 보부아르(Simone de Beauvoir)가『제2의 성』에서 말한 문장이다. "여자는 태어나는 것이 아니라 만들어지는 것이다." 가부장제 아래에서 여성은 두 번째 성, 즉 종속적 위치에 있을 수밖에 없고 남성의 여성 응시를 그대로 수용할 수밖에 없었다고 말한다. "여자는 태어나는 것이 아니라 만들어지는 것이다." 이 말은 태어나는 여성이 있고 만들어지는 여성이 있다는 말이다. 태어나는 여성이란 "섹스"를 말하고 만들어지는 여성은 "젠더"를 말한다. 섹스란 생물학적 성이고 젠더는 문화적인 성이다. 젠더란 가부장제라는 체제가 문화적으로 구성한 성이라는 말이다. 젠더로서의 여성은 항상 남자에 비해 열등하거나 결핍되어 있거나 의존적이거나 부정한 존재를 의미했다. 여성들은 젠더로서의 성을 개혁하기 위해 항거했고 많은 성과를 이루어냈다. 참정권을 쟁취했고 수많은 여성이 교육을 받았으며 일터로 나가 성공했다. 이것을 "자유주의 페미니즘", "개혁적인 페미니즘" 혹은 "라이프스타일 페미니즘"이라고 부른다.

하지만 제1세대 페미니즘에는 명백한 한계가 있었다. 벨 훅스(Bell Hooks)의『모두를 위한 페미니즘』(문학동네, 2017), 정희진의『페미니즘의 도전』(교양인, 2013), 백소영의『페미니즘과 기독교의 맥락들』(뉴스앤조이, 2018) 외 페미니즘 관련 서적의 내용을 요약해보면 다음과 같다. 첫째, 이들이 말하는 "사회적 평등"이라는 것이 실상 남자가 누리는 것을 여자도 누리는 것을 의미한다는 점이다. 한마디로 "명예 남성"이 되려는 것이다. 심각한 문제는 여전히 생물학적인 여성은 열등한 존재라는 전제가 깔려 있다는 점이다. 보다 더 심각한 문제는 신분 상승을 노리는 것이지 근본적이고 구조적인 모순을 해결하는 것은 아니라는 점이다. 법적이고 제도적인 평등은 이뤘을지 몰라도 현 체제는 그대로 존재한다. 이들의 운동을 통해서는 체제 자체의 근본적인 변혁이 일어나지 않는다. 둘째, 중간 계급과 상류 계급의 전문직 백인 기혼 여성 중심의 운동이라는 점이다. 중간 계급과 상류 계급의 전문직 백인 기혼 여성인 제1세대 페미니스트들에게는 엘리트주의적인 시각이 있다. 그들은 계급 억압과 인종 차별의 문제를 이해하지 못한다. 그들 중에는 심지어 페미니스트이면서 인종 차별을 지지하는 사람도 있었다. 그래서 유색 인종과 가난한 노동자들은 페미니즘 운동에 참여하기 어려웠다. 셋째, 그들이 주로 개인적인 차원의 경제적 독립을 추구했다는 점이다. 그들에게 가정은 속박이고 직업은 해방이었다. 우선 이것은 가정의 가치를 평가절하하는 약점이 있다. 더군다나 그들이 그런 말을 하기도 전에 여성들은 이미 1/3이 취업 중이었고, 대부분이 비전문직, 비정규직, 저임금, 3D 업종에 종사하고 있었다. 이런 여성들에게는 가정에서 살림만 하는 것이 도리어 해방이다. 반대로 전문직 여성도 해방을 이룬 것은 아니다. 일과 살림이라는 이중적인 부담이 생겼을 뿐이다. 상위 계급이 아닌 한 더 무거운 짐을 지게 된 것이다. 상위 계급은 또 다른 하위 계급 여성을 값싸게 고용해서 이 문제를 해결한다. 여성이 여성을 억압하는 형국이다. 넷째, 모든 남성은 가해자로, 모든 여성을 피해자로 상정하는 점이다. 이것은 여성을 열등한 존재와 수동적 피해자로 상정하는 것과 다름없기 때문에 실상과 다르다. 가부장제 아래에서도 어떤 여성들은 어떤 상황의 한계 안에서 자신의 처지를 변화시켜왔다. 수동적이기만 한 것이 아니라 열악한 환경에서도 생존해내고 창조적으로 가정과 세상을 살리는 삶을 산 여성들이 많다. 이것은 여성이 가해자이기도 하다는 점을 도외시한다. 아이를 학대하는 사람들은 남자만이 아니다. 많은 여성이 다른 계급과 인종의 여자에게 그리고 아이에게 폭력을 행사한다. 또한 이러한 관점은 모든 남성을 가해자로 여기고 모든 남성을 적으로 만드는 운동이기에 한계가 있다. 남성 페미니스트를 동지로 둘 수 없었다. 남자를 적으로 여겼기에 도리어 반남성주의에 대항한 남성 운동이 일어나게 만들었다. 이런 한계들 때문에 "사적인 것은 정치적인 것이다"라는 표어로 대변되는 제2세대 페미니즘 운동이 일어났고 우리가 페미니즘을 수용한다고 했을 때의 페미니즘은 바로 제2세대 페미니즘과 그 이후의 페미니즘 운동을 말한다. 그것은 인종과 계급의 문제를 수용한 페미니즘을 뜻하고, 약자와 소수자 문제를 수용하는 페미니즘, 폭력과 지배의 문제를 해결하는 페미니즘, 구조적인 문제를 직시하고 저항하는 페미니즘, 남성까지 포함해 새로운 평등 공동체를 만들어가는 페미니즘을 말한다.

　　제3세대 페미니즘은 퀴어이론, 트랜스페미니즘, 포스트식민주의, 사이보그학, 포스트휴먼 그리고 비거니즘 등과 연관되어 있다. 가장 중요한 특징은 섹스와 젠더를 이원화하고 섹스를 자연화하는 것에 반기를 들고, 섹스 자체도 사회적으로 구성되는 것이며 수행을 통해 체화되는 것으로 보며, 젠더 자체를 여러 젠더들의 상호 교차성으로 이해한다는 점이다. 이에 대한 많은 서적이 있지만, 교양인 출판사의 도란스 기획 총서 『양성평등에 반대한다』, 『한국 남성을 분석한다』, 『피해와 가해의 페미니즘』, 『미투의 정치학』 정도를 보면 기본적인 윤곽을 잡는 데 도움이 될 것 같다. 현대 페미니즘은 매우 전투적이다. 메갈리아/워마드 논쟁 등을 촉발시킨 "미러링"(미러링은 의도적으로 상대의 행동을 그대로 따라하는 것을 말한다. 특히 전투적인 페미니즘은 남성 혐오 발언을 서슴지 않는다) 전술은 특히 예리한 분별이 필요한 영역인 것 같다. "악에게 지지 말고 선으로 악을 이기라"는 말씀을 중요한 윤리적 신조로 삼고 있는 사람으로서 나는 "미러링"에 동의하지 못한다. 아무리 "미러링"이 대항 폭력 혹은 대항 발화로서의 전략적 선택이라 할지라도 그렇다. 그것이 예외적이거나 특별한 시기에 사용되는 전술적 차원을 훨씬 넘어서는 현상이기 때문에 더욱 그렇다. 그렇다고 그것을 "사후 정당화"로만 이해하거나 "돌출적인 일탈 행위"로만 이해해서도 안 된다고 생각한다. 미러링은 오랜 페미니즘의 역사라는 맥락에서 나온 "포스트 여성 주체"들이 선택한 전략이라고 이해해야 한다. 그것이 정당하냐 아니냐, 효과적이냐 아니냐는 둘째 문제다. 메갈리아/워마드에 나타나는 미러링은 "남성 혐오"로 지칭된다. 물론 페미니즘 측에서는 "여혐혐"이라고 말하지만. 많은 사람이 이 "남성 혐오"의 모습이 여성 혐오를 극단적으로 보여주는 일베의 거울쌍이라고 말한다. 현실적으로 보여지는 모습은 그렇게 보이기도 한다. 하지만 이것은 착시 현상이다. 왜냐하면 현실 사회는 남성 혐오와 여성 혐오가 대칭적이지 않기 때문이다. 이런 시각을 갖고 있는 이들은 양성평등이 이미 이루어졌다는 가정을 전제한다. 하나의 지향을 현실로 인식하고 있는 것이다. 양성평등이라는 말 자체도 이데올로기적인 용어다. 성평등을 양성평등으로 고치라는 보수 기독교의 압력에 굴복한 여성가족부의 사례를 통해서도 알 수 있다. 나는 여성 혐오와 남성 혐오를 대칭적으로 인식하고 있는 것이 가장 큰 문제라고 생각한다. 이 사회에서 남성의 지위와 여성의 지위는 대칭적이지 않다. 사이버에서의 여성 혐오는 현실 사회를 반영하지만 사이버에서의 남성 혐오는 현실에서는 실현 가능하지 않다. 전자는 차별로 연결되지만 후자는 공포를 드러낸다. "남자는 여자가 자기를 비웃을까봐 걱정하지만 여자는 남자가 자기를 죽일까봐 걱정한다"라는 마거릿 애트우드(Margaret Atwood)의 말이 한국 사회에서는 아직도 실현 가능하다. 따라서 나는 우리가 비판을 하더라도 이런 현실을 인정하고, 페미니즘 운동의 역사라는 맥락에서 접근하며, 새로운 사회에 대한 상상력을 추구해야 한다고 생각한다. 내가 알기로 페미니즘은 남성에 대한 대립을 추구하는 개념이라기보다 새로운 사회로의 이행을 제안하는 사유이기 때문이다.

산상수훈에서 예수님은 제7계명에 대한 새로운 해석을 제시한다. "간음하지 말라 하였다는 것을 너희가 들었으나 나는 너희에게 이르노니 '음욕을 품고 여자를 보는 자마다 마음에 이미 간음하였느니라'"(마 5:27-28). 이 말씀을 해석하는 데 가장 중요한 포인트는 이 말씀이 여성이 아니라 남성에게 주어졌다는 점이다. 가부장제에서는 남성이 권력자이고 핍박자이며 억압자이기 때문이다. 예수님은 지금 가부장제 자체에 대한 문제 제기를 하고 계시는 셈이다. 이 말씀은 시선의 문제를 다루고 있다. 남자를 음욕을 품고 여자를 "보는 자"로 다룬다. 시선의 문제는 결국 권력의 문제다. 볼 수 있는 것/볼 수 없는 것, 보아야 하는 것/보아서는 안 되는 것, 보는 자/보이는 자, 주체/대상을 나누는 것이 바로 시선이고 그것은 곧 권력의 문제다. 가부장제 아래에서 여성은 항상 지배의 대상이었다. 동일한 인격이 아니었다. "음욕을 품고 여자를 보는 것"이란 단지 마음속으로 음욕을 품는 죄에 대해 지적하는 성 윤리만을 말하는 것이 아니다. 지배와 억압을 가능하게 하는 권력의 문제다. 예수님은 젠더의 문제를 다루면서 가장 보편적인 주제인 지배와 억압의 문제를 다루고 있는 것이다. 배제당하고 억압당하는 자의 편에 서신 그분은 바로 이 권력을 근본적으로 해체하고 계신다.

"'누구든지 아내를 버리려거든 이혼 증서를 줄 것이라' 하였으나 나는 너희에게 이르노니 '누구든지 음행한 이유 없이 아내를 버리면 이는 그로 간음하게 함이요 또 누구든지 버림받은 여자에게 장가드는 자도 간음함이니라'"(마 5:31-32). 이 시대는 이혼이 쉬웠다. 음식하는 뒷모습이 미워도 이혼이 가능했다. 이런 시대에 예수님은 음행한 이유 없이 아내를 버리면 간음죄에 해당한다고 말씀하신다. 예수님의 말씀은 여성을 보호하기 위한 선언이다. 하지만 이것을 맥락적으로 이해하지 않고 문자적으로 이해하면 이것이 다시 율법이 되어 여성을 옭아매는 법이 되어버린다. 한 종교개혁가가 상습적으로 구타당하는 여인이 와서 하소연할 때 음행의 연고가 아니니 그냥 살라고 조언한 일은 유명하다. 예수님의 주장을 맥락적으로 이해할 필요가 있다. 어떤 맥락에서 예수님이 이 말씀을 하셨는지를 물어야 한다. 이 시대에 여성이 음행을 한다는 것은 거의 불가능한 일이다. 자신의 몸을 팔아 생존해야 하는 여성이 아니라면 말이다. 가장 중요한 것은 예수님이 이 말씀을 하신 이유가 여성을 보호하려는 의도였다는 점이다. 맥락적 해석의 전형을 보여준 사람이 바울이다. 고린도전서에서 그는 이렇게 말한다. "혹 믿지 아니하는 자가 갈리거든 갈리게 하라"(고전 7:15). 이것은 매우 놀라운 주장이다. 하나님 나라를 위해 또는 경건을 위해 믿지 않는 자와의 이혼을 허용하고 있기 때문이다. 음행의 이유 외에도 이혼 사유가 가능함을 사도 바울이 목회적으로 주장하고 있다. 바울은 예수님의 이혼 금지 가르침을 기계적으로 적용하지 않고 새로운 상황에 맞추어 새롭게 적용했다. 율법주의적인 문자주의를 벗어난 사도 바울의 유연한 적용을 볼 수 있다.

예수님은 새로운 세상을 만들기 위해 이 땅에 오셨다. 어떤 억압과 차별도 존재하지 않는 세상을 만드시기 위해 오셨다. 그런 세상은 모든 이분법과 대립 구도를 헐어버려야만 가능하다. 어떻게 그것을 헐어버릴 수 있는가? 오직 자신을 희생해 내어줄 때 가능하다. 사랑만이 그것을 헐어버릴 수 있다. 이것은 이분법과 대립 구도를 그대로 놔두고 막연히 희생당하는 것을 의미하는 것이 아니다. 막힌 담을 헐기 위해 그것의 실체를 드러내고 사랑으로 그 모든 경계선을 넘어 탈주와 횡단을 감행하는 사랑으로 그것을 헐어서 배제와 소외 그리고 억압을 불가능하게 만들어버리는 것을 말한다. "그는 우리의 화평이신지라. 둘로 하나를 만드사 원수 된 것 곧 중간에 막힌 담을 자기 육체로 허시고…이는 그로 말미암아 우리 둘이 한 성령 안에서 아버지께 나아감을 얻게 하려 하심이라"(엡 2:14, 18). 이것은 단지 남자와 여자의 문제만을 해결하지 않는다. 예수님의 십자가는 총체적인 변혁을 가져온다. "너희는 유대인이나 헬라인이나 종이나 자유인이나 남자나 여자나 다 그리스도 예수 안에서 하나이니라"(갈 3:28). 유대인/그리스인은 인종과 민족의 문제를, 종/자유인은 계급과 신분의 문제를, 그리고 남자/여자는 성별과 성차의 문제를 의미한다. 예수님은 성차와 인종과 계급의 문제를 총체적으로 해결하기 위해 이 땅에 오셔서 십자가에 달리신 것이다. 그분은 기독교 최초의 페미니스트였다.

5장

장애,
모두를 위한 마을을 꿈꾸다

우리 교회에 임신화 집사님이라는 분이 계신다. 그분은 오래 전부터 다니던 모 대형 교회에서 태극기 집회에서나 나오는 말을 설교 중에 계속 하는 목회자 때문에 견디기 힘들어 새로운 교회에 대해 고민을 하다가 지인이 우리 교회를 소개해주어 나오게 되셨다. 이분의 두 자녀인 아들과 딸이 모두 자폐다. 그분 표현에 의하면 동성이 아닌 이성 남매가 연속으로 자폐아인 경우는 로또 당첨 확률보다 희박하다고 한다. 아마 바로 그 확률만큼이나 고통은 컸고 책임은 무거우셨을 거다. 임신화 집사님은 "꿈고래놀이터부모협동조합"을 세운 분이다. 그분은 화성 봉담에 첫 단체를 세운 후 동탄에 그리고 수원에도 3호점을 냈다. 이분이 이 단체를 세운 이유는 방송에 나와서 한 인터뷰에 잘 나와 있다. 방송에서 사회자는 자폐아 부모로서의 꿈이 무엇이냐고 물었다. 그는 질문을 하면서 보통 장애인 부모는 아이보다 하루 더 사는 것이 꿈이라고 답하던데 임신화 이사장 역시 그렇지 않느냐는 말을 덧붙였다. 임신화 집사님은 사회자에게 이렇게 답했다. "이제는 아이보다 하루만 더 사는 것이 우리의 꿈이어서는 안 됩니다. 우리가 먼저 마음 놓고 세상을 떠나도 되는 세상을 만들기 위해서 현재 우리가 할 수 있는 일에 최선을 다해야 합니다." 얼마나 멋진 말인가.

이분이 교회에 등록하겠다고 하셨을 때 우리는 발달 장애인을 가족으로 삼는 일에 준비가 되어 있지 않음을 알게 되었다. 그래서 먼저 그 가족을 이해할 수 있도록 주일 예배 때 임신화 집사님의 간증을 부탁드렸는데, 그분의 간증을 듣고 교회가 정말 눈물바다가 되었다. 우리는 그다음으로 교사들을 위한 강연을 준비했다. 아이들을 직접 대해야 하는 교사들이 장애인에 대한 바른 인식이 없어서는 안 되기 때문이었다. 마침 우리 교회 성도이고 마을 만들기 전문가이며 성미산 마을 활동을 했고 지금은 화성시에서 일하는 정선미 성도님의 친구가 오슬로 대학에서 특수교육을 전공하시다가 잠시 한국에 머물게 됨으로써 그분을 모시고 "모두를 위한 마을, 불편해도 괜찮아"라는 주제로 특강을 열었다. 우리는 이 강의를 통해 장애에 대한 관점을 정립할 수 있었다. "모두를 위한 마을"을 꿈꿀 때 중요한 것이 "인리치먼트 관점"이다. 장애는 질병이 아니라 현재 기능의 정도일 뿐이다. 여기에는 우리 모두가 해당된다. "손상"을 "장애"로 만드는 것은 사회적 영향일 뿐이다. 장애인들과 비장애인들이 함께 마을공동체를 이룰 때 마을은 더욱 풍성해진다. 다른 욕구와 능력을 가진 사람들에게 책임을 지닌 공동체, 학교, 사회는 모두를 풍요롭게 한다. 공동체는 "돕기 위해서"가 아니라 "함께 살기 위해서" 존재한다. 공동체는 돌보고 돌봄을 받는 관계가 아니다. 뛰어난 자가 뒤떨어진 자를 돌보고 강한 자가 약한 자를 돌보는 그런 관계가 아니다. 비장애인이 장애인을 돕는 것이 모두를 위한 마을을 의미하는 것은 더더욱 아니다. 공동체는 연약한 자를 돕는 곳이 아니라 우리모두가 연약한 자임을 아는 곳이고, 우리 모두에게 장애가 있음을 아는 곳이며, 서로 연약함을 보듬어주는 곳이다. 한마디로 서로를 풍요롭게 하는 곳이다.

"삶의 학교, 마을"이라는 주제로 진행된 생활문화공동체만들기 프로그램 중 하나가 "영화수다회"였다. 꿈고래놀이터부모협동조합에 직접 가서 하는 프로그램이었다. 이때 〈어른이 되면〉이라는 영화를 함께 보고 도예 교실에서 나만의 화분 만들기를 진행했다. 〈어른이 되면〉이라는 영화의 주인공은 장혜영/장혜정 자매다. 언니 장혜영에게는 장혜정이라는 발달 장애인 동생이 있다. 동생은 열세 살에 시설에 맡겨져서 18년간 격리되어 살았다. 언니는 대학의 한계를 느끼고 2011년에 연세대 신문방송학과를 자퇴했고, 이후 2년간 여러 곳을 여행했으며, 2013년 동생이 있는 장애인 시설에서 인권 침해 사건이 일어나는 것을 알게 되었다. 그녀는 그 사건으로 인해 장애인 인권 침해에 대한 인식을 새롭게 정립하고 18년간 시설에서 격리되었던 동생을 탈시설하여 함께 산다. 그녀가 자기 계획을 말하면 이웃들은 거의 이런 질문을 한다고 한다. "비장애인도 이렇게 살기 힘든 위험한 세상에 어떻게 발달 장애인이 자립을 해." 이런 질문이 나온다는 것 자체가 우리 사회가 아직 인권 감수성이 부족하다는 것을 반증한다. 스웨덴은 100% 탈시설인데 말이다. 그녀는 곰곰이 생각해보았다. "정말 함께 살 수 있을까? 동생이 자립할 수 있을까? 내가 언제까지 지켜줄 수 있을까? 진짜 나는 어떻게 살고 있지?" 생각에 잠긴 그녀는 문득 그때까지 깨닫지 못했던 것을 깨닫게 된다. 그녀는 그때까지 동생의 자립은 로빈슨 크루소처럼 혼자 모든 것을 할 수 있는 것이라고 생각했다. 그런데 그녀는 자신의 삶을 돌아보니 자신도 늘 누군가에게 의존하며 살아왔다는 것을 깨달았다. 그래서 자립의 정의가 이렇게 바뀌게 된다. "자립이란 끊임없이 누군가에게 적절히 의존하면서 자신이 원하는 삶을 끊없이 찾아가는 여행이다." 언니는 다른 사람보다 조금 더 느린 동생의 자립을 위해 더 많은 기회와 시간을 제공해주면 되겠다고 생각했다. 그렇게 둘은 함께 살게 된다. 장혜영 씨는 그런 그녀의 삶으로 인해 2017년 "세상을 밝게 만드는 사람들"상을 수상하게 된다. 그때 그녀는 이렇게 말했다. "같은 사회구성원이 인간다운 삶을 살지 못할 때 우리에게도 인간다운 삶은 없습니다." 이것이 우리가 "모두를 위한 마을"을 꿈꾸는 이유다.

다른 설명보다 임신화 집사님의 말을 직접 들어보는 것이 좋을 것 같다. 누가 쓰라 하지도 않았을 텐데 우리 교회에 대한 글을 페이스북에 올렸다. 그 글을 허락받고 SNS체 그대로 싣는다.

모두들 제가 교회를 다닌다면 놀라십니다. 그래서 매우 부끄럽지만 오늘은 꼭 제가 섬기는 #더불어숲동산교회를 소개하고 싶습니다. 환영해주지 않아 감사했습니다. 일반적으로 어느 교회든 방문을 하면 부담스러운 환영 인사와 함께 등록을 하라고 하십니다. 하지만 더불어숲동산교회는 달랐습니다. 부담스러운 환영도 없었고, 등록도 하지 말고 다른 교회도 충분히 다녀보고 그러고도 우리 교회에 다녀야 된다고 생각이 들면 그때 가서 등록을 하라고 하였습니다. 친절히 다른 교회도 알려주셨죠…ㅋ. 그래서 등록하지 않고 그냥 목사님 말씀만 듣고 주일에만 쏙하니 다녔습니다. 그러다 4주 후 드디어 결심이 선 저는 등록을 했습니다. 그런데 교회에 발달 장애인 가족이 등록한 게 처음이라 다른 교인분들도 준비하는 데 시간이 필요하다고 하십니다. 솔직한 그 말씀이 저는 정말 감사했습니다. 만나보지 못하고 알지 못하는데 자꾸 우리를 이해한다, 하나님이 너니깐 능력이 돼서 아이 둘을 보내준 거다, 기도하면 나을 수 있다, 더 나아가서는 하나님 보시기에는 장애가 아니라는 분들의 이야기만 듣다 솔직히 잘 모른다는 이야기가 저는 가식이 아닌 우리를 이해하는 첫걸음으로 느껴졌습니다. 그리고 바로 목사님은 11시 주일 예배 시간에 저에게 간증 시간을 허락해주셨습니다. 교인분들이 발달 장애에 대해 아셨으면 좋겠다고…그래서 담담히 저의 살아온 이야기를 나누었고 동현이, 혜승이는 발달 장애를 갖고 있어 이런저런 특징이 있고 잘못하는 건 잘못했다고 이야기해주시고, 잘한 건 잘했다고 칭찬해주시되 편견 없이 보아주셨으면 좋겠다고 말했습니다. 그리고 또 목사님은 다른 사람은 몰라도 아이들이 있는 교회 학교 교사들은 더 알아야 한다며 성미산 학교에서 근무하신 특수 교사 두 분을 모시고 전체 교사 교육을 진행했습니다.

그 후에도 우리 교회는 다른 교회와는 무언가 많이 심하게 달랐습니다. ㅎㅎ 선거가 있을 때는 그리스도인이 선거 시 투표해야 하는 기준에 대한 대자보가 붙기도 했고, 세월호 어머님들 연극단이 주일에 오셔서 공연을 하셨으며, 세월호 기념 현수막이 교인분들 아파트 베란다 및 사업장에 걸렸습니다. 권사님들은 집밥 학교를 통해 며느리 손녀 같은 분들에게 손맛을 전해주셨고, 미투 운동의 일환으로 내 안에 있는 차별에 대해 함께 생각하는 시간도 가졌습니다. 안 입는 옷이나 장난감은 수시로 자발적으로 나누었고 없는 것을 부끄러워하지도 않았으며, 있는 것을 자랑스러워하지도 않았습니다. 그리고 작년에는 어른성도 150명에 아이들이 100명 나오는 작은 교회가 분립 개척을 하였습니다. 이 과정에서 비단 발달 장애에 대한 시선만이 아닌 모든 가치에 대해 여타 대형 교회들과는 다른 모습에서 저는 하나님을 느끼고 앞으로 우리가 지향해야 하는 공동체의 모습을 보았습니다. 이번 행복파티 또한 초등학교 3학년 때부터 대형 교회를 다닌 저에게는 너무나 큰 문화 충격이었습니다. 밴드는 날마다 나는 이것을 준비하겠다, 나는 저것을 준비하겠다고 울려댔고 누군가는 많은 일을 하고 누군가는 적은 일을 하는 것에 대한 불평보다는 내가 할 수 있는 것에 대한 감사가 넘쳤습니다. 토욜 #드림위드앙상블사회적협동조합을 초청하여 진행한 #행복파티는 말 그대로 행복한 파티가 되어 모든 분들의 얼굴과 가슴속에 행복을 선사했고 모든 분들이 그 중심에 하나님을 느끼고 감사 또 감사했습니다.

　　저에게 바쁘고, 사람으로 인해 지치며, 아이들 때문에 걱정이 끊이질 않고, 그럴 때 낙담이 되지 않느냐고 물으신다면 전 이렇게 대답하겠습니다. 낙담될 때도 있고, 바닥에 주저앉아 통곡하고 싶을 때도 있으며, 쓰러지고 싶을 때가 더 많다구요.…하지만 신기하게 감사가 자꾸 제 입에서 나옵니다. 교회를 생각하고 하나님을 생각하면 자는 아이 얼굴을 보며 손을 잡고 감사 기도가 나오고, 일할 수 있는 꿈고래놀이터에 나와서도 감사하다는 고백을 중얼중얼 하게 됩니다. 대형 교회를 다니던 저에게 결코 찾아볼 수 없었던 감사를 느끼게 해준 하나님께 다시 한번 감사하며 더불어 숲동산교회 모든 성도님과 이 글을 읽는 모든 분들께 감사의 나눔을 전합니다.

솔직히 말하자면 임신화 집사님이 등록하시기 전까지 장애에 대한 나의 인식은 일천했다. 이걸 깨닫고 그때부터 장애에 대한 공부를 하기 시작했다. 공부를 하면서 "장애신학"이라는 것이 있다는 것도 처음 알았다. 내가 정말 무지했구나 하는 생각을 했다. 공부를 하면서 느낀 것은 복음주의가 뭐든지 죄의 문제로 보는 습성 때문에 장애의 문제도 그렇게 본다는 점이다. 피부 색깔도 성별도 가난도 질병도 장애도 성적 지향도 모두 죄의 결과라고만 생각한다. 그래서 너무나 많은 사람에게 상처를 준다. 하지만 모든 것이 죄 때문은 아니다. 요한복음 9장에서 분명히 말하고 있다. 예수께서 길을 가실 때에 날 때부터 맹인 된 사람을 만나게 된다. 제자들이 묻는다. "랍비여, 이 사람이 맹인으로 난 것이 누구의 죄로 인함이니까? 자기니이까 아니면 그의 부모니이까?" 예수께서 대답하신다. "이 사람이나 그 부모의 죄로 인한 것이 아니라 그에게서 하나님이 하시는 일을 나타내고자 하심이라"(요 9:2-3). 그분은 이렇게 말씀하시고 그를 치유하신다. 예수님은 장애의 원인이 죄 때문이 아니라고 분명하게 말씀하신다. 장애의 원인보다 장애의 이유가 중요한데 그것은 하나님의 영광을 위해서다.

장애에 대해 살펴보도록 하자. 장애에 대한 전통적 의미는 이렇다. "장애란 신체적 또는 정신적 손상, 즉 장애인이 할 수 있는 것을 제약하는 생물학적인 결손 내지 결함이다." 장애를 육체적인 비정상성과 부적응으로 보는 이런 생물학적이고 생의학적인 규정은 장애 문제를 치료와 재활의 문제로만 접근한다. 그런 규정을 중시하는 이들은 감금과 격리밖에는 다른 길이 없다고 생각한다. 혹은 건강함(적절함, 피트니스)이 부족한 그들을 보며 불쌍히 여기고 구호와 자선을 하려고 한다. 하지만 장애학에서 정의하는 장애에 대한 새로운 정의는 이렇다. "장애는 의료적 또는 개인적 문제가 아니라 손상을 지닌 사람들을 제한하고 규제하며 차별하는 일련의 물리적이고 사회적인 장벽이다." 손상과 장애를 구별해야 한다. 손상은 생물학적인 것이고 장애는 사회적인 것이다. 장애는 자연적 결함의 결과가 아니라 하나의 사회적 문제라는 말이다. 이렇게 구별하고 나면 장애란 더 이상 신체적이거나 정신적인 결손의 문제가 아니라 배제와 차별의 문제다. 장애를 사회적 억압의 한 형태로 보기 시작하자 장애인들은 단지 격리되어 치료받거나 자선을 통해 도움을 받는 존재가 아니라 억압을 제거하고 사회를 변혁하는 주체로 서게 되었다. 장애인 운동이 불길같이 일어나기 시작했다. 이러한 관점을 성경은 지지한다.

성경에서 보여주는 치유의 의미를 먼저 짚고 넘어가자. 우리가 이것을 바로 이해하기 위해서는 "치료"와 "치유"가 다르다는 것을 먼저 이해할 필요가 있다. 치료가 육체적인 질병을 고치는 것이라면 치유는 사람을 전인격적으로 회복시키는 일이다. 전인격적 치유에는 사회적·영적 영역이 포함된다. 치료가 육체적인 몸의 해부학적·생리학적 복원 및 회복과 관계된 것이라면 치유는 사회적 장애를 제거하고 영적 회복을 이루는 데 초점을 맞춘다. 이것은 "disease"와 "illness"의 차이와 연관된다. 인류학자들은 병을 "disease"와 "illness"로 구별한다. 전자인 "disease"는 현대적 의미의 질병을 의미한다. 질병은 과학적이고 객관적인 실체다. 예를 들어 감기걸렸다고 누구도 정죄받지 않는다. 한편 후자인 "illness"는 병을 규정하는데 있어 사회문화적 배경을 강조한다. 즉 병을 규정하느냐는 사람에 의해그 병이 지니는 사회적 성격이 정해지는 것이다. 한 사회의 문화는 특정한병에 대한 잘못된 편견과 메타포를 지니게 마련이다. 예를 들어 누군가가HIV 바이러스에 감염되면 우리는 그를 어떤 시선으로 볼까? 우리는 에이즈에 걸렸다고 그를 이상한 눈으로 볼 것이다. 그를 가까이 하려 하지도 않을 것이다. 이렇게 "disease"와 "illness"는 성격이 다르다. 여기서 "disease"와 연관이 있는 것이 "치료"이고 "illness"와 연관이 있는 것이 "치유"다. 예수님 시대에는 제사장들이 병을 과학적으로 규정하기보다는 종교적이고문화적인 측면에서 규정함으로써 병을 종교문화적인 이데올로기와 관련시켜 규정했다. 예수님이 치유 기적의 대상으로 삼은 것은 "disease"라기보다는 당시의 종교문화적으로 규정된 "illness"에 가깝다. 예수님은 병자들의 사회적 복권에 관심이 많으셨다. 그분은 단지 병의 "치료"가 아니라 "치유"를 통한 사회적 복권을 더 중요하게 여기셨다. 왜냐하면 그것이 바로 "하나님 나라"가 지금 여기 임하는 것을 보여주는 표징이었기 때문이다. 이런 관점을 전제로 하면 성경에서 강조하고자 하는 것은 치료를 통해 이루어지는 것도 하나님 나라이고 치료가 전혀 일어나지 않는 것을 통해 이루어지는 것도 하나님 나라라는 것을 알 수 있다. 치유를 통해 하나님 나라가 실체화되어 하나님과 예수 그리스도에게 영광을 돌리게 되고 개인의 전인격이 치유될 뿐 아니라 공동체와 사회가 회복되는 것이 궁극적 목적이라는 말이다. 이에 대한 관점을 지지하는 예언들이 있다. 예레미야 31:7-8을 보면 장애의 제거가 아니라 하나님과 함께하는 것이 중요하며 장애인은 장애를 가진 채 "남은 자"의 반열에 선다. 이사야 56:3-8을 보면 "야웨의 총회"에 들어올 수 없는 고자도 그냥 있는 모습 그대로 들어가고 "만민이 기도하는 집"의 일원이 된다. "disease"가 치료되지 않아도 "illness"의 치유를 통해 공동체에 복권된다.

장애인 운동을 촉발시킨 관점을 앞에서 소개했다. "장애는 의료적 또는 개인적 문제가 아니라 손상을 지닌 사람들을 제한하고 규제하며 차별하는 일련의 물리적이고 사회적인 장벽이다." 그런데 장애인 운동이 진행되면서 그런 규정이 한계를 갖고 있음을 발견하게 된다. 사회를 타깃으로 삼고 많은 변화를 만들어냈지만 손상과 장애를 구별하다보니 손상의 문제를 도외시하게 되었음을 발견했다. 이전의 개념은 장애를 사회적으로 구성된 것으로, 손상을 생물학적인 것으로 보기 때문에 사회적 차별인 장애와 싸웠지만 손상은 의료적이고 병리적인 대상으로 치부하게 만들었다. 장애인들이 지니고 있는 손상의 문제를 운동 차원에서 다룰 수 없었다. 새로운 개념이 필요했다. 그래서 실제로 존재하는 자신의 몸에 대한 자긍심을 회복하고 몸의 문제를 다루는 장애학으로 발전하게 된다. 새로운 개념은 이렇다. "손상은 사회적인 것이고 장애는 체현된 것이다." 손상과 장애 모두 담론적으로 구성된 사회적 범주라는 말이다. 손상도 비장애인의 권력에 의해 구성된 것이다. 손상과 장애를 구별하는 것 자체가 근대주의적·본질주의적·이원론적 사고의 산물이다. 여기서는 손상을 "차이"로 이해한다. 손상을 차이로 보면 손상도 정치적인 문제로 접근할 수 있다. 차이로 보면, 장애인은 손상에 대한 의료적 규정을 넘어 손상 자체에 대해 자부심을 갖고 자신의 몸을 심미적 우선성과 비장애중심적 시선의 차별적 인식으로부터 해방시킬 수 있다. 장애인은 사회적으로 일탈한 존재가 아니라 인류학자 빅터 터너가 말한 것처럼 이것도 저것도 아닌 "리미널리티"(경계성)를 가진 존재다. 그렇기에 장애인들은 존재론적 평등성을 훨씬 더 잘 구현할 수 있는 잠재력을 지닌 존재라 할 수 있다. 남녀가 우열의 문제가 아니라 차이의 문제이듯이 장애와 비장애도 "차이"의 문제라면 그것을 있는 그대로 인정하고 환대하며 함께 더불어 살아가는 세상을 만들어가야 한다. "모두를 위한 마을"이 되어야 한다.

여기서 약함의 영성이 중요성을 갖게 된다. 약한 것이 존귀하며 공동체를 풍성하게 만든다. 약한 것이 세상을 구원한다. 수전 웬델(Susan Wendell)은 『거부당한 몸』(그린비, 2013)에서 다음과 같이 말한다. "장애인은 몸과 마음에 대한 문화적인 환상들을 더 잘 알아채고 비판할 수 있는 위치에 있다. 사람들이 몸에 대한 문화적 이상향이나 수행 능력에 대한 사회적 기대에 일치하지 않아서 자존감을 가질 수 없을 때, 이러한 이상과 기대의 본질에 대해, 또 그런 것을 무조건적이고 무비판적으로 수용하는 것에 대해 장애인은 더 잘 알아 볼 수 있게 된다. 장애를 차이로 이해한다는 것은 장애인이 가진 지식과 관점을 찾아내고 존중하는 것을 의미한다. 그것은 익숙하지 않은 생각의 형태나 존재의 방식을 존중하고 그로부터 배우고자 하는 태도를 의미한다. 또한 인간 신체의 완벽함을 추구하고 통제하려는 환상을 포기한다는 것을 의미하기도 한다." 다운증후군 늦둥이 딸을 낳고 장애에 관심을 갖기 시작했다는 김홍덕 목사는 『장애신학』(대장간, 2010)에서 다운증후군 딸이 있는 그대로 부활할 줄로 믿는다고 말한다. 장애는 차이에 불구하기 때문이다. 장애인들이 가장 은혜 받는 대목이 어디인 줄 아는가? 예수님이 부활하셨지만 여전히 손발에 못자국과 옆구리에 창 자국이 있는 장면이다. 예수님은 치유되고 회복되며 "개선"되는 것이 아니라 "장애"를 그대로 갖고 계셨다. 김홍덕 목사는 질문한다. "장애가 더 이상 장애가 아니라면 천국에서 바뀔 필요가 있는가?" 많은 생각을 하게 하는 질문이다.

6장

난민,
예수도 난민이었다

2018년 제주도에 무사증 제도를 이용해 예멘인 561명이 입국하면서 난민 문제가 새삼 화두가 되었다. 청와대 국민 청원에 올라온 난민 수용 반대 글은 닷새 만에 24만여 명이 넘게 서명해 청와대의 답변 요건을 충족했다. 최종적으로는 70만 명이 넘는 사람들이 서명을 했으니 반대 정서가 얼마나 대단한지를 보여준 셈이다. 게다가 그리스도인이 주축이 된 시민단체 등이 난민 수용 반대를 주도하고 있는 형국이었다. 여기에 더해 온갖 이슬람 포비아 현상을 동반한 루머가 돌았다. 정부가 난민 신청자에게 월 138만원을 지급한다느니, 이슬람 난민에 의해 성폭행이 1,400% 증가했다느니, 난민을 받아들이게 되면 대한민국이 이슬람 국가로 변한다느니 하는 온갖 억측이 난무했다. 이런 상황을 지켜보며 한국이 1992년 세계 난민 협약에 가입한 후 국제 사회에서 공식 난민 보호국이 된 지 27년, 과연 우리나라는 그 역할을 제대로 하고 있을까 하는 의문이 생겼다. 1994년 이후 한국을 거쳐 간 난민의 수는 무려 32,000명, 비공식 숫자까지 합하면 이보다 훨씬 많다. 그중 정부가 난민 지위를 인정한 사람은 고작 800명 남짓이다. 25년 동안 말이다. 유엔 난민 기구의 통계에 따르면 한국의 난민 보호율은 100위권 밖이다. 전세계 평균 난민 인정률이 30%인 데 반해 한국은 겨우 평균 3%다. 인정받은 숫자 자체는 늘었다. 2010년에 47명인 데 반해 2017년에는 121명이다. 왜 그럴까? 난민 인정신청자 수가 많아졌기 때문이다. 2010년에 423명인 데 반해 2017년에는 9,942명이 난민 인정을 신청했다. 이것은 도리어 인정률이 18.2%에서 1.5%로 떨어진 것이다. 이것이 OECD 가입국이자 난민협약 가입국의 민낯이다. 우리도 한때 난민이었다는 것을 기억해야 하지 않겠는가? 현재 유엔 난민 기구의 모태가 된 유엔한국재건단(UNKRA)은 한국전쟁에서 발생한 난민들을 돕기 위해 만들어졌던 게 아닌가? 공익법센터 "어필" 소속이면서 "난민지원네트워크"를 섬기는 이일 변호사는 그리스도인이다. 그는 한국에서 벌어지고 있는 상황을 이렇게 묘사했다. 윗집에서 한 아이가 아버지에게 상습 구타를 당해 병원에 실려 갔다는 소식을 들었다. 그런데 오늘 바로 그 아이가 뛰쳐나와 살려달라며 아랫집으로 뛰어왔다. 뒤에서 몽둥이를 들고 쫓아오는 술 취한 아버지의 고함이 들린다. 그런데 집주인이 문을 닫으며 말한다. "미안하지만 옆집으로 도망갈래?" 이 이야기 앞에 우리는 부끄러움을 느껴야 한다. 성경에 따르면 예수님도 난민이었다. 천사를 통해 헤롯왕이 아기 예수를 죽이려 한다는 소리를 듣고 그의 가족은 한밤중에 이집트로 피신해 헤롯이 죽기까지 거기에 있었다. 예수님도 난민이었다. 난민 예수를 주와 그리스도로 믿는 그리스도인마저 "미안하지만 옆집으로 도망갈래?"라고 하면 안 되지 않을까?

난민에 대한 얘기를 본격적으로 하기 전에 노파심에서 한마디 하자면 나는 난민 수용을 반대하는 분들을 무조건적으로 비판하거나 정죄하지 않는다. 우리 교회에도 난민 수용을 반대하는 분들이 있고 청년부에서 이야기를 나누어보니 젊은이들조차 반대하는 정서를 가진 사람들이 꽤 있다는 것을 알았다. 또한 내 아내가 평화 운동을 하는 사람인지라 유럽에서 발생하는 난민 문제의 심각성에 대한 실제적인 정보도 많이 접하고 있다. 나는 반대하는 분들의 합리적인 이유에 대해 공감하고 있으며 반대하는 분들과 허심탄회한 대화를 나눌 필요가 있다고 생각한다. 나는 어떤 의견을 도출하는 과정 자체에서 민주적 절차를 경험하는 것이 민주 사회를 세워가는 데 아주 중요하다고 생각한다. 하지만 현재 반대하는 분들 안에 존재하는 막연한 공포와 두려움 혹은 불충분한 근거와 왜곡된 정보로 인한 지금과 같은 혐오 조장은 문제가 많다고 본다. 그러한 혐오가 누군가에게는 심각한 폭력이 될 수 있다는 사실도 깊이 성찰해보아야 한다. 그렇다고 모든 난민을 무조건적으로 수용해야 한다고 주장하는 것도 아니다. 그것은 현실적으로 가능하지도 않다. 난민 수용을 지지하는 시민사회도 무조건 100%다 수용해야 한다고 주장하는 것은 아니다. 시민 단체의 청와대 청원을 보면 인도적 조치에 대해 주장하지 100% 수용을 주장하지는 않는다. 엄연히법이라는 것이 존재하고 심사 과정을 거치게 되어 있다. 앞서 말한 것처럼세계 난민수용률이 평균 30%다. 그것은 70%는 본국으로 귀환시켰다는의미다. 하물며 평균 3%의 수용률을 자랑하며 97%를 돌려보낸 한국에서갑자기 100% 수용이 가능하기나 하겠는가? 난민 문제에 대한 낭만적 접근도 잘못이지만 난민 수용에 대한 주장을 낭만화로만 이해하는 것도 사회의 변혁을 위해서는 그리 도움이 되지 않는다고 생각한다. 아무쪼록 우리사회가 찬성과 반대라는 양극단으로 치닫지 않고 합리적이면서 공감적인대화를 통해 합의를 이루어가는 성숙한 사회가 되었으면 좋겠다. 수동적이고 방어적인 자세가 아니라 능동적이고 열린 자세를 통해 적극적으로 문제를 해결해나가는 모습이 있었으면 좋겠다.

우리 교회에서는 제주 예멘 난민 사태가 일어난 후 "마을it수다, 난민 수다회"를 가졌다. 우리가 난민을 맞을 준비가 전혀 되어 있지 않다는 것을 깨달았기 때문이다. 동네 맘카페에 올라오는 수많은 혐오적인 글들이 너무나 왜곡되고 폭력적이어서 이슬람 포비아 현상이라고 밖에는 해석이 되지 않는 상황이 벌어졌기 때문이다. 페어라이프 센터 간사로 섬겨주시는 김유라 성도님이 정보를 알려주어 이 사실을 알게 된 나는 맘카페에 가입했다. 나는 그릇된 정보를 수정하고 난민을 수용해야 하는 이유에 대해 차분한 글을 그곳에 올렸다. 하지만 일반적이지 않은 의견을 정치적 목적을 갖고 올렸다는 이유로 나는 그 즉시 강퇴당했다. 그것은 소위 말하는 "맘카페 갑질"을 당한 것인 동시에 동네의 정서를 실감케 하는 사건이었다. 나는 이 일로 인해 양쪽 모두의 입장을 논하는 대화의 장이 절실히 필요하다고 느꼈다. 그래서 우리는 "마을it수다, 난민수다회"를 열었고 그곳에서 찬성과 반대 모두의 의견에 귀를 기울였다. 무엇이 문제인지, 왜 그토록 두려워하는지, 그 두려움이 칼이 되어 누군가의 삶을 위협하는 것이 될 때 우리는 어떻게 해야 하는지, 만약 난민들이 제주가 아니라 인구 7만의 작은 마을 봉담에 온다면 우리는 얼마만큼 언제까지 어떻게 함께할 수 있을지 등에 대해 차분히 마음을 펼치고 이야기를 나누는 자리를 마련했다. 많은 질문이 오갔다. "갑자기 난민들에게 혹은 탈북민들에게, 이주노동자들에게 내가 분양받은 아파트에 나라가 지원금을 주고 입주민의 반을 받기로 결정했다면?" "예멘 난민의 입국 전에는 멀리 있는 난민을 위해 난민 단체에 기부까지 하며 우호적이던 사람들이 어째서 가까운 난민에게는 이다지도 혹독할까?" "예멘 난민들은 왜 가까운 곳이 아니라 멀리 제주까지 왔는가? 무사증 제도를 이용해 멀리까지 온 걸 보면 혹 기획 난민 아닐까?" "세계적으로 유난히 까다로운 난민 심사 제도는 왜 생겼을까?" "왜 난민은 대부분 건장한 남자들일까? 혹 테러를 하기 위해 온 건 아닐까?" "타 문화와 화합하려 하지 않는 이슬람 사람들을 수용했다가 이슬람화가 되는 건 아닌가?" "혹 수용해야 한다면 어디까지, 언제까지 난민들을 수용해야 하는가?" 등등. 이 중 적지 않은 질문에 대한 답은 대화중에 해결되었다. 하지만 이런 많은 질문에 서로 답하면서 우리는 전문가의 도움이 필요하다는 것을 깨닫게 되었다. 또한 우리가 난민들을 두려워하는 이유는 그들을 집단으로 이해할 뿐 개인으로 이해하지 않기 때문이라는 것도 깨달았다. 난민도 사람인데 그냥 집단으로 무리지어 이해하니까 두려운 것이다. 따라서 직접 난민을 만날 필요가 있음을 알게 되었다. 이렇게 해서 "난민의 어려움과 이웃의 두려움 사이, 난민과 이웃 프로젝트"를 열게 되었다. 공익법센터 "어필"의 김종철 변호사가 "누가 난민인가?"라는 주제로 강의를, 『내 이름은 욤비 : 한국에서 난민으로 살아가기』(이후, 2013)를 욤비와 함께 쓴 에코팜프 박진숙 대표가 "난민을 알면 세계가 보인다"라는 주제로 특강을, "난민으로 산다는 것"이라는 주제로 아프리카 난민 예술가인 미야가 삶의 이야기를 나누어주었고, 마지막 순서로는 난민과 함께 하는 공감 장터 "마르쉐@봉담"을 열었다.

다 소개할 수 없어서 공익법센터 "어필" 김종철 변호사의 강의를 요약하여 소개한다. 난민 문제를 이해하는 데 도움이 될 것이다. "1) 난민 수용을 반대한다고? 난민의 지위에 관한 협약(Convention Relating to the Status of Refugees)은 1951년에 정치적 필요에 의해 제네바에서 채택되었다. 한국은 1992년에 국회가 비준에 동의해 1993년에 국내적으로 시행했다. 헌법 6조 1항에 의하면 국회 비준은 국제법이 국내법과 동일한 효력을 갖게 한다. 한국은 난민 협약을 잘 시행하기 위해 2012년에 난민법을 제정했다. 이것은 난민 수용이 단지 윤리적 의무만이 아닌 법적인 의무라는 것을 의미한다. 난민 수용은 해도 되고 안 해도 되는 문제가 아니라 국제법과 국내법상 해야만 하는 일이다. UN회원국 193개국 중 142개국이 비준한 난민 협약을 취소하라는 말은 국제 사회의 일원이 되기를 거부하는 것을 의미한다. 2) 가짜 난민이라고? 국회가 1992년에 난민 협약을 비준했지만 난민으로 인정받은 최초의 사람은 거의 10년이 지난 2001년에 인정받은 에티오피아인이다. 그는 한국에서 살기 힘들어 이탈리아로 이주했다고 한다. 한국의 난민 인정률은 4%다. 미국의 난민 인정률이 44%이고 캐나다가 50%이며 전 세계 평균 난민 인정률은 대략 30%인데 말이다. 지금까지 3만 명이 신청했지만 겨우 700-800명 정도가 인정받았다. 가짜 난민이 난민으로 인정받을 가능성은 거의 제로다. 도리어 진짜 난민이 난민으로 인정받지 못할 확률을 걱정해야 한다. 3) 범죄율이 증가한다고? 독일은 한국 인구의 2배, GDP 2배, 면적은 3배 정도 되는데 지난 5년간 100만 명의 난민을 받아들였다. 한국은 지난 5년간 500명을 받아들였는데 말이다. 하지만 지난 30년 중 최근 5년간의 범죄율이 가장 낮다. 한국에서 이주민의 범죄율은 한국인의 반밖에 되지 않는다. 이주민 범죄율 중 이슬람권이 가장 낮다. 범죄자인 난민은 난민 협약에 의해 난민으로 인정받을 수 없고 추방된다. 4) 경제적 부담이 크다고? 난민 신청자는 신청 후 6개월 동안 1인당 매달 생계비 40만원을 받는다. 하지만 신청자 중 3%만 혜택을 누린다. 난민을 위한 예산이 1년에 8억밖에 되지 않는다. 외국인 등록 수수료 수입이 수십억 원인데 말이다. 난민 신청자는 6개월 후 취업 권리를 받지만 이것도 그가 취업 허가를 받아야 가능한 것이다. 그리고 그가 노동계약서를 제출해야 정부가 취업 허가를 내준다. 고용주가 취업 허가도 없는 사람에게 노동계약서를 먼저 내주는 것은 매우 어렵다. 그렇다고 난민 인정자가 대단한 혜택을 입는 것도 아니다. 많은 경우 소송을 통해 겨우 받아낸다."

우리는 이런 과정을 통해 난민과 직접 교류할 필요성을 느꼈다. 그래서 우리는 청년부를 중심으로 장년부가 함께 참여하는 "난민과 함께하는 제주 여행"을 기획했다. 제주도에서 난민들을 섬기시는 분들과 연계하여 두려움 때문에 마음껏 돌아다니지도 못하는 난민들과의 여행을 기획한 것이다. 우리는 제주의 역사를 알 수 있는 여행 코스를 잡아 여행하면서 예멘의 역사도 알아가고 집단과 집단이 아니라 사람과 사람이 만나는 여행이 필요하다고 생각했다. 한국의 분위기상 조금은 조심스러웠지만 우리의 작은 걸음을 통해 난민을 수용하는 작은 틈이라도 만들고자 했다. 하지만 그 여행은 태풍으로 인해 취소되었다. 여행의 일정과 태풍의 경로가 정확하게 겹쳤다. 고민에 고민을 거듭하다가 여행을 전면 취소했다. 취소하고 나니 취소하지 않아도 비행기가 결항되어 갈 수 없는 상황임을 알게 되었다. 이렇게 "난민과 함께하는 제주여행"은 성사되지 못했다. 이 일이 성사되었다면 얼마나 좋았을까? 지금도 아쉽다.

그렇다면 우리는 왜 난민을 수용해야 하는가? 말씀을 통해 알아보자. 산상수훈에 나오는 여섯 가지 반대 명제 중 마지막 명제는 다음과 같다. "'네 이웃을 사랑하고 네 원수를 미워하라' 하였다는 것을 너희가 들었으나 나는 너희에게 이르노니 '너희 원수를 사랑하며 너희를 박해하는 자를 위하여 기도하라'"(마 5:43-44). 이것은 정의의 본래 목적인 사랑을 이루기 위해 적극적으로 행하라는 말씀이다. 예수님이 예로 들고 있는 레위기 말씀에는 이웃을 사랑하라는 말만 있지 원수를 미워하라는 말이 없다. 그런데 왜 있지도 않은 말씀을 첨가하면서까지 이런 메시지를 하시는 걸까? 이것을 이해하기 위해서는 히브리인들에게 사랑은 공동체적 개념이라는 사실을 알아야 한다. 히브리인들에게 사랑은 실제적인 행위이며 공동체와 연합하는 것을 말한다. 사랑이라는 말은 접착제가 달라붙게 하듯이 서로 눈에 보이게 실제적으로 달라붙는 것을 말한다. 한마음 한뜻을 이루어 공동체적 연합을 이루는 것을 사랑이라고 말한다. 이런 사랑은 항상 미움과 함께 간다. 공동체적 사랑이 강할수록 공동체 외적 존재들에 대한 혐오가 강해진다. 여기서 말하는 원수는 단지 개인적인 원한을 가진 자만을 말하는 것이 아니다. 여기서 말하는 원수의 일차적 의미는 공동체의 적이다. 즉 공동체의 정체성을 희석하거나 부정하게 만드는 사람 그리고 공동체의 근간을 이루는 친족 체계를 흔들고 파괴하는 모든 사람이 "원수"다. 가족 체계를 무너뜨리는 음행한 자나 몸을 파는 창녀, 혈연적인 민족 체계를 더럽히는 사마리아인과 이방인이나 민족 반역자인 세리 그리고 거룩한 사회 체계를 무너뜨리는 자들, 즉 죄로 인해 율법의 저주를 담당하고 있다고 여겨지는 병자나 비정상인으로 여겨지는 장애인 등이 바로 원수들이다. 유대인들은 그들을 율법을 통해 만들어진 거룩한 공동체를 무너뜨리는 죄인으로 여겼다. 유대인들은 친족 체계 안에 있는 이웃은 사랑했지만 그것을 무너뜨리는 원수들은 미워했다. 그래서 주님은 구약에 있지도 않은 "원수를 미워하라 하였다는 것을 너희가 들었으나"라는 말을 첨가하여 그것을 비판하고 있는 것이다.

원수를 없애기 위해서 예수님은 "너희 원수를 사랑하라"고 말씀하신다. 진정한 사랑은 친족 체계 안에 있는 이웃과 대립된 것처럼 여겨지는 원수를 사랑할 때 드러난다. 차별과 배제 그리고 혐오와 폭력을 넘어 창녀와 세리, 병자와 장애인, 이방인과 사마리아인을 사랑할 때 드러난다. 아무도 사랑하지 않고 모두가 미워하고 있는 자들을 사랑하는 행위를 통해 진정한 사랑은 드러난다. 또 이렇게 말씀하신다. "너희를 박해하는 자들을 위하여 기도하라." 이것은 이웃과 원수를 나누어 배제하고 억압하는 자들조차 적극적으로 사랑하라는 말씀이다. 대표적인 것이 강도 만난 자를 돕는 사마리아인의 모습이다. 예수님의 비유에서는 박해받고 인간 취급을 받지 못하는 사마리아인이 도리어 강도 만난 자의 이웃이 된다. 그것은 적극적인 사랑으로 자기를 박해하는 자의 이웃이 되어버리는 사랑이다. 이 모든 것의 원형은 하늘에 계신 아버지의 사랑이다. 하나님은 악인과 선인에게 동일하게 해를 비추고 의로운 자와 불의한 자에게 동일하게 비를 내리는 분이시다. 하나님 앞에서는 악인과 선인을 가르고 의로운 자와 불의한 자를 가르는 "막힌 담"이 아무 소용이 없다. 이러한 사랑이 차별과 배제 그리고 혐오와 폭력을 생산하는 막힌 담을 헐어버리기 위해 자기 몸을 내어주신 예수 그리스도의 십자가에서 계시되었다. 유대인들은 자신들의 거룩을 지키기 위해 율법을 통해 악인과 선인 그리고 의로운 자와 불의한 자를 만들어냈다. 그들은 경계선 안에 있는 것은 포용하고 사랑했지만 경계선 밖에 있는 것은 배제하고 혐오했다. 하지만 그렇게 지켜낸 거룩은 진정한 거룩이 아니다. 진정한 거룩은 그 경계선을 넘어서는 사랑을 통해 이루어진다. 그래서 주님은 거룩을 온전함으로 해석한다. 온전함이란 사랑이다. 악인과 선인 모두에게 해를 비추고 의로운 자와 불의한 자 모두에게 비를 내리는 사랑 말이다. 우리는 완전해질 수 없지만 온전해질 수는 있다. 사랑할 때 온전해진다. 그래서 마태복음에서 예수님은 레위기에 있는 "내가 거룩하니 너희도 거룩할지어다"(레 11:45)라는 말씀을 "너희 아버지의 온전하심과 같이 너희도 온전하라"(마 5:48)로 바꾸어 말씀하셨다. 누가는 이것을 좀 더 직설적으로 표현한다. "너희 아버지의 자비로우심 같이 너희도 자비로운 자가 되라"(눅 6:36). 거룩한 사람이 자비로운 것이 아니라 자비로운 사람이 거룩한 것이다.

산상수훈의 구절 하나를 더 보자. "구하라, 그리하면 너희에게 주실 것이요. 찾으라, 그리하면 찾아낼 것이요. 문을 두드리라, 그리하면 너희에게 열릴 것이니, 구하는 이마다 받을 것이요, 찾는 이는 찾아낼 것이요, 두드리는 이에게는 열릴 것이니라"(마 7:7-8). 흔히 이 말씀을 기도에 관한 말씀으로 이해한다. 하지만 이 말씀을 기도로 이해하면 7:12이 이해가 되지 않는다. "그러므로 무엇이든지 남에게 대접을 받고자 하는 대로 너희도 남을 대접하라. 이것이 율법이요 선지자니라"(마 7:12). 시작은 "기도"인데 결론은 "황금률"이다. 앞뒤가 잘 맞지 않는다. 해결책은 하나밖에 없다. 앞의 주제도 "황금률"의 주제로 이해하는 것이다. 전체적인 맥락에도 이것이 맞다. 전통적으로 기도에 관한 말씀으로 이해하는 마태복음 7:7-11만 없애면 7:12의 황금률이 너무나 자연스럽다. 7:1-6과 연결하면 비판받지 않으려거든 비판하지 말고 네 눈 속에 있는 들보를 먼저 빼고 남에게 대접을 받고자 하는 대로 남을 대접하라는 자연스러운 메시지가 된다. 그런데 중간에 기도의 주제가 나오니까 흐름이 자연스럽지 못하다. 더군다나 이미 마태복음 6장에서 기도에 관한 주제는 끝났다.

황금률은 모든 윤리의 핵심이라고 할 수 있다. 예수님은 이렇게 말씀하신다. "무엇이든지 남에게 대접을 받고자 하는 대로 너희도 남을 대접하라. 이것이 율법이요 선지자니라"(마 7:12). 황금률의 핵심은 무엇인가? "대접"이다. 대접이 무엇일까? 그것은 동일한 존재로 대응해주는 것이고 우정으로 접대하는 것이다. 한마디로 인정과 환대다. 인간은 본질적으로 자신이 사람으로 인정받기를 원하고 온전히 환대받기를 원하는 존재다. 이것은 단순히 동정받는 것을 의미하지 않는다. 우리는 쉽게 자선을 베풀고 은혜를 베풀려고 한다. 가난한 자를 도우려고 하고 상처 입은 자들을 도우려고 한다. 하지만 이것을 뒤집어서 생각해보라. 우리는 동정을 받고 싶은가? 시혜를 받아야 하는 부족한 자로 여겨지고 싶은가? 우리는 남에게 어떻게 대접받고 싶은가? 아마도 동정이나 시혜나 자선은 아닐 것이다. 그냥 있는 그대로 사람으로 인정받고 싶고 존재 자체로 환대받고 싶을 것이다. 하나님께서 먼저 그렇게 하셨다. 우리가 그분께 구하고 찾고 두드리면 그분은 주시고 찾아주고 열리게 하신다. 하나님은 무조건적인 환대를 베푸신다. "너희가 악한 자라도 좋은 것으로 자식에게 줄 줄 알거든 하물며 하늘에 계신 너희 아버지께서 구하는 자에게 좋은 것으로 주시지 않겠느냐?"(마 7:11) "이같이 한즉 하늘에 계신 너희 아버지의 아들이 되리니, 이는 하나님이 그 해를 악인과 선인에게 비추시며 비를 의로운 자와 불의한 자에게 내려주심이라"(마 5:45). 악인과 선인을 가리지 않고 환대하시는 하나님의 성품 때문에 원수까지 사랑해야 하고 구하고 찾고 두드리면 주시고 찾게 하고 열리게 하시는 하나님 아버지의 사랑 때문에 우리도 그렇게 인정하고 환대해야 한다. 구하는 자에게 주어야 하고 찾는 자에게 찾아주어야 하고 두드리는 자에게 열어주어야 한다. 우리가 대접받고 싶은 대로 하나님께서 대접해주셨기 때문에 우리도 남을 그렇게 대접해야 한다. 이것이 황금률이다. "하나님의 무조건적인 인정과 환대를 따라 너희도 그렇게 하라."

그렇기에 우리는 약자와 소수자를 환대해야 하며 난민을 환대해야 한다. 우리는 우리가 대접받고 싶은 대로 그들을 대접해야 하며 하나님이 약자와 소수자와 나그네들을 대접하신 대로 그들을 환대해야 한다.

7장

공정 무역,
오른손이 한 일을 왼손이 모르게 하라

한국교회는 주일성수를 목숨처럼 소중히 여긴다. 주일성수는 안식일을 온
전히 성취하신 주님의 부활을 기념하는 날이다. 그렇다면 단순히 주일성수
를 지켜야 한다고 주장하는 것이 아니라 안식일의 정신이 무엇인지를 알고
그 정신을 실천하는 것이 무엇보다 중요하다. 안식일을 지키라는 계명은
이스라엘 백성들이 탈출한 이집트를 대체할 수 있는 대안 공동체를 어떻게
이룰 것인가에 대한 답으로 주어졌다. 이 세상 나라를 대표하는 이집트에
대한 대안으로서 가나안 땅에 하나님 나라를 이루어야 하는 하나님 나라
백성의 공동체는 어떻게 살아야 하는지에 대한 지침이 바로 율법이다.
따라서 이집트 정체성의 대안이라는 맥락에서 살펴볼 때, 우리는 율법을
바르게 이해할 수 있다. 이집트는 어떤 나라인가? 그 나라의 체계는 이스라
엘 백성들로 하여금 쉬지 않고 일하게 만들고, 더 과중한 짐을 짊어지게 하
며, 서로 경쟁하도록 부추기고, 만족을 느끼지 못하게 하며, 끊임없이 욕망
을 추구하게 한다. 이스라엘은 그러한 체계에서 해방되었고, 그들이 광야에
서 하나님 나라 백성으로 연단되는 데 가장 핵심적인 것이 바로 안식일이
었다. 광야에서 만나와 메추라기를 통해 많이 거두어도 남음이 없고 적게

거두어도 모자람이 없는 공동체로 훈련받는 데 핵심적인 것이 안식일이다. 공급되는 것들은 하루 만에 다 썩어 없어지지만 제6일에는 이틀 치가 공급되어 안식일 날 먹을 것이 공급되었다. 이스라엘 백성이 반드시 안식일을 지키도록 하기 위해서다.

월터 브루그만(Walter Brueggeman)은 『안식일은 저항이다』(복있는사람, 2015)에서 안식일의 의미가 저항임을 분명히 한다. 우리는 안식일에 하나님을 예배한다. 우리는 나 외에는 다른 신들을 두지 말라고 말씀하신 참 하나님을 예배한다. 예배는 곧 이집트에서 인도하여 내신 야웨 하나님을 경배하는 것이며 안식일에 쉬라고 말씀하시는 하나님을 경배하는 것이다. 안식일을 지키는 것은 탐심이 우상숭배임을 말씀하시고 우상을 만들지 말라고 하실 뿐 아니라 네 이웃의 것을 탐하지 말라고 말씀하시는 하나님을 예배하는 것이다. 그런 의미에서 안식일의 예배는 이집트의 신들이 제공하는 주류의 정체성을 거부하는 "대항 정체성"을 행동으로 옮기는 것이다. 그것은 이집트와 같은 이 세상에서 빛과 소금으로서 "산위의 동네"인 대조 사회를 만들어가는 안식일 공동체가 되겠다는 선언이며 저항이다. 예배는 멈춤이다. 그것은 우리를 강제로 멈추게 하는 장치다. 이를 통해 이 세상의 힘과 내 안의 육에 저항하게 만든다. 우리 안에 두 가지 싸움이 있다. 하나는 정사와 권세와 벌이는 싸움이고 다른 하나는 내 안에 있는 육과 벌이는 싸움이다. 이스라엘은 출애굽을 했지만 노예 근성을 해결하지 못해 계속 이집트로 돌아가려고 했다. 안식일은 바로 이 두 가지에 대한 저항이다.

안식일의 정신이 더욱 심화된 것이 안식년이다. 안식년은 7년에 한 번 1년 동안 사람과 짐승과 땅 모두 안식하는 제도다. 출애굽기 23장과 레위기 25장에서는 안식년 법을 이렇게 말한다. 첫째, 땅을 휴식하게 해야 한다. 놀랍다. 안식년 법이 사람이나 가축을 넘어 자연에까지 영향을 끼친다. 이는 지속가능한 세상을 위해 반드시 필요한 조치다. 안식년 법은 생태 가치의 실현이다. 둘째, 안식년 법은 가난한 자와 들짐승까지 배려하라고 말한다. 휴경한 곳에 자라는 열매는 가난한 자들이 먹게 하고 남는 것은 들짐승이 먹도록 했다. 정말 놀랍고 급진적인 제도가 아닐 수 없다. 더 놀라운 것은 신명기 15장에 나타난 안식년 법이다. 그곳에는 출애굽기와 레위기에 나타난 안식년 법에 없는 항목들이 나타난다. 신명기 15장에 의하면 첫째, 안식년에는 모든 빚을 탕감해줘야 한다. 그 법은 무조건적으로 빚을 탕감해줘야 하는 안식년이 다가왔다고 해서 부자가 가난한 자에게 꾸어주지 않는 것은 죄라고 말한다. 둘째, 안식년에는 종들을 자유롭게 놓아주어야 한다. 왜? 이스라엘 사람들이 이집트에서 종이 되었고 야웨 하나님은 그들을 이집트에서 인도하여 내셨기 때문이다. 그러나 아직 놀라지 마라. 성경은 안식년에서 끝나지 않는다. 안식년을 일곱 번 지킨 후 50년 되는 해인 희년에는 빚을 탕감하는 정도가 아니라 아예 땅을 돌려주어야 한다고 말한다. 희년이 중요한 이유는 예수님이 이 땅에 오신 이유와 연결된다. 예수님은 누가복음 4장에서 "내가 희년을 선포하러 왔다"(참조. 눅 4:16-20)고 말씀하셨다. 성육신과 공생애 그리고 십자가와 부활을 통해 성취된 희년은 초기 교회의 모습을 통해 정확하게 나타난다. 초기 교회의 모습, 즉 물질을 유무상통하여 가난한 자가 하나도 없는 공동체의 모습은 신명기 15:4의 성취이고 희년의 성취다.

희년을 실천하는 길은 여러 가지다. 토지와 주거 문제에 대해서는 이 책 9장 "도시의 영성, 환대와 평등의 도시"에서 얘기하도록 하고, 사회적 경제에 대해서는 『페어 처치』에서 충분히 얘기했으므로, 여기서는 공정 무역에 대해서만 나누도록 한다. 우리 교회는 "더불어숲 페어라이프 센터"라는 "마을 만들기 NGO"를 만들어 지역을 섬겼다. 그 모든 사역을 "정의의 원리"에 맞추어 실천했다. 그것의 의미를 먼저 살펴보자. 오른손이 하는 일을 왼손이 모르게 하라는 말이 있다. 이 말은 성전에 있는 비밀의 방을 알면 쉽게 이해된다. 이스라엘 남자들만 들어갈 수 있는 "이스라엘의 뜰"이라는 곳의 북쪽 끝에 "마트몬"이라는 비밀의 방이 있다. 아무도 모르게 들어가서 돈을 내거나 아무도 모르게 돈을 가져가는 곳이다. 이 방은 누가 돈을 놓고 갔는지 누가 돈을 가져갔는지 비밀이 유지되는 방이다. 준 사람은 자만하거나 통제하고자 하는 마음을 없앨 수 있고 가져 간 사람은 자기 비하나 노예 의식에 빠질 필요가 없다. 이렇게 비밀스럽게 도우라는 말은 동기가 중요하다는 뜻인 동시에 정의의 원리를 실현하라는 이야기다. "사람들에게 생선을 주는 것보다 생선 잡는 법을 가르쳐주는 것이 낫다"라는 말에서 생선을 주는 것은 시혜적 복지이고 생선 잡는 법을 가르쳐주는 것은 생산적 복지다. 하지만 이것만으로는 충분하지 않다. 여기에 정의의 관점이 추가되어야 한다. 왜 동시대를 살아가는 그들에게 생선이 없는지 그 이유를 물어야 한다. 그들의 강에 살던 물고기가 대규모 상선 때문에 씨가 말랐을 수도 있다. 강과 호수가 중공업 산업 폐수로 오염되었을 수도, 대기업이 지하수를 독점해 사용하느라 수원이 말라버렸을 수도, 다른 생계 수단을 모두 박탈당한 사람들이 너도나도 어업에 뛰어들었을 수도 있다. 구조적인 불의와 권력의 불균형과 불평등한 분배 때문에 생선이 없을 수도 있다. 그것을 물어야 한다. 우리에겐 정의가 필요하다. 자선과 구제의 원리는 시혜의 구조를 갖고 있다. 베푸는 자와 도움을 받는 자라는 구조 자체가 우리를 끊임없이 외식하도록 만든다. 그것 자체를 넘어서는 대안을 만드는 것이 중요하다. 무슨 말이냐면 성전에 비밀의 방을 만들었던 것처럼 오른손이 하는 일을 왼손이 모르도록 제도화하는 것이 중요하다는 말이다. 공정 무역이 그러한 대안 중 하나다.

한국의 20살 이상 성인 1인당 연간 커피 소비량은 평균 360잔이고, 돈으로는 약 180만원을 쓴다고 한다. 우리가 마시는 커피 한 잔을 5,000원이라고 가정했을 때 농부에게 돌아가는 돈은 50-100원가량 된다. 우리가 1년 동안 마시는 커피로 그들에게 18,000-36,000원 정도가 가는 셈이다. 이러니 그들이 가난할 수밖에 없다. 심지어 어떤 농부는 커피가 어떤 음료인지도 모르고 저임금 노동을 한다고 한다. 거대 기업이 중간 마진을 다 가져간다. 이와 달리 공정 무역 커피는 5,000원 중 약 1,000원 이상이 농부에게 돌아간다. 우리가 1년 동안 공정 무역 커피를 마신다면 그들에게 36만 원 정도가 가는 셈이다. 최저 임금과 생활이 가능한 수맷값을 정하고 협동조합을 만들어 커피 교육과 마을 학교를 운영할 수 있는 자립적 삶을 만들어갈 수 있도록 한다. 만약 우리가 자선을 한다고 생각해보자. 일 년에 36만 원 이상 기부하는 사람은 별로 없다. 내가 기부한 돈이 수혜자에게 제대로 갈지 확신할 수도 없다. 기부한 돈의 대부분이 기부 단체 운영비로 들어간다는 사실은 이제 상식이다. 어느 단체는 기부금의 1.7%만 수혜자에게 전달하기도 한다. 하지만 우리가 마시는 커피를 공정 무역 커피로 바꾸면 우리가 쓰는 돈 180만원 중 무려 36만원이 넘는 돈이 우리가 기부하지 않아도 남미와 네팔 그리고 페루와 아프리카의 농부들에게 돌아간다. 농부들은 우리에게 기부금 보고서를 쓸 필요도 감사 편지를 쓸 필요도 없다. 우리는 우리가 기부한 돈이 제대로 사용되고 있는지 그들을 의심하거나 감시할 필요도 없다. 이것은 구호와 구제가 아니라 구매이기 때문이다. 구매는 오른손이 한 일을 왼손이 모른다. 세상의 문제와 통증에 연민과 아픔을 느끼고 돕는 나눔도 소중하지만 그 문제의 근원을 해결해가고 구조를 바꾸어가는 일, 누구도 서로 시혜를 베풀 필요가 없는 세상을 세워가는 일, 그것이 공정 무역의 정신이다. 이것이 진정으로 오른손이 하는 일을 왼손이 모르도록 하는 행위이며 "정의의 원리"다. 이것이 하나님 나라 시민들이 살아가는 라이프 스타일이다. 우리는 모든 영역에서 오른손이 하는 일을 왼손이 모르도록 하는 라이프 스타일을 실천해야한다.

우리는 "페어-라이프"에 대한 구체적인 사역을 위해 8가지 키워드를 만들어 사역했다. 함께 짓는 공간, 공정 무역, 문화 예술, 나눔과 환대, 사회적 경제(공유 경제), 배움, 생태 그리고 플랫폼 이렇게 8가지다. 마을 만들기를 위한 8가지 키워드 중 가장 활성화된 사역이 아마도 공정 무역일 것이다. 다른 7가지 키워드에 대해서는 『페어 처치』에 자세히 소개되어 있기에 책 저술 이후에 있었던 공정 무역의 성과에 대해 송경용 신부의 평가를 빌어 나누겠다. 2018년 가을, "더불어숲 공정 무역 주일예배"를 드리면서 한국사회가치연대기금 이사장이며 성공회 신부인 송경용 신부를 모셨다. 송경용 신부는 "너는 말 못하는 자와 모든 고독한 자의 송사를 위하여 입을 열지니라"라는 잠언 31:8을 통해 말할 수 없는 사람과 고립된 사람들을 대신해서 입을 여는 사람들을 통해 세상이 살맛 나는 아름다운 세상으로 변하게 되며 바로 그 정신이 공정 무역을 시작하도록 했다고 말씀하셨다. 그는 떡의 경제학이 아니라 말씀의 경제학을 통해 하나님의 창조 질서를 회복하는 것이 필요하며 절대적이고 기계적인 평등주의가 아니라 "나중에 온 이 사람에게도" 동일하게 삯을 주는 것이 하나님의 정의라고 말씀하셨다.

가스탕이라는 작은 마을에서 2000년에 시작된 공정 무역 마을 운동을 통해 2018년 현재 2,000개가 넘는 공정 무역 마을과 도시가 세워지게 되었듯이, 화성 봉담이라는 이름 없는 곳에서 "더불어숲동산교회"라는 이름 없는 작은 교회에서 시작한 공정 무역 마을 운동이 얼마 전(2018.10.31.) 화성시가 2143번째 공정 무역 도시로 국제 공정 무역마을위원회 공식맵에 등재되는 열매를 맺었고 경기도에 있는 10개 도시가 동시에 "공정 무역 포트나잇" 행사를 열게 되었다며 격려와 위로의 말씀을 전해주실 때는 코끝이 쩡한 감동이 몰려왔다. 여기서 그 얘기를 잠깐 하도록 하겠다.

교회를 개척하며 공정 무역 카페를 오픈했다. 우리 교회가 3층에서 10층으로 이전하면서 사회적 협동조합으로 전환한 공정 무역 카페는 박순옥 권사가 바리스타로 섬겨주시면서 안정화되었는데 우리는 불안정한 시기인 초반부터 공정 무역 캠페인을 했다. 공정 무역 캠페인이 본격적으로 지역 사회와 소통하며 열매를 맺기 시작한 것은 2015년에 처음으로 시작한 "공정 무역 교실"을 통해서다. 공정 무역 교실은 "공정 무역 시민 대사"를 양성하는 교육 과정이다. 보통 이 과정을 밟기 위해서는 서울까지 올라가야 한다. 관심 있는 사람만 개인적으로 그렇게 한다. 하지만 우리 교회의 공정 무역 교실은 지역 스스로 기획하고 인원을 모으며 진행한 한국 공정 무역 마을 운동의 최초 사례다. 이 과정을 마치고 나면 지역의 중고등학생들이나 다양한 커뮤니티를 대상으로 강의할 수 있는 자격증이 생긴다. 이 과정을 통해 자격증을 취득한 시민 대사들은 지역의 학생들과 커뮤니티를 상대로 공정 무역에 대한 강의와 워크숍을 진행하고 아이들 스스로 공정 무역 캠페인을 기획하며 실행하면서 공정 무역을 알리도록 훈련한다. 제1회 공정 무역 교실을 통해 총 20명이 소비자에서 공정 무역 운동의 주체가 되었고, 그중 11명이 공정 무역 시민 강사가 되어 지역 내 9개 학교에 파견됐다. 그들이 총 330명의 학생들을 대상으로 공정 무역 수업을 진행했다. 이런 노력들이 인정되어 2016년 9월 28일에는 페어라이프 센터와 아름다운커피가 "공정 무역 시민 대사 콜라보 프로젝트"로 공식 협약을 맺었고 제2기 공정 무역 교실을 마친 분들을 정식으로 공정 무역 시민 대사로 임명하는 협약식을 가졌다. 허윤수 집사가 팀장으로 섬기시며 우리 교인이 아닌 분들이 더 많은 공정 무역팀을 중심으로 매년 지속한 이 운동의 의미가 화성시청에도 받아들여져 2018년에는 화성시가 주최하고 화성 공정 무역협의회가 주관하여 "화성시 공정 무역 시민 대사 및 활동가 양성 과정"을 열어 동부권 27명, 서부권 37명으로 총 64명이 참여했다.

이러한 움직임은 지역에 아주 좋은 호응을 얻었을 뿐 아니라 도시 전체에 대한 비전으로까지 확장되었다. 2017년에는 화성에 있는 4개 교회가 함께 "한국 공정 무역협의회"와 "공정 무역교회 협약식"을 가짐으로써 교회가 지역의 중심이 되어 공정 무역 운동을 펼쳐나갈 수 있는 기반을 마련하게 되었고, 민간단체들로 이루어진 "화성공정 무역협의회"를 창립하는 데 주도적인 역할을 하기도 했다. 여기에 더해 경기도 의회가 경기도에 속한 모든 도시를 "공정 무역 도시"가 되도록 하는 운동을 시작하는 것에 도움을 주었고, 2017년 9월에는 경기도 의회 주최로 "경기도, 공정 무역을 품다"라는 주제로 "국제 공정 무역 컨퍼런스"를 여는 데도 도움을 주었다. 이런 성과는 고스란히 페어라이프 센터의 기반인 화성시에도 영향을 끼치게 되었고 한국 공정 무역협의회와 화성 공정 무역협의회 그리고 화성시가 함께 "화성시 공정 무역 도시 추진을 위한 업무 협약식"을 맺는 결과를 낳았다. 이러한 결과들은 다음 해에 경기도의회가 주최하고 경기도 주

식회사와 한국 공정 무역협의회와 "더불어숲 페어라이프 센터"가 공동 주관하는 "2018 경기 공정 무역 포트나잇"이라는 행사를 열게 되는 성과로 이어졌다. 포트나잇(Fortnight)은 2주를 뜻하는 말로 2주 동안 공정 무역을 집중적으로 알리고 기념하는 국제적인 캠페인이다. 유럽은 국가적인 행사로 이미 자리 잡았다. 한국에서 처음으로 열리는 포트나잇 행사가 바로 "2018 경기 공정 무역 포트나잇"이다. "2018 경기 공정 무역 포트나잇"은 2018년 10월 29일에 "더불어숲 페어라이프 센터"가 있는 화성시의 동탄복합문화센터에서 "개막식 & 국제컨퍼런스"를 시작으로 11월 11일까지 경기도 광명, 군포, 부천, 성남, 시흥, 수원, 시흥, 평택, 하남, 화성 등 10개의 도시에서 동시에 진행되었고 약 250개의 공동체가 참여했다. 폐막식은 각 도시별로 진행했는데, 화성시의 폐막식은 "My Fair Life, 공정 무역 이야기 콘서트"라는 이름으로 화성시 의원과 여러 시민 단체의 멤버들이 참여한 가운데 더불어숲동산교회 예배당에서 진행했다. 얼마나 감격스러운 순간이었는지 모른다. 공정 무역을 처음 시작한 사람들이 그리스도인일 뿐 아니라 지역 네트워크를 잘 갖춘 한국교회이기에 이 일을 가장 잘 할 수 있다고 믿는 나는 모든 한국교회가 공정 무역 운동에 동참하기를 기대한다.

8장

헤테로토피아,
환대와 평등의 도시

마을 만들기 운동으로 시작했지만 더불어숲동산교회의 꿈은 도시 변화다. 그것은 도시 전체에 공평과 정의가 이루어져 생명과 평화가 넘쳐나는 도시, 즉 "페어 시티"가 되도록 하는 꿈이다. 앙리 르페브르(Henri Lefebvre)가 68혁명의 와중에 쓴 『도시에 대한 권리』라는 책이 발간된 이후 "도시에 대한 권리"는 아주 중요한 화두가 되었다. 나는 강현수의 『도시에 대한 권리』(책세상, 2010)를 통해 르페브르의 "도시에 대한 권리" 개념을 처음 접하면서 우리 교회도 모든 사람이 공유하는 집합적 공간인 도시에 대한 집단적 권리를 실현하는 데 일조하기를 원했다. 2002년에 출범해 2년마다 열리는 "세계도시포럼"의 2010년 주제는 "도시에 대한 권리-도시 내부 분단 극복하기"였다. 도시 문제를 해결하기 위해 6가지 소주제를 가지고 집중 토론했다. 1) 도시에 대한 권리 확보하기, 2) 도시 내부의 불평등 줄이기, 3) 주택의 기초적 도시서비스에 대한 균등한 접근 보장하기, 4) 도시의 문화적 다양성 증진하기, 5) 올바른 도시 거버넌스와 주민 참여 확대하기, 6) 포용적이고 지속가능한—경제적·사회적·환경적 지속가능성—도시화를 통한 도시에 대한 권리 지원하기. 이러한 과제들이 실현되는 화성이 된다면 얼마나 좋을까? 그것을 교회가 다양한 시민 세력들과 연대하며 만들어 간다면 얼마나 멋질까?

공간은 너무나 중요한 주제다. 인간이 공간을 만들지만 나중에는 공간이 인간을 만든다. 모든 공간은 추상적으로 존재하지 않고 항상 사물과 사건으로 가득 찬 사회적 공간이며 계급, 계층, 인종, 젠더, 세대, 장애 등의 이슈가 발생하고 교차하며 갈등하는 공간으로 존재한다. 현대 도시 공간은 공(公)이 사(私)에 점령당했다. 이에 대한 반감으로 공유 경제를 말하면서 공유 공간에 대한 관심이 뜨거워졌지만 "사이비-공유"가 판을 치고 있는 형국이다. 공유 공간의 대명사 "에어비앤비(AirBnB)"도 심각한 비판에 직면해 있다. 현대판 공유 경제를 비판하는 사람들은 선의를 갖고 필요한 것을 서로 나눈다는 이미지의 공유 경제가 실제로는 착한 경제 시스템이 아니라고 말한다. 사람들이 공유를 통해 공동체의 유대를 재현하는 것이 아니라 잉여 시간까지 노동에 사로잡혀 경쟁하게 만든다는 것이다. 로버트 라이시(Robert Reich)는 지금 인기를 끌고 있는 공유 경제가 실상은 "부스러기 경제"라고 비판한다. 그는 우버, 에어비앤비, 태스크래빗, 미케니컬 터크, 인스타카트 같은 서비스가 도리어 공유 경제를 퇴보시키고 있다고 비판한다. 우버 운전기사들은 자신의 차량으로 서비스를 하고 보험도 직접 가입한다. 우버는 자신들이 고용주가 아니라며 안전이나 보안에는 책임이 없다고 말한다. 목돈은 플랫폼 운영자들과 소프트웨어 오너들의 주머니로 들어가고 남은 부스러기들만 근로자의 몫으로 돌아간다. 그러면서 우버는 모든 리스크를 온전히 노동자들에게 떠넘기고 있다. 최저 임금과 노동 시간, 노동 조건에 대해 최소한의 표준도 말살시키고 있다. 그렇기에 공유 경제가 아니라 "부스러기 경제"라는 것이다. 로버트 라이시가 『자본주의를 구출하라』(김영사, 2016)에서 문제 제기한 것처럼 자본주의를 1%에서 구출해야 할 뿐 아니라 공간도 1%로부터 구출해야 한다. 모든 공간이 탐욕과 이익만을 향유하는 사유 공간으로 전유되고 있는 반면 공동체를 생성하고 유지하며 번영케 하는 공유 공간은 사라져가고 있는 이때에 공간 주권을 회복하고 도시에 대한 권리를 실현하는 일이 더욱 절실히 요구된다.

도시에 대한 권리는 이미 존재하는 것에 대한 접근권만이 아니라 새로운 상상력을 실현하는 "희망의 공간"이 되게 하는 권리이기도 하다. 자본의 힘이 모든 공간을 잠식하고 동일성의 권력이 모든 공간을 추상화하는 이때에 새로운 일상을 만들어가기 위해 모이고 떠들며 춤추고 꿈꾸며 상상하고 실험하는 "희망의 공간"을 만드는 일은 너무나 중요하다. 이러한 공간을 "헤테로토피아"(heterotopia) 공간이라고 부를 수 있겠다. "유토피아"가 이상적이지만 현실에 존재하지 않는 세계를, "디스토피아"가 역유토피아로서 극단적으로 암울한 세상을 말한다면, "헤테로토피아"는 어쩌면 현실화된 유토피아라고 할 수 있을 것 같다. 미셸 푸코(Michel Foucault)는 『헤테로토피아』(문학과지성사, 2014)에서 다른 온갖 장소들과 절대적으로 다른 장소들, 특권화되고 신성시된 공간과 일탈의 공간들, 모든 장소의 바깥에 있는 장소들, 자기 이외의 모든 장소에 맞서서 어떤 의미로는 그것들을 지우고 중화시키고 혹은 정화시키기 위해 마련된 장소들, 일종의 반(反)공간에 대해 말한다. 이것이 바로 "헤테로토피아"다. 그는 헤테로토피아에 대한 6가지 원리를 제시한다. 내게는 마지막 원리가 중요했다. "제6원리, 헤테로토피아는 다른 모든 공간에 대한 이의 제기다." 나는 교회 공동체가 그런 공간을 함께 만들어갈 수 있다고 믿는다.

필립 셸드레이크(Phillip Sheldrake)는 『도시의 영성』(IVP, 2018)에서 기

독교 영성의 핵심을 도시의 영성으로 본다. 충분히 이해가 된다. 기독교는 "동산" 이야기에서 시작해서 "도시" 이야기로 끝난다. 에덴동산에서 시작된 하나님의 구원 이야기는 예루살렘을 거쳐 "산 위의 동네"를 지나 새 예루 살렘에서 마무리된다. 도시가 하나님의 구원 이야기의 중심 역할을 한다. 도시의 역할을 총체적으로 이해하려면 동방 기독교의 영성에 도움을 받을 필요가 있다. 서방 기독교의 최대 약점이 "창조 영성의 부재"인 것 같다. 서 방 기독교는 은혜와 자연, 구속과 창조를 대립적으로 이해해왔다. 기본적 인 신학적 틀이 "창조-타락-구속"이다. 더욱이 서방 기독교는 "개인의 믿 음을 통한 영혼의 구원"을 너무나 중요하게 여기기 때문에 창조의 영성이 들어설 자리가 부족하다. 누군가 창조의 영성을 이야기하면 서방 기독교는 그것을 "범신론"으로 치부한다. 그들에게는 하나님께서 만유 안에 내재하 신다는 "범재신론"이 들어설 자리가 없다. 지나치게 영적이다 보니 자연에 대한 감수성이나 미의식이 서방 기독교에는 결여되어 있다. 심지어 아름답 지 못해야 더 영적인 것처럼 보일 정도다. 이는 자칫 영지주의적 영성이 되 기 쉽다. 영육이원론과 성속이원론에 빠지기 쉽다. 반면 동방 신학은 창조 를 매우 중요하게 여긴다. 은혜와 자연, 구속과 창조를 대립적으로 이해하 지 않고 연속선상에서 이해한다. 구속은 단지 영혼의 구원이 아니라 재창 조다. 재창조로서의 구속은 창조의 진정한 과녁이고 목표다. 기본적인 신 학의 틀도 "창조-성육신-재창조"다. 동방 신학은 "총괄 갱신의 신학"이다. "하늘에 있는 것이나 땅에 있는 것이 다 그리스도 안에서 통일되게 하려 하 심이라"(엡 1:10).

　　내가 동방 기독교를 처음 접한 것은 2004년이었다. 휴가차 속초 오 봉마을에 있는 오봉교회에서 묵은 적이 있다. 오봉교회는 아내와 친분이 있었던 장석근 목사가 섬기시는 교회다. 장석근 목사는 환경 운동을 열심히 하시는 분이었다. 그곳에서 하루 묵으며 강원도 감자로 요리한 감자전을 먹었던 기억을 잊을 수가 없다. 장석근 목사는 떠나는 내게 『켈트 영성 이야기』(대한기독교서회, 2001)라는 책을 선물로 주셨다. 나는 이 책을 읽으면서 새로운 기독교 세계를 맛볼 수 있었다. 켈트 기독교는 창조의 선함을 강조하고 마음 안에 있는 하나님의 형상을 발견하는 것을 중요하게 여기는 영성이다. 이로 인해 동방 기독교에 관심을 갖게 되었다. 동방 기독교의 총괄 갱신 신학과 창조의 영성을 총정리 할 수 있는 책을 소개하자면 매튜 폭스(Matthew Fox)의 『원복』(분도출판사, 2001)과 존 메이엔도르프(John Meyendorff)의 『비잔틴 신학』(정교회출판사, 2010) 두 권을 꼽을 수 있을 것 같다.

　　서방 기독교와 동방 기독교를 갈라놓은 결정적인 사상 중 하나가 "성상파괴론"이다. 서방 기독교는 이콘이라는 것을 부정했다. 이콘을 우상숭배로 보았다. 이건 정말 동방 기독교를 전혀 이해하지 못한 소치다. 성상은 삼위일체 교리 때문에 가능한 예술이다. 형상과 원형은 다른 것이며 동방 기독교는 원형만을 예배하고 형상은 단지 공경할 뿐이다. 원형은 본질과 관계 있지만 형상은 위격과 관계 있다. 따라서 동방 기독교에게 이콘은 결코 우상숭배일 수 없다. 도리어 이콘을 통해 그들은 경건의 실체를 경험한다. 반면 서방 기독교는 형상적인 것의 거부를 극단으로 밀고 나갔다. 형상적인 것의 거부가 결국은 미의식의 결여를 낳았다. 특히 개신교는 어떤 교훈을 전하기 위해 예술을 이용하기는 하나 미의식 자체가 영성과 관련되지 못한다. 하지만 천지창조 후 첫 번째 반응이 미학적 반응이었다는 것을 기억할 필요가 있다. "보시기에 심히 좋았더라." 진선미 중 미(美)에 해당하는 반응이라고 할 수 있다. 선하신 진리의 하나님은 아름다움을 아는 분이시다. 창조는 선하고 아름다웠다. 성육신도 선하고 아름답다. 죄로 인해 일그러진 창조를 회복하는 것이 구원이고 재창조다. 구원이란 인간을 포함하여 아름다운 세상을 회복하고 갱신하는 것이다. 정의와 평화가 입맞춤하는 세상, 모든 것이 조화로우면서도 자기 자신으로 충일한 세상, 진선미가 조화를 이룬 세상으로의 회복과 갱신이 구원이다. 따라서 도시란 이러한 재창조가 총체적으로 실현되는 현장이라고 할 수 있다. 도시의 이야기는 재창조의 이야기다. 모든 도시적 활동은 재창조적 활동이다. 아무쪼록 기독교가 "창조의 영성", "성육신의 영성", "아름다움의 영성", "에로스의 영성"을 도시적 차원에서 회복했으면 좋겠다.

그렇다면 우리에게 어떤 도시의 영성이 필요한 걸까? 우리는 지역 교회(로컬 처치)가 "구드 테루아르"(gout de terroir), 즉 그 지역의 향미를 드러내야 한다고 믿었다. 지역 교회는 지역의 고유한 맛과 향을 담아내는 믿음의 공동체다. 그렇게 뿌리를 내리고 꽃과 열매를 맺어 향과 맛을 낼 때 사람들은 편안함을 느끼게 되고 거기에 머무를 만한 어떤 가능성을 보게 된다. 로컬성은 지역에 뿌리를 내리고 지역의 일원이 되어 지역을 섬길 때 생기는 것이다. 그런데 현대의 교회들은 로컬성이 없다. 현대 교회는 철저히 탈성육신화되고 탈현장화된 조직이 되어버렸다. 어떤 지역에 가도 교회가 똑같다. 로컬 처치가 아니고 유니버설 처치다. 현대 교회가 지역성과 현장성을 잃어버렸기 때문이다. 더욱 큰 문제는 지역 자체도 향미를 잃어가고 있다는 데 있다. 지역이 도시화되면서 천편일률적인 도시 계획 때문에 어디를 가도 비슷하다. 발터 벤야민(Walter Benjamin)이 말한 것처럼 우리는 "도시 구경꾼"이 아닌 "도시 산책자"로서 살아가기가 정말 쉽지 않다. 도시화는 오직 "속도"와 "효율성"만 추구한다. 그런 도시의 특징은 "도로"와 "빌딩"이다. 유현준은 『도시는 무엇으로 사는가』(을유문화사, 2015)에서 "골목"과 "복도"를 비교하면서 도시가 골목을 잃고 복도화되었다고 비판한다. 복도는 일직선이다. 또한 복도는 하늘을 볼 수 없다. 도시는 일직선화되었고 하늘을 잃었다. 『골목길 자본론』(다산3.0, 2017)이라는 책을 재미있게 읽었다. 재미있는 점은 여기서 소개하는 골목길이 대부분 강북에 있었다는 것이다. 강남은 "가로수길" 정도였다. 실상 가로수길에 가보면 크게 매력이 없다. 강남이라는 특징과 한강과의 접근성 때문에 인기가 있지만 가로수길은 거의 직선길이기 때문에 크게 매력이 없다. 계획도시는 대부분 직선이다. 그래서 매력이 없다. 반면 골목길은 곡선이다. 거기에는 이야기와 역사가 살아 있다. 한마디로 터무니가 있다. 건축가 승효상은 『보이지 않는 건축 움직이는 도시』(돌베게, 2016)에서 좋은 건축은 터무니가 있는 건축이라고 말한다. 손에만 지문이 있는 것이 아니라 땅에도 지문이 있다. 지문(地文), Land-Script를 우리말로 하면 "터무니"다. 터에는 무늬가 있는 법이다. 서양은 먼저 머리에서 도시를 그린다. 머리에서 다이어그램을 만들고 나서 그것을 평지에 옮긴다. 그렇기에 터무니없는 건축이 이루어진다. 하지만 동양은 땅을 보고 그것에 맞게 도시를 만든다. 그렇기에 터무니없는 건축을 할 수가 없다. 좋은 건축가는 땅이 하는 소리를 들을 줄 아는 건축가다. 누적된 땅의 이야기를 알아내서 그것을 건축으로 표현할 줄 아는 건축가가 좋은 건축가다. 하지만 현대 도시는 이것이 다 사라지고 있다. 그것의 한 특징이 도시의 아파트 단지화다. 한국은 온통 아파트 단지 천지다. 단지의 내외가 철저히 단절되고 블록화되면서 분리와 격리가 일상화되어 민주주의가 파괴되었다. 실상 아파트 문화 자체가 민주주의를 파괴한다. 서로 마주칠 필요가 없다. 엘리베이터에서 사람을 만나도 멀쑥해서 전광판의 숫자만 본다. 아파트에서는 공동체가 완전히 파괴된다. 아파트는 개체적 인간형만 만들 뿐이다. 아파트는 마당을 잃었다. 마당은 사계절이 있다. 풍경이 바뀐다. 그런데 아파트에는 그것이 없다. 그래서 사계절의 변화를 의도적으로 만들기 위해 자주 리모델링한다. 아니면 새 아파트로 이사해야 한다. 예전에는 골목이 마당 역할을 했는데 이제 골목도 사라졌다. 마당을 잃었다는 것은 공공의 공간을 상실했다는 것이며 공동체가 상실되었다는 것을 말한다. 그렇기에 도시에 관한 질문은 우리에게 매우 중요하다. 우리는 물어야 한다. 우리는 왜 지금 이 도시에 있는가? 이 도시에서 우리 교회는 어떤 역할을 해야 하는가?

어느 날 설교를 준비하다가 재미있는 대목을 만났다. 마태복음 11:20-24을 보면 예수님이 책망하시는 도시들이 언급된다. 많은 권능을 행했는데도 예수님을 거절한 고라신, 벳새다, 가버나움이 책망을 받는다. 이것만 봐도 도시에는 특정한 영성이 있음을 알 수 있다. 개별적인 인간이 아니라 어느 도시는 예수님을 거부한다. 본문에는 두 부류의 도시 이야기가 나온다. 첫 번째 부류는 고라신과 벳새다이다. 이 두 도시는 두로와 시돈과 비교된다. 예수님은 고라신과 벳새다보다 두로와 시돈이 심판 날에 견디기 쉬울 것이라고 말씀하신다. 두 번째 부류는 가버나움이다. 가버나움은 소돔과 비교된다. 예수님은 소돔도 가버나움보다 심판 날에 견디기 쉬울 것이라고 말씀하신다. 두 부류의 도시는 현대 도시의 두 가지 형태를 보여준다고 할 수 있다. 먼저 두로와 시돈에 대해 나누어보자. 두로와 시돈은 매우 화려한 도시이고, 상공업과 무역이 가장 많이 발달한 도시이며 동시에 우상숭배와 불의가 판치는 도시다. 요한계시록에 나오는 짐승과 음녀가 다스리는 바빌론의 특징을 갖고 있다. 두로와 시돈은 가장 풍요롭지만 가장 불평등한 도시의 모습을 보여준다. 그런 도시는 예수를 거부하는 영성을 지닌 도시다.

급진적인 데이비드 하비(David Harvey)와 달리 중도적 성향이라고 할 수 있는 리처드 플로리다(Richard L. Florida)조차 『왜 도시는 불평등한가』(매일경제신문사, 2018)에서 현대 도시가 너무나 불평등하다고 말한다. 예를 들어 1979-2007년 미국 상위 1%가 미국 전체 소득 증가분의 53.5%를 가져간다. 2008년 금융위기 이후에는 85%를 가져간다. 뉴욕시의 경우, 소득 상위 1%가 나머지 99%의 평균 수입의 약 40배를 번다. 세계적인 불평등 척도로 사용되는 기준이 지니 계수다. 미국의 지니 계수는 0.450이다. 이는 이란과 비슷하고 러시아, 인도, 니카라과보다 더 나쁘다. 대도시는 더 심하다. 지구상의 가장 불평등한 국가와 비슷하다. 뉴욕은 스와질란드, LA는 스리랑카, 보스턴은 르완다, 마이애미는 짐바브웨와 거의 같다. 플로리다는 미국 현대 도시의 특징 5가지를 말한다. 1) 승자 독식 도시화: 고부가 가치 산업, 첨단 기술 혁신과 스타트업, 정상급 인재 보유 등이 특정한 도시에 쏠린다. 2) 금권 도시화: 값비싼 주택 가격을 가진 지역에서 사람들이 내몰리고 있다. 주택 유지 비용을 제외한 적은 금액을 가진 사람들이 소외되고 있다. 3) 모자이크 대도시화: 특권층이 사는 작은 지역과 가난으로 고통받는 넓은 지역으로 나누어지는 도시화다. 4) 교외 지역의 소외: 중산층이 사라진 도시와 교외 지역으로 내몰린 가난한 사람들이 소외되고 있다. 5) 성장 없는 도시화: 더 이상 도시가 성장을 보장하지 못한다.

한국은 어떤가? 강준만은 『바벨탑 공화국』(인물과사상사, 2019)에서 한국을 "바벨탑 공화국"이라고 칭한다. 성경에 나오는 바벨탑을 쌓는 사람들처럼 부동산 투기 열풍 속에서 하늘 높이 치솟는 초고층 아파트를 열망하는 사람들은 서열 사회를 바꾸려하지 않고 "의자 뺏기 게임"을 하며 오직 더 높은 서열을 차지하기 위해 각자도생하는 사람들일 뿐이다. 한국은 플로리다가 말한 도시의 불평등을 그대로 갖고 있을 뿐 아니라 독특하게도 "서울이 곧 한국"이라는 사고방식이 지배하는 "서울 초집중화 사회"라고 말한다. 서울 초집중화는 "승자 독식 사회"의 다른 이름이기도 하다. 평당 가격 면에서 고시원이 타워펠리스보다 비싼 이유도, 0.1%의 강남이 땅값의 10%를 차지하는 이유도, 구조적 폭력이라고 할 수 있는 젠트리피케이션(gentrification)이 일어나는 이유도, "사회"는 없고 "집"만 있는, 즉 공공 공간이 좁아지고 사적 공간만 넓어지는 현상이 나타나는 이유도, 거대한 모욕의 피라미드 안에서 자행되는 갑질로 인해 수많은 "을"의 눈물로 가득 찬 "갑질공화국"이 되는 이유도, 내부식민지화로 인해 중앙에서 예산을 확보하는 전쟁이 가장 중요한 지방의 정치적 이슈가 되는 이유도, 지역 균형 발전 없이 진행되는 지방 분권이 도리어 지방을 망치는 이유도 "서울 초집중화"로 인해 발생한다고 그는 말한다. 이러한 구조를 해체하고 새로운 나라를 세우지 않으면 진정한 민주주의는 없다. 사태가 이러한데 이러한 현상의 부수적 결과를 하나님의 축복이라고 고백하며 더 많은 소유와 더 높은 지위를 차지하기 위해 분투하는 그리스도인을 진정한 그리스도인이라고 할 수 있을까? 부동산을 통해 불로 소득을 추구하며 이리저리 이사 다니며 살아가는 사람들을 진정한 그리스도인이라고 할 수 있을까? 과연 한국 그리스도인들은 자기가 살고 있는 도시에서 불공정한 도시를 변화시키려 하고 있는가?

지방 도시에 위치한 우리 교회가 복음의 공공성을 말하며 "마을 만들기 운동"을 한 이유가 여기에 있다. 특히 "코하우징"(co-housing)을 하려고 하는 이유는 혼자서는 집을 지을 수 없으니 힘을 모아 각자의 집을 지으려는 것도 아니고 단지 우리끼리 모여서 재미있게 살아보려는 것만도 아니다. 도시 문제를 해결하기 위한 하나의 실험이고 도시의 무너진 공동체들을 새롭게 회복하려는 시도다. 우리 교회는 오래 전부터 강조하다가 최근 코하우징을 추진하게 되었다. 우리는 땅을 알아보고 몇 차례 준비 모임을 하며 우리 교회에 두 번씩이나 오셔서 특강을 해주셨던 기노채 한국주택도시협동조합연합회 회장에게 상담을 받았고, 유명 코하우징 공간을 탐방했다. 하지만 진행하는 중에 우리 공동체가 감당하기에는 너무 큰 차원의 문제임을 깨닫고 약간 속도를 늦추어 화성시와 지역 운동과의 연대 속에서 진행하고 있다. 우리 교회 이야기도 짧게 소개되어 있는 『우린 다르게 살기로 했다』(휴, 2018)를 통해 마을공동체 운동에 불을 지피고 계신 조현 한겨레 기자를 모시고 "북토크"를 했을 뿐 아니라, 올 초에 사회주택협회 이사인 최경호 정책위원장을 모시고 "사회적 공동체 주택의 가능성을 묻다"라는 주제로 "화성, 주거권 정책간담회"를 열면서 화성시지속가능발전협의회가 주최하고 화성시 비서실과 화성시의원 그리고 지역 사회의 다양한 주체들이 참여하는 정책간담회 형식으로 개최한 이유가 여기에 있었다. 나는 모든 한국교회가 할 수만 있다면 코하우징을 했으면 좋겠다.

코하우징과 관련된 에피소드가 하나 있다. 선교적 교회가 제기하는 매우 중요한 질문 중 하나는 이것이다. "교회가 그 지역에서 타 지역으로 옮긴다면 그 지역은 무엇으로 그 교회가 더 이상 존재하지 않는다는 사실을 알 수 있는가?" 건물, 교통 체증, 주차 문제, 소음 문제 등등? 이러한 현실이 얼마나 안타까운 일인가? 교회가 그 지역만의 필요를 알아내고 그 지역을 섬기는 것이 없으니 지역이 교회를 필요로 하지 않는다. 지역 교회는 반드시 지역의 "공공재" 혹은 "공유재"가 되어야 한다. 그렇지 않기에 지역이 교회를 필요로 하지 않는다. 진정한 교회라면 지역이 교회를 붙들게 만들어야 한다. 선교적 교회는 이런 문제의식을 공유한다. 하루는 아내가 다양한 시민운동 혹은 마을 운동 주체들과 이야기를 나누는 자리에서 농담조로 이런 말을 했다고 한다. "봉담도 땅값이 너무 비싸서 코하우징을 실현하기는 불가능한 것 같아요. 땅값이 싼 다른 도시로 가서 새로 개척해 코하우징을 해야 할 것 같아요." 이 말을 들은 분들이 이렇게 얘기했다고 한다. "떠나지 마세요. 더불어숲동산교회는 봉담에 꼭 필요해요. 우리가 싸게 코하우징을 할 수 있는 장소를 알아봐 드릴게요." 지역이 붙드는 교회, 이것이 현실이 되다니. 이 말을 전해들은 나도 감동을 받을 정도였다. 그동안 마을 만들기 운동을 했던 우리의 수고가 헛되지 않았다는 확증처럼 들렸다. 더 놀란 건 진짜 땅을 알아봐줬다는 사실이다. 상상도 못할 가격의 땅 800평이 나와 있었다. 부동산에도 나오지 않아 마을 사람들만 알음알음으로 알고 있는 땅을 소개해준 것이다. 위치도 교회와 멀지 않아 너무 좋은 땅이었다. 물론 현재는 그 땅이 아닌 다른 땅에 코하우징을 추진하려 하고 있다. 이 비전에 꽂힌 고현승 집사의 열정으로 새로운 공간을 알아보게 되었다. 하지만 우리는 그 과정을 통해 큰 위로와 확증을 얻었다.

우리가 코하우징을 하려는 이유 혹은 약간은 넓은 공간에 하려는 이유는, 물론 함께 모여 살며 진정한 공동체를 이루는 꿈 때문이지만, 첫째로 "장소 상실"의 시대에 주거가 단지 잠을 자는 "공간"이 아니라 의미와 이야기가 담겨지고 만들어지는 "장소"가 되기를 바랐기 때문이다. 단지 추상적인 "공간"이 아니라 함께 살며 관계와 의미와 이야기를 만들어내는 고향 같은 "장소"를 만들고 싶었다. 이-푸 투안(Yi-Fu Tuan)의 『공간과 장소』(개정판, 대윤, 2007)와 에드워드 렐프(Edward Relph)의 『장소와 장소상실』(논형, 2005)의 문제의식을 받아들인 것이다. 둘째로 적절한 거리를 통해 지나친 스트레스를 받지 않도록 하기 위함이다. 건축가들조차 필독서로 삼고 있다는 『숨겨진 차원』(한길사, 2002)에서 문화인류학자 에드워드 홀(Edward Hall)은 신조어 "프록세믹스"(proxemics)라는 개념을 소개한다. 프록세믹스는 인간이 적절한 거리와 공간을 유지하고자 하는 성향을 지녔음을 나타내는 말이다. 인간에게 적절한 규모와 거리는 너무나 중요해서 그는 도시 계획이나 건축을 고민할 때 적절한 밀도, 건강한 상호작용의 정도, 적절한 개입과 지속적인 일체감을 유지하는 것을 반드시 고려해야 한다고 말한다. 에스더 M. 스턴버그(Esther M. Sternberg)가 『공간이 마음을 살린다』(더퀘스트, 2013)에서 말하는 것처럼 "휴먼 스케일"이 너무나 중요하다. 셋째로 도시에 대한 권리에서 아주 중요한 문제가 토지와 건축과 주거 문제이기 때문이다. 나는 헨리 조지(Henry George)의 『진보와 빈곤』(무실, 1989)이나 전강수의 『토지의 경제학』(돌베개, 2012)에서 문제 제기하는 토지 문제를 심각하게 받아들여야 한다고 생각했다. 또한 데이비드 하비는 『반란의 도시』(에이도스, 2014)에서 그동안 좌파들이 공간의 문제를 도외시했다고 지적하며 자본의 문제와 도시 문제는 서로 연결되어 있고 순환한다고 말한다. 특히 그는 부동산 시장과 자본의 변동이 서로 연동되어 있기 때문에 부동산 시장의 굴곡과 금융 자본의 향방이 정확히 일치한다는 것을 보여준다. 미국이 주택 문제 때문에 금융 위기를 맞이한 것은 예외적인 현상이 아니다. 따라서 우리는 대안적인 주택 운동이 필요하다고 믿으며 코하우징이 그 대안 중 하나라고 생각했다.

두 번째 부류인 소돔은 환대가 없는 도시를 의미한다. 소돔의 죄악은 일차적으로 "나그네"에 대한 태도에서 드러난다. 폭력적으로 나그네를 취하려는 그들의 행위가 가장 큰 문제다. 이 당시의 동성애는 폭력과 학대의 의미를 담고 있다. 전쟁에서 이긴 자들은 여성을 취하거나 어린아이들을 죽이는 일을 했고 패배한 병사들에게 "비역질"을 했다. 남성을 여성으로 만들어 "여자처럼 나약하게 만들기 위함"이었다. 소돔은 나그네에게 폭력을 가하고 낯선 이에게 학대를 가하는 죄를 범한 것이다. 즉 소돔은 성적인 죄라기보다는 불의에 해당하는 죄를 범했다. 소돔의 교훈을 제대로 읽으려면 성경 자체가 이 사건을 어떻게 해석하고 있는가를 보는 것이 중요하다. "네 아우 소돔의 죄악은 이러하니, 그와 그의 딸들에게 교만함과 음식물의 풍족함과 태평함이 있음이며 또 그가 가난하고 궁핍한 자를 도와주지 아니하며 거만하여 가증한 일을 내 앞에서 행하였음이라. 그러므로 내가 보고 곧 그들을 없이 하였느니라"(겔 16:49-50). "소돔의 관원들아,…귀를 기울일지어다. 너희는 스스로 씻으며 스스로 깨끗하게 하여 내 목전에서 너희 악한 행실을 버리며 행악을 그치고, 선행을 배우며 정의를 구하며 학대받는 자를 도와주며 고아를 위하여 신원하며 과부를 위하여 변호하라 하셨느니라"(사 1:10, 16-17). 이 본문들은 소돔의 멸망이 동성애 때문이 아니라 불의 때문이라고 본다. 즉 소돔의 죄는 성적인 문제 때문이 아니라 손님을 환대해야 할 의무를 지키지 않음으로써 그리고 나그네에게 폭력과 학대를 가함으로써 저지른 죄다. 『도시의 영성』에서 필립 셸드레이크는 도시가 본질적으로 낯선 사람들의 상호 작용이라는 특징을 지닌 공공장소라고 말한다. 따라서 낯선 사람들에 대한 미덕인 "환대"가 이 책의 가장 중요한 주제다. 도시야말로 하나님의 임재가 깃드는 곳이라면 삼위일체 하나님의 "페리코레시스"를 실체화해야 하는 기독교의 핵심 비전은 도시를 "화해와 환대의 장소"로 만드는 것이어야 한다고 그는 말한다. 환대의 실천에 대해서는 앞서 "난민, 예수도 난민이었다"에서 다루었으므로 여기서는 생략한다.

결론을 대신하며_____

미로슬라브 볼프(Miroslav Volf)는 『광장에 선 기독교』(IVP, 2014)에서 기독교 전통에서 회자된 예언자 종교와 신비적 종교의 두 양식을 언급한다. 후자는 "상승"의 신앙 양태를 지녔고 전자는 "하강" 내지 "회귀"의 모습을 갖는다. 상승은 신과의 만남을 통해 예언자적 종교의 대표자가 메시지를 받고 그들의 핵심적인 정체성이 형성되는 시점이며, 그것은 수용적인 사건이다. 회귀는 이 세상 속에서 메시지가 전파되고 실행되며 종교 의식이나 제도로 만들어지거나 율법으로 구체화되는 시점이며, 그것은 창조적인 사건이다. 수용적인 상승 없이 신으로부터 세상을 변화시킬 메시지를 받을 수 없고 창조적인 회귀 없이 세상을 변화시킬 참여가 일어나지 않는다. 둘 중 하나가 생략된다면 더 이상 진정한 종교라 할 수 없다. 예언자적 종교로서 세상 속에서의 참여와 신비주의적 종교로서 신비적인 종교 경험은 진정한 종교의 필수 요소다. 이 중 어느 한 요소가 생략되면 기독교는 기능 장애를 일으키는데, 신비주의적 종교는 "세속적 배제주의"에 빠지게 되고, 예언자적 종교는 "종교적 전체주의"에 빠지게 된다. 전자는 모든 종교를 공공 생활에서 배제하는 것을 말하며 후자는 하나의 종교만이 공공 생활에 침투하는 것을 말한다. 상승 기능 장애는 종교의 기능을 축소하고 하나님을 우상으로 대체하게 만든다. 회귀 기능 장애는 나태한 신앙생활을 형성하고

역으로 강요된 신앙생활이 되도록 만든다. 이러한 기능 장애는 기독교가 말하는 하나님 나라의 복음과 인간의 진정한 번영을 왜곡한다. 복음주의 운동은 회귀 기능 장애에 빠지는 경향이 있고 진보적인 운동은 상승 기능 장애에 빠지는 경향이 있다. 물론 한국교회는 상승 기능 장애보다 회귀 기능 장애가 훨씬 더 심각하다. 신비적 종교와 예언자적 종교를 성자적 영성과 혁명가적 영성과 연결해 주장하자면, 기능 장애를 치유하는 길은 성자적 영성과 혁명가적 영성을 통합하는 길밖에 없다.

나는 이런 문제의식을 갖고 이 책을 썼다. 성자적 영성의 기초 중의 기초는 하늘의 소리를 듣는 것이다. 자기 입증이 필요 없는 삶을 살아가는 사람이 성자다. 소유가 아니라 존재로, "나-없음"의 영성으로 "왜"라는 물음 없이, 그리스도를 위해 생명을 내어놓고, 제로 포인트에 서서 약함과 비폭력의 길을 가는 사람이 성자다. 성자에게는 정죄함 없는 자유가 있고, 기쁨과 기도와 감사가 넘치며, 기억과 기대의 여정을 가는 동안 밀봉과 승압의 과정을 거치는 삶을 일상 속에서 살아간다. 한국교회에는 무엇보다 혁명가적 영성의 회복이 필요하다. 혁명가는 사랑과 정의가 하나인 "하나님의 의"를 위해 우상숭배와 불의에 저항하는 사람이다. 그런 혁명가적 영성의 실천 항목으로 세월호 참사, 미투 운동, 장애 문제, 난민 사태, 공정 무역 그리고 환대와 평등의 도시를 세우는 사역에 대해 나누었다. 이런 사역을 나누는 이유는 다시 말하지만 이제는 성자적 영성과 혁명가적 영성이 통합되어야 하기 때문이다. 성자적 영성과 혁명가적 영성은 기독교 영성의 두 갈래 길이다. 두 갈래 길이 지금까지 따로따로의 길이었다면 이젠 합류하여 하나가 되어야 한다. 상승을 경험한 사람만이 진정한 하강이 가능하다. 하강 속에서만 상승은 육화된다. 우리는 성경의 구원 이야기를 통해 이 두 갈래 길이 하나가 되는 것을 발견한다. 두 가지 영성은 반드시 통합되어야 진정한 기독교 영성을 이룰 수 있다. 성자적 영성과 혁명가적 영성은 서로 너무 달라서 만날 수 없는 것처럼 보인다. 하지만 두 갈래 길은 서로에게 영향을 끼치며 항상 긴장감을 유지해야 한다. 떨림이 있기 때문에 나침반이 나침반일 수 있는 것처럼 성자적 영성과 혁명가적 영성은 완전히 합치될 수 없는 떨림 바로 그것을 통해 균형을 잡아야 한다. 그렇게 서로에게 영향을 주며 끊임없이 창조적으로 변용되는 과정을 거쳐야 한다. 그렇게 함께 풍요로워지는 과정을 거치면서 하나님 나라를 이루어가야 한다.

성자와 혁명가

영성의 두 갈래 길

Copyright ⓒ 이도영 2019

1쇄 발행 2019년 12월 18일

지은이   이도영
펴낸이   김요한
펴낸곳   새물결플러스

편 집   왕희광 정인철 박규준 노재현 한바울 정혜인
            이형일 서종원 나유영 노동래 최호연
디자인   윤민주 황진주 박인미 이지윤
마케팅   박성민 이원혁
총 무   김명화 이성순
영 상   최정호 조용석 곽상원
아카데미 차상희

홈페이지 www.holywaveplus.com
이메일   hwpbooks@hwpbooks.com
출판등록 2008년 8월 21일 제2008-24호
주 소   (우) 04118 서울시 마포구 마포대로19길 33
전 화   02) 2652-3161
팩 스   02) 2652-3191

ISBN 979-11-6129-134-5 03230

책값은 뒤표지에 있습니다.

이 도서의 국립중앙도서관 출판예정도서목록(CIP)은 서지정보유통지원시스
템 홈페이지(seoji.nl.go.kr)와 국가자료공동목록시스템(nl.go.kr/kolisnet)
에서 이용하실 수 있습니다. CIP2019049575